Geschichte und Staat · Band 277

Günter Olzog / Hans-J. Liese

Die politischen Parteien in Deutschland

Geschichte · Programmatik · Organisation
Personen · Finanzierung

OLZOG VERLAG

Die Deutsche Bibliothek – CIP-Einheitsaufnahme

Olzog, Günter:
Die politischen Parteien in der Bundesrepublik Deutschland: Geschichte – Programmatik – Organisation – Personen – Finanzierung; mit Text d. Parteiengesetzes/ Günter Olzog; Hans-J. Liese. Orig.-Ausg., 20. überarb. Aufl. München: Olzog, 1992.
(Geschichte und Staat; Bd. 277)
ISBN 3-7892-7543-3
NE: Liese, Hans-J.; GT

Originalausgabe

20. überarbeitete Auflage

Vertrieb: Moderne Verlagsgesellschaft, 8000 München 19

Umschlagentwurf: Gruber & König, Augsburg
Satz: Fotosatz H. Buck, Kumhausen
Druck- u. Bindearbeiten: Presse-Druck Augsburg

Inhalt

Vorwort zur 20. Auflage

Seit 1945 hat es in der Bundesrepublik Deutschland rund 150 politische Parteien und Gruppierungen gegeben, von denen die 48 wichtigsten, die in unserem politischen System eine Rolle gespielt haben oder heute noch von Bedeutung sind, in diesem Taschenbuch berücksichtigt sind. Da der Abstand zu den Parteien der ersten Stunde jedoch zu groß geworden ist, neue Parteien aus der ehemaligen DDR hinzugekommen sind und die Veränderungen in der politischen Landschaft seit den 80er Jahren es sinnvoll erscheinen lassen, nicht nur die Parteien, sondern auch das politische System selbst in seinen Veränderungen darzustellen, hatten wir mit der 19. Auflage (April 1991) eine völlige Neubearbeitung vorgelegt. Neu aufgenommen wurden die Kapitel „Die Parteien und das Parlament" und „Die Entwicklung der Parteien und des Parteiensystems". Bei der ausführlichen Darstellung der Parteien beschränken wir uns auch bei dieser Neuauflage auf die im Deutschen Bundestag bzw. den Landesparlamenten vertretenen Parteien. Die wichtigsten „Sonstigen Parteien" und Listenverbindungen in der Bundesrepublik Deutschland von 1945 bis 1990 und der ehemaligen DDR seit Oktober 1989 werden in Kurzporträts vorgestellt. Der Tabellenteil im Anhang wurde aktualisiert.

Nach wie vor liegt der Wert dieses Taschenbuches darin, daß der Leser in ihm eine komprimierte Übersicht über die deutschen Parteien und das deutsche Parteiensystem in seiner Entwicklung und in seinem heutigen Stand hat.

München, Januar 1992

Günter Olzog — Hans-J. Liese

1. Die Parteien in der pluralistischen Gesellschaft

1.1 Die Parteien und die Verfassung

1.1.1 Politische Willensbildung durch die Parteien

Ebenso wie in anderen demokratischen Staaten der Welt hielt sich der Gesetzgeber auch in Deutschland lange Zeit den politischen Parteien gegenüber zurück. Zum ersten Male wurden nach dem Zweiten Weltkrieg in der Italienischen Verfassung (1947), in der Badischen Verfassung (1947), in der Berliner Verfassung (1950) und vor allem in Art. 21 des Grundgesetzes politische Parteien in einer Verfassungsurkunde angesprochen. Für unsere Zeit ist es beinahe schon selbstverständlich, daß die Rechtsstellung politischer Parteien in der Verfassung verankert ist und deren Organisation im Gesetz über die politischen Parteien vom 24. Juli 1967[1] besonderen gesetzlichen Bestimmungen unterworfen wurde. In den Verfassungen von 1871 und 1919 fehlte eine vergleichbare Regelung. Die ersten Kommentatoren des Grundgesetzes[2] weisen daher insbesondere darauf hin, daß die Aufnahme von Rechtssätzen über die politischen Parteien in das Grundgesetz für die deutsche Verfassung völlig neu sei und damit endlich die politische Wirklichkeit mit dem geschriebenen Recht versöhnt werde. Zum ersten Mal würden damit aber auch über den Bereich eines Landes hinaus die Parteien auf Bundesebene als die politisch und soziologisch notwendigen Instrumente für die Aktivierung des Volkes von der Verfassung anerkannt.

„Die Parteien wirken bei der politischen Willensbildung des Volkes mit. Ihre Gründung ist frei. Ihre innere Ordnung muß demokratischen Grundsätzen entsprechen. Sie müssen über die Herkunft ihrer Mittel öffentlich Rechenschaft geben.“ So lautet Art. 21 Abs. 1 des Grundgesetzes, durch den die Anerkennung politischer Parteien im gesamtstaatlichen Verfassungsrecht erfolgte. Damit wurde der Verfassungswirklichkeit in einem demokratischen Staate entspro-

1) BGBl. Jg. 1967, Teil I, S. 773 ff., zuletzt geändert durch das Gesetz vom 22. Dez. 1988 (BGBl. Jg. 1989, Teil I, S. 327 ff.).
2) H. v. Mangoldt und G. Leibholz.

chen. Dies war auch die Absicht der 70 Frauen und Männer des „Parlamentarischen Rates“, die in den Herbst- und Wintermonaten 1948/49 das Grundgesetz berieten. Schon der „Herrenchiemseer Konvent“[3] hatte sich in dieser Richtung geeinigt und behielt einem Bundesgesetz die nähere Bestimmung der Rechtsverhältnisse der Parteien und ihre Mitwirkung bei der politischen Willensbildung vor.

Mitwirkung der Parteien bei der politischen Willensbildung bedeutet u.a. auch:

- Mitwirkung an der Gesetzgebung
- Mitwirkung an der Bildung einer regierungsfähigen Mehrheit und an der Bildung einer Regierung
- Mitwirkung an der Bildung einer Opposition durch die die Regierungspolitik ablehnende Partei oder Parteien.

1.1.2 Die verschiedenen Formen programmatischer Äußerung

Im Anschluß an *Heino Kaack*[4] kann man vier Formen parteipolitischer Aussagen unterscheiden, die hier kurz charakterisiert werden sollen.

Grundsatzprogramme

Sie sind gleichermaßen die „Verfassung“ der Parteien: Darlegung des politischen Standpunktes zu den wichtigsten Problemen, die den einzelnen, die Gesellschaft und das Verhältnis beider zueinander und zum Staat betreffen, basierend auf dem weltanschaulichen Fundament der jeweiligen Partei. Daher haben sie oft „Bekenntnischarakter“, was am *Godesberger Programm* der SPD besonders deutlich wurde.

Grundsatzprogramme spiegeln das Selbstverständnis der Partei wider und dienen daher in erster Linie der Integration der Mitglieder. Im Mittelpunkt stehen die Grundwerte, für die die Partei eintritt. Die Definition der Grundwerte und die Auseinandersetzung

3) Ein von den Ministerpräsidenten der westdeutschen Länder berufener Ausschuß von Verfassungsrechtlern zur Vorbereitung einer Verfassung tagte vom 10. bis 23. August 1948 auf der Insel Herrenchiemsee.

4) H. Kaack, Geschichte und Struktur des deutschen Parteiensystems, Opladen 1971.

mit ihnen bilden den Kern der Grundsatzprogramme; alle übrigen Thesen sind an diesen Grundwerten ausgerichtet.

Die gültigen Grundsatzprogramme der großen, im Bundestag bzw. den Landtagen vertretenen Parteien sind:

- *Grundsatzprogramm der CDU*, verabschiedet im Oktober 1978
- *Grundsatzprogramm der CSU* von 1976
- *Grundsatzprogramm der SPD*, beschlossen am 20. Dezember 1989 in Berlin
- *Freiburger Thesen der FDP* von 1971
- *Bundesprogramm DIE GRÜNEN* von 1980

Aktionsprogramme

Sie nennen in lang- oder mittelfristiger Fortschreibung der Grundsatzprogramme konkrete Ziele und Aktivitäten, meistens zu bestimmten Bereichen der Politik, z.B. zur Bildungspolitik, Energiepolitik, Arbeitsmarkt usw. Dabei kann *ein* Thema das Aktionsprogramm bilden oder eine Reihe von aktuellen Themen.

Die Grenzen zwischen Grundsatzprogrammen und Aktionsprogrammen sind fließend. Die CSU beispielsweise sieht das so: ,,Es wäre verfehlt, die Partei vor die Alternative eines teilweise aus Leerformeln bestehenden Grundsatzprogramms oder eines aus konkreten Zielen und Aktivitäten bestehenden Aktionsprogramms zu stellen. Vielmehr müßte zwischen beiden Möglichkeiten eine Synthese in der Weise gefunden werden, daß die grundlegenden Prinzipien, die in ihrer allgemeinen Fassung stets auch formelhafte Elemente beinhalten, durch Aktionsprogramme jeweils ihre konkrete inhaltliche Auffüllung erfahren. Die jeweiligen Aktionsprogramme als das variable Element müssen sich dabei im Ablauf der Jahre ändern und den jeweiligen Problemen angepaßt werden.''[5)]

In diesem Sinne baute die CDU ihr geltendes Grundsatzprogramm auf dem *Berliner Programm* auf, das von der Grundsatzkommission als Aktionsprogramm bezeichnet wurde. In dieser Bedeutung ist vor allem das Langzeitprogramm der SPD, der *Orientierungsrahmen '85*, ein echtes Aktionsprogramm, das auf den Grundsät-

5) Die Grundsatzdiskussion in der CSU. Studien-Berichte-Dokumente, München 1977, S. 69.

zen des *Godesberger Programms* aufbaut, ein ,,Zwischenstück zwischen Tagespolitik und Grundsatzprogramm''.[6] Und die Berichte der Perspektiv- und Wirtschaftskommission der FDP, die zu den *Kieler Thesen* führten, werden als Fortschreibungen der Freiburger Thesen interpretiert, die die Zeit notwendig machte, eine Fortschreibung mit Themen, die in den Freiburger Thesen nicht behandelt wurden bzw. noch nicht aktuell waren.

Wahlprogramme (Wahlplattformen)

Zumeist stark emotional formulierte programmatische Erklärungen der zum Wahlkampf zugelassenen Parteien. In der Regel beschränken sie sich auf besonders aktuelle Themen, Themen, mit denen man die Wähler am besten anzusprechen glaubt, oder Themen, die den politischen Gegner treffen sollen.

Regierungserklärungen

Detaillierte Darstellung der politischen Erfolge und Ziele einer Regierungspartei (oder -koalition), die alle relevanten Bereiche der Öffentlichkeit tangieren kann; hier steht nicht das ,,Grundsätzliche'' im Mittelpunkt, sondern die Darlegungen der politischen Absichten und Maßnahmen in einem bestimmten Zeitraum.

1.1.3 Die Ziele der Parteiprogrammatik

Orientierung für politische Entwicklungen, Informationshilfe für den Wähler, Unterscheidung gegenüber den anderen Parteien und Integration der Mitglieder: das sind die vier wichtigsten Funktionen der Parteiprogramme.

Richard v. Weizsäcker schrieb als Vorsitzender der Grundsatzkommission der CDU: ,,. . . wir stehen vor immer neuen Herausforderungen der Technik und Wissenschaft, der wirtschaftlichen Dynamik und der sozialen Entwicklung. Unter ihrem Einfluß wandeln sich ständig unsere Lebensbedingungen. Diesen Wandel müssen wir

6) So sieht es die SPD selbst; vgl. Argumente 3. Projekt Zukunft. Eine kurze Einführung in den Orientierungsrahmen '85 der SPD, Bonn-Bad Godesberg 1976, S. 5.

aktiv politisch gestalten. Dazu bedürfen wir des Antriebes und der Leitlinien verbindlicher Grundsätze."[7]

Die Diskussionsrunde der Unterkommission „Grundsatzfragen" der Grundsatzkommission der CSU geht weiter ins Detail, wenn sie feststellt:

„Eine politische Partei braucht verbindlich formulierte Grundsätze, um

- eine Orientierung für ihre Entscheidungen im politischen Alltag zu besitzen;
- den Wählern eine allgemeine Vorstellung von ihrem Wollen zu vermitteln und sich von den anderen Parteien plausibel zu unterscheiden;
- Anhaltspunkte für die notwendige Integration unter den eigenen Mitgliedern und Anhängern zu haben."[8]

1.2 Die Parteien und das Parlament

1.2.1 Die Fraktionen als parlamentarischer Arm der Parteien

Zwischen den Parteien und dem Parlament, in welchem die Parteien durch Fraktionen vertreten sind, besteht eine enge Verbindung. Zu eng, wie einige Kritiker meinen. „Die Fraktionen waren einmal der Anfang der Parteien gewesen. Wenn es so weitergeht, sind sie bald nur noch Ausschüsse der Parteien im Parlament."[9]

In Bund und Ländern wie im Europäischen Parlament sind die Fraktionen der parlamentarische Arm der Parteien. Die Fraktionen sind es denn auch, die im Parlament überwiegend die politische Willensbildung bestimmen. Sie prägen mit ihrer Tätigkeit die Arbeitsweise des Bundestages, wirken aber auch bei der Besetzung sowie Zusammensetzung der wichtigsten Organe des Bundestages mit: Präsidium, Ältestenrat und Ausschüsse werden der Größe der Fraktionen entsprechend zusammengestellt.

7) Verantwortete Freiheit. Materialien zur Grundsatzarbeit der CDU, Hrsg. CDU-Bundesgeschäftsstelle, S. 5.
8) Die Grundsatzdiskussion in der CSU, a.a.O., S. 83.
9) Günther Gillessen, Die Parteien und ihr Personal, FAZ vom 23. November 1988.

Im 12. Deutschen Bundestag sind, nachdem DIE GRÜNEN ausgeschieden sind, nun wiederum wie bis 1987 drei Fraktionen vertreten:

CDU/CSU-Fraktion	319 Abgeordnete
SPD-Fraktion	239 Abgeordnete
FDP-Fraktion	79 Abgeordnete

PDS/LL (15 Abgeordnete) und B 90/Gr (8 Abgeordnete) haben keinen Fraktionsstatus, für den mindestens 34 Abgeordnete notwendig sind. Eine Senkung der Abgeordnetenzahl von 34 auf 7 und damit eine Änderung der Geschäftsordnung, wie sie PDS-Chef *Gysi* verlangte, wurde am 20. Dezember 1990 vom gesamtdeutschen Parlament bei seiner ersten Sitzung abgelehnt. Bundestagspräsidentin *Rita Süssmuth* plädierte dafür, die Rechte der beiden Gruppierungen so auszugestalten, daß sie einer vollen parlamentarischen Mitwirkung entsprächen. Am 21. Februar 1991 wurde ihnen vom Bundestag der Gruppenstatus eingeräumt, der fast an die Befugnisse von Fraktionen heranreicht. Die PDS klagte dennoch weiter beim Bundesverfassungsgericht auf Fraktionsstatus, aber ohne Erfolg. Ihre Rechte als Gruppe jedoch wurden erweitert: sie hat jetzt ein Recht auf Mitgliedschaft in den 13 Unterausschüssen des Bundestages.

Was ist nun eine Fraktion? Folgen wir der Definition von *Konukiewitz* und *Wollmann*: ,,Unter Fraktion bzw. Parlamentsfraktion wird der auf Dauer angelegte organisatorische Zusammenschluß aller der gleichen politischen Partei zugehörigen Abgeordneten eines Parlaments verstanden. Als Akteure im politischen Prozeß sind die Fraktionen die maßgeblichen Repräsentanten ihrer Parteien.''[10] Als solche wirken sie bei der Staatswillensbildung mit, bereiten politische Zielsetzungen vor und setzen sich für ihre Durchführung ein.[11] *Eckhard Jesse* bringt die politische Stoßrichtung der Fraktionen auf die kurze Formel: ,,Was die Partei (außerhalb des Parlaments) propagiert, versucht ihre Fraktion (im Parlament) durchzusetzen.''[12]

10) Konukiewitz/Wollmann, Die Fraktion, in: Handbuch des politischen Systems der Bundesrepublik Deutschland, Hrsg. K. Sontheimer/H. H. Röring, München 1977, S. 202.

11) vgl. Gerald Kretschmer, Fraktionen, Parteien im Parlament, Heidelberg 1948, S. 13.

12) Eckhard Jesse, Die Demokratie der Bundesrepublik Deutschland, Berlin, 7. erw. Auflage 1986, S. 91 f.

1.2.2 Organisation, Arbeitsweise und Einfluß der Fraktionen

Zur Bildung einer Fraktion im Deutschen Bundestag ist eine Mindestmitgliederanzahl von 5 % aller Abgeordneten notwendig. Im 12. Bundestag sind es also 34 (5 % von 662 Abgeordneten) Mitglieder, die sich von einer Partei zusammenschließen müssen, um eine Fraktion bilden zu können. Fraktionslose Abgeordnete können von einer Fraktion als Gäste aufgenommen werden. Sie haben dann die grundsätzlich gleichen Rechte wie die übrigen Fraktionsmitglieder. Des weiteren können sich verschiedene Parteien im Parlament zu Fraktionsgemeinschaften zusammenschließen, wie dies bei den Unionsparteien der Fall ist.

Die Fraktionen im Parlament unterscheiden sich nicht nur in ihrem von ihrer Stärke bestimmten Einfluß voneinander, sondern auch in ihrer Organisation: Während die Fraktionen von SPD und FDP „mehr oder weniger monolithisch" sind, hat die CDU/CSU-Fraktion einen „förderalistischen Aufbau"[13], d.h. die Mitglieder der CDU bilden innerhalb der Fraktion besondere Landesgruppen; die Abgeordneten der CSU haben sich in Bonn zu einer Landesgruppe mit eigenem Vorsitzenden zusammengeschlossen, der nach Gewohnheitsrecht jeweils zum ersten stellvertretenden Vorsitzenden der Gesamtfraktion gewählt wird.

Eine wesentliche Aufgabe der Fraktionen neben der Kontrolle der Regierungsarbeit ist die Mitwirkung bei der Gesetzgebung. Dabei ist der Einfluß, den die Fraktionen auf Gesetzgebung und Regierungsarbeit nehmen können, sehr unterschiedlich. Er ist naturgemäß stärker bei der Fraktion der regierenden Partei bzw. Parteien als bei der oder den Parteien der Opposition, „weil alle Aktivitäten der Regierung, die das Tätigwerden des Parlaments erfordern, der Zustimmung der Fraktion bedürfen".[14]

Organisatorisch gesehen wickelt sich die Arbeit der Fraktionen in zwei Gremien ab: den an Sachthemen orientierten Arbeitskreisen und der Fraktion als Zusammenschluß aller Fraktionsmitglieder. Die Arbeitskreise haben die Aufgabe, die Fraktionsbeschlüsse vorzubereiten. Die Diskussion in den Arbeitskreisen dient daher vor allem auch der internen Klärung der Haltung der Fraktion für die

13) vgl. Konukiewitz/Wollmann, a.a.O., S. 207.
14) Ebd., S. 204.

Arbeit in den Ausschüssen des Parlaments. Die Fraktionssitzung ,,dient der Darlegung und Diskussion der zu verfolgenden parlamentarischen Politik''.[15)]

1.2.3 Partei und Fraktion im Spannungsfeld zwischen freiem und imperativem Mandat

Wenn auch die Fraktionen als verlängerter Arm der Parteien im Parlament bezeichnet werden, sind beide doch keineswegs deckungsgleich. Grundsätzlich herrscht zwar naturgegeben Einigkeit zwischen beiden; die politische Willensbildung kann jedoch mal von der Fraktion, mal von der Partei stärker beeinflußt sein. Dieses Wechselspiel kann in Extremfällen auch zu einer Kluft zwischen Partei und Fraktion führen. Das liegt zum einen in der verschiedenen politischen Zielsetzung von Partei und Fraktion, wird zum anderen aber auch durch die programmatische Grundposition der Partei mitbestimmt.

Das Grundgesetz räumt den Parteien in Art. 21 Abs. 1 ein: ,,Die Parteien wirken bei der politischen Willensbildung des Volkes mit.'' Und den Abgeordneten sichert es in Art. 38 Abs. 1 ihre Entscheidungsfreiheit zu: ,,Die Abgeordneten des Deutschen Bundestages werden in allgemeiner, unmittelbarer, freier, gleicher und geheimer Wahl gewählt. Sie sind Vertreter des ganzen Volkes, an Aufträge und Weisungen nicht gebunden und nur ihrem Gewissen unterworfen.''

Die Zusammenarbeit von Partei und Fraktion zwischen diesen beiden Eckpfeilern des Grundgesetzes ist nicht immer konfliktfrei. Andererseits jedoch wird das ungebundene Mandat in Art. 38 Grundgesetz durch Art. 21 Grundgesetz nicht hinfällig. ,,Die beiden Artikel schließen sich nämlich keineswegs aus, sondern stehen in einem gewollten Spannungsverhältnis zueinander.''[16)] *Kurt Sontheimer* glaubt daher, daß der in Wissenschaft und politischer Bildung so heftig diskutierte Widerspruch zwischen der freien Willensentscheidung des einzelnen Abgeordneten (Art. 38) und der durch die Parteiendemokratie (Art. 21) ,,notwendig gewordenen Partei-

15) Kurt Sontheimer, Grundzüge des Systems der Bundesrepublik Deutschland, München, 9. Aufl. 1984, S. 230 f.

16) Eckhard Jesse, a.a.O., S. 88.

endisziplin" von der Masse der Abgeordneten kaum als Problem empfunden werde.[17] Denn sehr häufig sind Partei- und Fraktionsführung auch personell verflochten, aber auch ohne diese Personalunion kann man davon ausgehen, daß beide durch eine politische Grundüberzeugung zusammengehalten werden und daß Spannungen nur in Randbereichen auftreten, also die Ausnahme und nicht die Regel sind.

Dies alles vorausgesetzt, bleibt jedoch die Tatsache bestehen, daß der Einfluß der Parteien auf ihre Abgeordneten doch in gewisser Weise noch sehr stark ist. Darüber wurde schon immer diskutiert, besonders lebhaft nach dem Auftreten der GRÜNEN im Bundestag, die sich, im Gegensatz zu allen übrigen im Bundestag vertretenen Parteien, zum imperativen Mandat bekennen. *Theo Stammen* ist der Meinung, zwischen dem Grundsatz des Art. 38 und der Wirklichkeit klaffe eine Differenz: „Der heutige Abgeordnete befindet sich seiner Partei gegenüber in einem mehrschichtigen Abhängigkeitsverhältnis"[18], das sich etwa so skizzieren läßt: Wer Abgeordneter im Deutschen Bundestag werden will, muß einer Partei beitreten. Als Mitglied der Partei ist er, wenn er als Abgeordneter gewählt wird, zugleich auch Mitglied der entsprechenden Fraktion des Parlaments. Die Fraktionsdisziplin verlangt von ihm, da die Fraktion im Parlament geschlossen auftreten muß, seinen Willen dem der Fraktion unterzuordnen, er muß sich also an die Linie der Fraktion halten und entsprechende Verhaltensweisen entwickeln. Der Abgeordnete wird sich in der Regel diesem kaum widersetzen, denn nur die Partei kann bei der nächsten Wahl dafür sorgen, daß der Abgeordnete in einem Wahlkreis auf einer Liste wieder aufgestellt wird.

Obwohl nach dem Grundgesetz nur seinem eigenen Gewissen verpflichtet, bleibt der Abgeordnete in gewisser Weise immer von seiner Fraktion bzw. Partei abhängig, denn sie sichern ihn finanziell ab. Als Gegenleistung verlangt die Fraktion von dem Abgeordneten Fraktionsdisziplin und -solidarität. Diese „Abhängigkeit" stellt insofern noch kein imperatives Mandat dar, als sich damit nicht die Möglichkeit der Abrufbarkeit durch die Partei verbinde, betonen

17) Kurt Sontheimer, a.a.O., S. 229 f.

18) Theo Stammen, Das politische System der Bundesrepublik Deutschland im Grundriß, München 1975, S. 56.

mehrere Politologen. Zum anderen ist die Fraktion auch, rein rechtlich gesehen, nicht identisch mit der Partei und auch kein Parteiorgan. So verwehrt das freie Mandat den Parteien auch rein juristisch, den Fraktionen verbindliche Weisungen zu erteilen. Das bedeutet, daß auch Wahlprogramme, Parteitagsbeschlüsse oder Koalitionsaussagen für die Fraktionen rechtlich nicht verbindlich sind.

Das freie Mandat, so gesehen, fördert die innerparteiliche Diskussion und stärkt damit, auch wenn die Diskussion oft sehr kontrovers geführt wird, die innerparteiliche Demokratie. Nur die GRÜNEN denken hier anders; sie verstehen sich auch in diesem Punkte als Alternative zu den übrigen Parteien: Sie binden ihre Abgeordneten fest an die Parteitagsbeschlüsse, d.h. an die Beschlüsse der Bundesversammlung und des Bundeshauptausschusses.

Im Grunde ist dieser Fraktionszwang verfassungswidrig, denn die Verfassung gestattet es den Abgeordneten, gegebenenfalls auch von der Fraktionspolitik abzuweichen. Es stellt sich jedoch trotz dieser generellen Freiheit für den Abgeordneten im politischen Alltag die Frage der Fraktionsdisziplin und die Frage der Fraktionssolidarität: ,,Die Mehrheit der Fraktionsmitglieder muß erwarten können, daß sich die in der Minderheit gebliebenen an die getroffenen Absprachen halten.''[19] Diese Disziplin und Solidarität innerhalb der Fraktion sind ebenso notwendig wie legitim, nicht jedoch der Fraktionszwang, ,,durch den alle Abgeordneten sich die Meinung der Fraktionslinie zu eigen machen müssen''.[20] Dabei sind die Grenzen zwischen Fraktionsdisziplin und -solidarität einerseits, Fraktionszwang andererseits manchmal auch fließend, so daß der Volksvertreter sich immer auf dem schmalen Grat zwischen ,,Verfassungsideal'' und ,,Parteizwang'' bewegt.

Es gab daher vor allem in den 80er Jahren Bestrebungen, durch eine Parlamentsreform zum ,,repräsentativen Parlamentarismus'' zurückzukehren, wie er im 19. Jahrhundert vorherrschte. Das bedeutet: Stärkung der Position der Abgeordneten gegenüber Partei und Fraktion. Dafür kämpft vor allem *Hildegard Hamm-Brücher*, die 1984 die überfraktionelle ,,Initiative Parlamentsreform'' gründete.

19) Gerald Kretschmer, a.a.O., S. 76.
20) Eckhard Jesse, a.a.O., S. 93.

2. Die rechtliche Fundierung der Parteien

2.1 Das Zustandekommen des Parteiengesetzes vom 24. Juli 1967

Das Grundgesetz erteilte dem Bundesgesetzgeber in Art. 21 Abs. 3 den Auftrag, die zur Durchführung des Art. 21 Abs. 1 und Abs. 2 GG notwendigen Vorschriften zu erlassen. Schon vor dem Zustandekommen des Parteiengesetzes wurde diesem Regelungsauftrag teilweise entsprochen: Die nähere Regelung des Parteiverbots erfolgte bereits durch das Gesetz über das Bundesverfassungsgericht im Jahre 1951. Die Vorschriften über die Bewerberaufstellung für Bundestagswahlen durch Mitglieder- und Vertreterversammlungen, die alle Bundeswahlgesetze seit 1949 enthalten[1], sind als „nähere Regelung" im Sinne des Art. 21 Abs. 3 GG anzusehen.

Mehrere Verfahren vor dem Bundesverfassungsgericht, insbesondere die 1965 erhobene Normenkontrollklage des Landes Hessen, sowie die in diesen Verfahren ergangenen Urteile über die Unzulässigkeit staatlicher Parteifinanzierung[2] hatten zur Folge, daß die Durchführung des Art. 21 GG 18 Jahre nach Inkrafttreten des Grundgesetzes durch den Erlaß des Parteiengesetzes abgeschlossen wurde.[3] Der Deutsche Bundestag beschloß das Gesetz in der Sitzung vom 28. Juni 1967.[4] Nach Zustimmung des Bundesrates wurde es am 24. Juli 1967 im Bundesgesetzblatt verkündet.[5] Das Gesetz wurde fünfmal novelliert; die letzte Neufassung vom 22. Dezember 1988 ist, nach der Wiedervereinigung, für alle deutschen Parteien gültig. (Text siehe Anhang).

1) Vgl. §§ 21, 27 Abs. 5 des Bundeswahlgesetzes.
2) BVerfGE 20, S. 56 ff.
3) G. Leibholz, Zum Parteiengesetz von 1967, in: Festschrift A. Arndt, Fankfurt 1969, S. 181.
4) Deutscher Bundestag, 5. Wahlperiode, Stenographischer Bericht der 116. Sitzung, S. 5797 ff.
5) BGBl. Jg. 1967, Teil I, S. 773 ff.

2.2 Überblick über die Regelungen des Parteiengesetzes

Das Grundgesetz hatte dem Bundesgesetzgeber in Art. 21 GG keinen Auftrag erteilt, das Parteiwesen bis in alle Einzelheiten zu reglementieren; vielmehr beschränkt Abs. 3 dieses Artikels den Regelungsauftrag auf „das Nähere". Damit wird zum Ausdruck gebracht, daß lediglich diejenigen Sachfragen des Parteienrechts geregelt werden durften, die in Art. 21 GG ausdrücklich angesprochen sind.[6] Ausgehend von diesen Voraussetzungen wurden vor allem folgende Regelungen getroffen:

2.2.1 Verfassungsrechtliche Stellung und Aufgabe der Parteien

In § 1 werden Aufgaben der Parteien und ihre Stellung im Verfassungsgefüge konkretisiert. Ausgangspunkt ist Art. 21 Abs. 1 Satz 1 GG, der feststellt, daß die Parteien bei der politischen Willensbildung des Volkes mitwirken. Einzelne Arten dieser Mitwirkung „im Bereich der Vorformung des politischen Willens"[7] werden in Abs. 2 des § 1 aufgeführt: Einflußnahme auf die öffentliche Meinung, Anregung und Vertiefung der politischen Bildung, Förderung der Teilnahme des Bürger am politischen Leben, Heranbildung befähigter Bürger zur Übernahme öffentlicher Verantwortung, Beteiligung an der Aufstellung von Kandidaten für Wahlen in Bund, Ländern und Gemeinden, Einflußnahme auf die politische Entwicklung in Parlament und Regierung, Einführung der von ihnen erarbeiteten politischen Ziele in den Prozeß der staatlichen Willensbildung, Sorge für eine lebendige Verbindung zwischen Volk und Staatsorganen. Aus diesem Katalog, der keine abschließende Aufzählung der Aufgaben der politischen Parteien enthält, ist die Auffassung des Gesetzgebers ersichtlich, daß politische Parteien nicht nur Wahlvorbereitungsorganisationen wie die früheren Honoratiorenparteien sind. Die Vorbereitung und Durchführung von Wahlen ist nur noch eine Form der Mitwirkung an der politischen Willensbildung. Der Gesetzgeber mißt infolgedessen im Jahre 1967 den Parteien umfas-

6) Rechtliche Ordnung des Parteiwesens, Bericht der vom Bundesminister des Innern eingesetzten Parteienrechtskommission, 2. Aufl., Frankfurt-Berlin 1958, S. 114.

7) U. Scheuner, Die Parteien und die Auswahl der politischen Leitung im demokratischen Staat, in: Die öffentliche Verwaltung 1958, S. 643.

sendere Funktionen bei als das Parteifinanzierungsurteil des Bundesverfassungsgerichts vom 19. Juli 1966, das als öffentliche Aufgabe der Parteien in erster Linie die Wahlvorbereitung vorsieht[8], denn nur diese Aufgabe rechtfertigt nach Auffassung des Gerichts eine Bezuschussung der Parteien aus öffentlichen Mitteln.[9]

2.2.2 Der Parteibegriff

§ 2 enthält eine Legaldefinition der politischen Partei, die notwendig wurde, weil Art. 21 GG den Begriff ,,Partei" verwendet, ohne ihn zu umschreiben. Der Parteibegriff des § 2 erleichtert Entscheidungen der öffentlichen Hand, die eine Feststellung über die Parteieigenschaft einer politischen Gruppierung beinhalten. Zu denken ist z.B.

- an die Feststellung des Bundeswahlausschusses nach § 17 des Bundeswahlgesetzes, welche Vereinigungen als Parteien für eine bevorstehende Bundestagswahl anzuerkennen sind,
- an die Vergabe von Sendezeiten durch Rundfunkanstalten an Parteien, die erst dann erfolgen kann, wenn zuvor die Parteieigenschaft der einzelnen Organisationen geklärt ist,
- an die Entscheidung der Finanzämter über die steuerliche Abzugsfähigkeit von Parteispenden nach §§ 34, 35 des Parteiengesetzes.

Der Parteibegriff in § 2 lautet:

> (1) Parteien sind Vereinigungen von Bürgern, die dauernd oder für längere Zeit für den Bereich des Bundes oder eines Landes auf die politische Willensbildung Einfluß nehmen und an der Vertretung des Volkes im Deutschen Bundestag oder einem Landtag mitwirken wollen, wenn sie nach dem Gesamtbild der tatsächlichen Verhältnisse, insbesondere nach Umfang und Festigkeit ihrer Organisation, nach der Zahl ihrer Mitglieder und nach ihrem Hervortreten in der Öffentlichkeit eine ausreichende Gewähr für die Ernsthaftigkeit dieser Zielsetzung bieten. Mitglieder einer Partei können nur natürliche Personen sein.
> (2) Eine Vereinigung verliert ihre Rechtsstellung als Partei, wenn sie sechs Jahre lang weder an einer Bundestagswahl noch an einer Landtagswahl mit eigenen Wahlvorschlägen teilgenommen hat.

8) BVerfGE 20, S. 101.
9) Vgl. E. Friesenhahn, Die Stellung der politischen Parteien in der Verfassung, Karlsruhe 1969, S. 6.

Aus Abs. 1 Satz 1 dieser Bestimmung ergibt sich, daß die Parteieigenschaft einer neugegründeten Partei nicht erst dann erworben wird, wenn sie sich an Wahlen beteiligt oder sogar bei diesen Wahlen Erfolg hat; vielmehr tritt die Parteieigenschaft bereits in dem Augenblick ein, in dem Vereinigungen von Bürgern „an der Vertretung des Volkes im Deutschen Bundestag oder einem Landtag mitwirken *wollen*". § 2 ist also nicht zu entnehmen, daß eine neugegründete Partei verpflichtet ist, bereits an der nächsten Wahl nach ihrer Gründung teilzunehmen. Beschließt eine Partei, für bestimmte bevorstehende Wahlen z.B. aus taktischen Erwägungen – um ihre Startchancen nicht durch eine Wahlniederlage zu verringern – keine Kandidaten aufzustellen, so hat dieses Verhalten auf ihren Status als Partei keinen Einfluß. Erst die Nichtbeteiligung an Wahlen in Bund und Ländern über einen Zeitraum von 6 Jahren hat nach § 2 Abs. 2 den Verlust der Parteieigenschaft zur Folge. Wird bei einer Bundestags- oder Landtagswahl auch nur ein Wahlvorschlag eingereicht, so bleibt die Parteieigenschaft erhalten.

Aus der Formulierung des § 2 Abs. 1 Satz 1, daß Organisationen nur dann Parteien sind, „wenn sie an der Vertretung des Volkes im Deutschen Bundestag oder einem Landtag mitwirken wollen", ergeben sich in zweifacher Hinsicht Folgerungen:

Wählervereinigungen fallen nicht unter den Parteienbegriff, da sie lediglich die Nominierung von Kandidaten bei der Wahl bezwecken; nach der Wahl nehmen sie nicht mehr an der politischen Willensbildung teil. Es fehlt ihnen also das den Parteien eigentümliche Merkmal des Bestandes. – Das gilt in gleicher Weise für die nur auf kommunaler Ebene tätigen sogenannten Rathausparteien. Dies ergibt sich eindeutig aus dem Wortlaut des § 2, weil lediglich der Deutsche Bundestag und die Landtage, nicht jedoch kommunale Vertretungskörperschaften aufgeführt sind. Rathausparteien unterstehen daher nicht dem Schutz des Parteienprivilegs des Art. 21 Abs. 2 GG. Ebenfalls sind sie nicht verpflichtet, die Vorschriften des Parteiengesetzes zu beachten.

Dadurch, daß eine Partei an Parlamentswahlen teilzunehmen beabsichtigt, unterscheidet sie sich auch von allen anderen Vereinigungen, die dieses Ziel nicht anstreben, wie z.B. Interessenverbände, Heimatbünde, politische Bewegungen oder politische Klubs, die sich als außerparlamentarische Gruppierung verstehen und daher nicht bereit sind, an Wahlen teilzunehmen.

Im Gründungsstadium einer Partei ist für einen Außenstehenden nicht immer erkennbar, ob ernsthaft beabsichtigt ist, sich an Parlamentswahlen zu beteiligen. Um eine mißbräuchliche Inanspruchnahme des Parteienstatus auszuschließen, verlangt daher das Parteiengesetz die Erfüllung einer Reihe objektiver Voraussetzungen.[10)] Eine Partei muß ,,nach dem Gesamtbild der tatsächlichen Verhältnisse, insbesondere nach Umfang und Festigkeit ihrer Organisation, nach der Zahl ihrer Mitglieder und nach ihrem Hervortreten in der Öffentlichkeit" eine ausreichende Gewähr für die Ernsthaftigkeit der Zielsetzung als Partei bieten (§ 2 Abs. 1). Anzeichen oder Beweise für das Vorliegen der Ernsthaftigkeit dieser Zielsetzung sind z.B., daß eine Vereinigung bereits im Bundestag oder einem Landtag vertreten ist, Wahlerfolge im kommunalen Bereich erzielt, auf die Mitarbeit bekannter Politiker hinweisen kann oder über ein Minimum an ausgebauter Organisation (Vorstände, Satzung, Untergliederungen, Geschäftsstellen) verfügt.

2.2.3 Die innere Ordnung der Parteien

In Durchführung des Art. 21 Abs. 1 Satz 3 GG, wonach die innere Ordnung politischer Parteien demokratischen Grundsätzen entsprechen muß, wurden die Bestimmungen des zweiten Abschnittes, die §§ 6 bis 16 des Parteiengesetzes, – das Kernstück dieses Gesetzes – erlassen. Diese Vorschriften stellen bestimmte Mindestanforderungen auf, um innerhalb der Partei eine demokratische Willensbildung ,,von unten nach oben" zu erreichen. Damit wird jeder autoritär strukturierten Partei eine Absage erteilt. Eine Partei, die nicht demokratisch aufgebaut ist, insbesondere die §§ 6 ff. des Parteiengesetzes offensichtlich mißachtet, setzt sich dem Verdacht aus, daß sie diese antidemokratischen Strukturprinzipien auch im staatlichen Bereich durchsetzen will.

10) Vgl. K. H. Seifert, Erläuterungen zum Gesetz über die politischen Parteien vom 24. Juli 1967, in: Das Deutsche Bundesrecht, Baden-Baden, I A 24, Anm. d) zu § 2; ders., Die politischen Parteien im Recht der Bundesrepublik Deutschland, Köln-Berlin-Bonn-München 1975, S. 165 ff.

2.2.4 Die Gliederung der Gebietsverbände

Das Parteiengesetz hat sich für die Struktur der in Gebietsverbänden gegliederten Mitgliederpartei entschieden. Nur der Aufbau einer Partei, der diesen Anforderungen entspricht, ermöglicht eine demokratische Mitwirkung aller Mitglieder an der Parteiwillensbildung. Demnach wäre es unzulässig, wenn nur im Dachverband einer Partei, bei der Bundespartei, eine demokratische Parteiwillensbildung stattfände, die Parteibasis von diesem Prozeß aber ausgeschlossen wäre. Unterhalb der Ebene des Bundesverbandes einer Partei müssen also Gebietsverbände bestehen, in denen eine eigenständige Willensbildung durch Parteitage (Hauptversammlungen) und Parteivorstände erfolgen kann.

2.2.5 Die Rechte der Parteimitglieder

Das Parteiengesetz hat in § 10 eine abgewogene Regelung der Rechtsstellung der Parteimitglieder getroffen: Es berücksichtigt einerseits die Interessen der Partei, die im Prozeß der politischen Auseinandersetzung in Konkurrenz zu anderen Parteien eine gewisse Geschlossenheit und Einheit aufweisen muß, andererseits wurde die Stellung des Mitglieds durch den Gesetzgeber verstärkt.

Parteien müssen einem Aufnahmeantrag nicht stattgeben; die Ablehnung eines solchen Antrags bedarf sogar keiner Begründung. Andererseits ist es den Parteien nicht erlaubt, allgemeine oder befristete Aufnahmesperren zu erlassen (§ 10 Abs. 1); sie dürfen also bestimmte Kategorien der Bevölkerung wie z.B. Juden, Mitglieder einer Religionsgemeinschaft etc. nicht von vornherein ausschließen. In letzter Zeit ist allerdings gefordert worden, daß den Bürgern ein Anspruch auf Aufnahme als Mitglied einzuräumen ist.[11)] Neu ist in der Fassung des Gesetzes vom 13. Febr. 1984 in § 10 Abs. 1 der Passus: ,,Personen, die infolge Richterspruchs die Wählbarkeit oder das Wahlrecht nicht besitzen, können nicht Mitglieder einer Partei sein.‘‘

11) F. Knöpfle, Der Zugang zu den politischen Parteien, in: Der Staat 1970, S. 231 ff.; Mageria M. A., Der Rechtsanspruch auf Parteibeitritt, in: Die öffentliche Verwaltung, 1973, S. 761 ff.; vgl. auch R. Wolfrum, Die innerparteiliche demokratische Ordnung nach dem Parteiengesetz, Berlin 1974, S. 156 ff.

Dem Verbot allgemeiner oder befristeter Aufnahmesperren steht jedoch nicht entgegen, daß Parteien Beschlüsse über die Unvereinbarkeit zwischen der Mitgliedschaft in ihrer Partei und anderen Parteien oder Organisationen fassen. ,,Mit dem Wesen einer Partei wäre es unvereinbar, wenn ihre Mitglieder sich unter Berufung auf die Vereinigungsfreiheit zu dissentierenden Sondergruppen innerhalb der Partei zusammenschließen könnten und unter Berufung auf Art. 8 GG Versammlungen dieser Gruppen veranstalteten.''[12]

Das Parteiengesetz erschwert den Parteiausschluß eines Mitglieds besonders in zweifacher Hinsicht:

Bisher konnte der Parteivorstand ein Mitglied ausschließen; dies ist nunmehr nach § 10 Abs. 5 unzulässig, denn ,,über den Ausschluß entscheidet das nach der Schiedsgerichtsordnung zuständige Schiedsgericht''. Außerdem ist die Berufung an ein Schiedsgericht höherer Stufe zu gewährleisten. Damit ist ein zweiinstanzliches Parteigerichtsverfahren garantiert.

Der Gesetzgeber hat auch versucht, die Unabhängigkeit der Mitglieder der Parteischiedsgerichte zu sichern, um damit eine objektive Rechtsfindung der Parteischiedsgerichte zu ermöglichen: Nach § 14 Abs. 2 Satz 2 dürfen die Mitglieder der Schiedsgerichte ,,nicht Mitglied eines Vorstands der Partei oder eines Gebietsverbandes sein, in einem Dienstverhältnis zu der Partei oder einem Gebietsverband stehen oder von ihnen regelmäßig Einkünfte beziehen''.

§ 10 Abs. 4 schützt das Mitglied vor einem willkürlichen Ausschluß: ,,Ein Mitglied kann nur dann aus der Partei ausgeschlossen werden, wenn es vorsätzlich gegen die Satzung oder erheblich gegen Grundsätze oder Ordnung der Partei verstößt und ihr damit schweren Schaden zufügt.''

Zu diesen Neuregelungen wurde folgendes zutreffend ausgeführt[13]:

,,Die Bestimmung, daß ein Mitglied seiner Partei ‚schweren Schaden' zugefügt haben muß, bevor es ausgeschlossen werden darf, legt dem Antragsteller eine schwere Beweislast auf und erhöht die Rechtssicherheit des Mitglieds. Dies ist um so wichtiger, als nicht nur der

12) K. Hesse, Die verfahrensrechtliche Stellung der politischen Parteien im modernen Staat, in: Veröffentlichungen der Vereinigung der Deutschen Staatsrechtslehrer, Heft 17, S. 33.

13) B. Zeuner, Innerparteiliche Demokratie, Berlin 1969, S. 43.

Ausschluß selbst, sondern schon die Drohung mit ihm ein Mittel zur Disziplinierung und Meinungsunterdrückung in der Hand eines Vorstands sein kann. Je größer die Sicherheit des Parteimitglieds vor willkürlichem Ausschluß, um so größer die Freiheit der innerparteilichen Diskussion.“

2.2.6 Der Parteitag

Im bürgerlichen Vereinsrecht kann die Mitgliederversammlung durch entsprechende Satzungsbestimmungen praktisch ausgeschaltet werden. Diese Möglichkeit ist Parteien genommen; denn nach § 8 Abs. 1 müssen alle Gebietsverbände einer Partei, gleichgültig welcher Stufe, eine Mitglieder- oder Vertreterversammlung haben, die „Parteitage“ oder auf der untersten Stufe der Partei „Hauptversammlung“ genannt werden (vgl. § 9 Abs. 1 Satz 2). Diese zwingende Vorschrift des Parteiengesetzes findet ihre Begründung in der Tatsache, daß Parteitage (Hauptversammlungen) Ursprung aller Parteiwillensbildung sein müssen, wenn die innere Ordnung der Parteien demokratischen Grundsätzen entsprechen soll. Aus diesem Grunde schreibt das Parteiengesetz im § 9 Abs. 1 Satz 1 vor, daß Parteitage (Hauptversammlungen) „das oberste Organ“ des jeweiligen Gebietsverbandes sind.

Der Grundsatz innerparteilicher Demokratie verlangt, daß grundlegende sachliche und personelle Entscheidungen nur durch die Parteitage (Hauptversammlungen) getroffen werden dürfen. Soweit die Zuständigkeit des Gebietsverbandes innerhalb der Partei reicht, beschließt der Parteitag (Hautpversammlung) daher über das Parteiprogramm, die Satzung, die Beitragsordnung, die Schiedsgerichtsordnung sowie die Auflösung und Verschmelzung mit anderen Parteien (§ 9 Abs. 3); außerdem wählt der Parteitag (Hauptversammlung) den Parteivorstand und die Vertreter in den Organen höherer Gebietsverbände (§ 9 Abs. 4).

Parteitage sind keine Akklamationsgremien mehr. Die Zahl der Sachanträge, insbesondere zu Bundesparteitagen, hat erheblich zugenommen. Auf den Parteitagen wird diskutiert und um Entscheidungen gerungen, Parteivorstände fast aller Parteien unterliegen zum Teil mit ihren Anträgen. Die Parteitagsdelegierten aller demokratischen Parteien sind mündig geworden. Der Standpunkt, „die da oben werden das schon richtig machen", ist kaum noch anzutreffen. Die Gründe für diese Entwicklung sind vielfältig; ein Faktor in dieser Entwicklung ist sicherlich auch der Erlaß des Parteiengesetzes im Jahre 1967.

2.2.7 Der Parteivorstand

Im Unterschied zu den Parteifunktionären müssen Vorstandsmitglieder, gleich welcher Parteistufe, durch die Parteitage gewählt werden, wie dies § 9 Abs. 4 vorsieht. Durch diese Vorschrift wird das „Führerprinzip" ausgeschlossen, bei dem an die Stelle der Wahl die Ernennung von oben tritt, d.h. die untergeordneten Leiter werden vom obersten Parteiführer, der sich selbst ernannt hat und lebenslänglich im Amt bleibt, ausgewählt.

Zur demokratischen Legitimierung der Parteiführung gehört nicht nur, daß die Vorstandsmitglieder irgendeinmal gewählt werden, sondern die Wahl in bestimmten Zeitabständen wiederholt wird. Die Legitimität der Vorstandsmitglieder wird dann durch den Wahlakt bestätigt oder verworfen. § 11 Abs. 1 Satz 1 bestimmt infolgedessen, daß der Vorstand „mindestens in jedem zweiten Kalenderjahr" gewählt werden muß. Aus dem Wort „mindestens" ist zu entnehmen, daß die Parteisatzung auch eine kürzere Frist vorsehen darf.

Nach § 11 Abs. 1 Satz 2 muß der Vorstand „aus mindestens drei Mitgliedern" bestehen. Damit wird ein kollegialer Parteivorstand gefordert, um diktatorisch geleitete Parteien zu verhindern. Auch durch diese Vorschrift soll der Machtkonzentration innerhalb einer Partei entgegengewirkt werden.

§ 11 Abs. 4 bestimmt, daß zur Durchführung der Beschlüsse des Vorstandes sowie zur Erledigung der laufenden und besonders dringlichen Vorstandsgeschäfte aus der Mitte des Vorstands ein geschäftsführender Vorstand (Präsidium) gebildet werden kann. Das Parteiengesetz überläßt es den Satzungen zu bestimmen, ob die Mitglieder des Präsidiums vom Parteitag oder vom Parteivorstand gewählt werden. Das Präsidium wird bei CDU und FDP vom Parteitag gewählt, bei der SPD dagegen vom Bundesvorstand.

3. Die Finanzierung der Parteien[1)]

3.1 Die Entwicklung der Parteienfinanzierung

Die Finanzierung der Parteien ausschließlich durch Beiträge ihrer Mitglieder wäre die ideale Form der Parteienfinanzierung.[2)] Diese Mittel haben jedoch fast nie ausgereicht. Zum einen weil die Mitgliederzahl der meisten Parteien jahrzehntelang zu gering war (für viele Parteien trifft das auch heute noch zu); zum anderen, weil die früher z.T. hohe Beitragsmoral nachgelassen hat und viele Mitglieder sich bei der Angabe ihrer Einkommensverhältnisse zu niedrig einstufen, wie aus den durchschnittlichen Mitgliedsbeiträgen hervorgeht.[3)] Auch eine mögliche Steigerung der Mitgliederzahlen wird die Parteien dem Ideal der Eigenfinanzierung nicht näher bringen; denn neue Mitglieder bedeuten neue Ausgaben, z.B. durch Vermehrung des Personals in den Geschäftsstellen, kostenlose Übersendung der Parteizeitung. Eine empfindliche Anhebung der Mitgliedsbeiträge wird einkommensschwache Bürger von der Mitgliedschaft fernhalten bzw. zum Austritt aus der Partei veranlassen.

Von Anfang an waren die Parteien daher, mit Ausnahme der SPD, auf Spenden angewiesen. *Karl-Heinz Naßmacher* stellte fest: ,,Beitragsfinanzierung . . . bedeutete früher grundsätzlich einen Startvorteil der politischen Linken. Spenden der Parteianhänger boten der politischen Rechten (theoretisch) die Möglichkeit, eine ausgleichende Korrektur vorzunehmen.''[4)] 1954 wurden das Einkommen- und das Körperschaftssteuergesetz so geändert, daß Spenden an Parteien ,,zur Förderung staatspolitischer Zwecke'' steuerbegünstigt wurden. Die Mittel aus dieser Quelle flossen vor allem den bürgerlichen Parteien danach reichlich zu, bis das Bundesverfassungsge-

1) Dieses Kapitel berücksichtigt lediglich Entwicklung und Arten der Parteienfinanzierung in der BR Deutschland seit 1945, wie sie im Parteiengesetz vom 24. Juli 1967 mit seinen 5 Novellierungen geregelt ist. Diese Regelung gilt seit 3. Oktober 1990 auch für die ehemaligen DDR-Parteien.

2) Vgl. Uwe Schleth, Parteifinanzen, Meisenheim am Glan 1973, S. 328 ff.

3) Auf Anfrage der Verfasser nannten im Juli 1990 als durchschnittliche Mitgliedsbeiträge die SPD 8,39 DM, die FDP 11,00 DM, die GRÜNEN 12,00 DM.

4) Karl-Heinz Naßmacher, Parteienfinanzierung als verfassungspolitisches Problem, in: Aus Politik und Zeitgeschichte B 11/89 v. 10. 3. 1989, S. 27.

richt im Jahre 1958 die praktisch unbegrenzte Steuerbegünstigung der politischen Parteien für verfassungswidrig erklärte.[5] CDU, CSU und FDP wurden durch dieses Urteil hart getroffen, nicht jedoch die SPD, die zum damaligen Zeitpunkt kaum finanzkräftige Anhänger hatte.

Da die Spenden nach diesem Urteil weniger stark flossen, sahen sich die Parteien nach anderen Möglichkeiten der Finanzierung um. Ausgangspunkt war eine Bemerkung des Bundesverfassungsgerichts, daß es verfassungsrechtlich zulässig sei, ,,für die die Wahlen tragenden politischen Parteien finanzielle Mittel von Staats wegen zur Verfügung zu stellen''.[6] Damit war ein neuer Ansatz für die öffentliche Subventionierung der Parteien gegeben. Es bildeten sich in den folgenden Jahren ,,staatspolitische Vereinigungen'', deren Zweck es war, Geld auch weiterhin steuerbegünstigt in die Politik fließen zu lassen.

Bereits 1959 wurden vom Bundeshaushalt erstmals 5 Mio. DM für politische Bildungsarbeit bereitgestellt.[7] Im Haushalt 1962 wurde dieser Betrag auf Initiative der FDP um 15 Mio. DM ,,für die Aufgaben der Parteien nach Art. 21 GG'' aufgestockt. 1965 und 1966 wurden an Haushaltsmitteln jeweils 38 Mio. DM eingeplant. Dagegen klagte das Land Hessen; auch nicht im Bundestag vertretene Parteien erhoben nun Anspruch auf Beteiligung an öffentlichen Mitteln.

Wiederum trat das Bundesverfassungsgericht in Aktion und erklärte die öffentliche Zuwendung von Mitteln für die ,,gesamte Tätigkeit der Parteien im Bereich der politischen Meinungs- und Willensbildung'' für verfassungswidrig.[8] Für verfassungsrechtlich zulässig dagegen hielt das Gericht die Erstattung der für einen angemessenen Wahlkampf notwendigen Aufwendungen aus öffentlichen Mitteln. Dieses Urteil des Bundesverfassungsgerichts nahm der Bundestag zum Anlaß, den seit 1949 überfälligen Verfassungsauftrag, ein Parteiengesetz zu verabschieden, zu erfüllen.

Das Parteiengesetz wurde am 24. Juli 1967 verabschiedet. Es ist ,,von seiner Entstehungsgeschichte und seinem Inhalt her vor al-

5) BVerfGE Bd. 8, S. 51 ff.
6) BVerfGE Bd. 8, S. 51.
7) Vgl. Karl-Heinz Naßmacher, a.a.O., S. 28.
8) BVerfGE Bd. 20, S. 56 ff.

lem ein Parteienfinanzierungsgesetz".[9] U.a. legte das Parteiengesetz fest: Den Parteien werden die Kosten für einen angemessenen Wahlkampf mit 2,50 DM pro Wahlberechtigten erstattet, sofern sie 0,5 % der im Wahlgebiet abgegebenen gültigen Zweitstimmen oder 10 % der in einem Wahlkreis abgegebenen gültigen Erststimmen, wenn in diesem Land eine Landesliste dieser Partei nicht zugelassen war, erreicht haben. Spenden sind nach diesem Gesetz nun wieder steuerlich absetzbar, jedoch nur bis zu einer Höhe von 600 DM pro Person und Jahr. Des weiteren verlangte der Gesetzgeber von den Parteien, was ja auch in Art. 21 GG bereits vorformuliert war, öffentliche Rechenschaft über ihre Einnahmen abzulegen. Diese Rechenschaftsberichte werden seit 1968 regelmäßig vom Präsidenten des Deutschen Bundestages veröffentlicht. Da weiterhin keine staatlichen Mittel für die politische Bildungsarbeit mehr an die Parteien gehen dürfen, werden von nun an entsprechende Gelder den parteinahen Stiftungen zugeleitet.

Seit Mitte der 70er Jahre entwickelte sich ein Mißverhältnis zwischen Einnahmen und Ausgaben der Parteien, obwohl sie z.T. über mehr Geldmittel verfügten als vor 1976. Eine Entspannung dieser Schuldensituation ergab sich erst nach der Europawahl vom 10. Juni 1979, da die Erstattungsgelder hier z.T. weit über den Wahlkampfausgaben der Parteien lagen:[10]

Partei	*Wahlkampfausgaben*	*Erstattung*
SPD	40 Mio.	62 Mio.
CDU	36 Mio.	59 Mio.
CSU	7,5 Mio.	15 Mio.
FDP	8 – 10 Mio.	9 Mio.

Erneut in die Diskussion geriet die Finanzlage der Parteien 1981 durch die „Parteispendenaffäre". Bundespräsident *Karl Carstens* setzte daraufhin im Jahre 1982 eine Fünfer-Kommission ein, die nach neuen Lösungsmöglichkeiten für die Finanzierung der Parteien suchen sollte. Der Maßnahmenkatalog der eingesetzten Sachverständigenkommission führte dann zu einer Neuordnung der Parteienfinanzierung, die mit der vierten Novelle vom 15. November 1984 in

9) Karl-Heinz Naßmacher, a.a.O., S. 28.
10) Harald Siebert, in: H. Kaack/R. Roth (Hrsg.), Handbuch des deutschen Parteiensystems, Opladen 1980, Bd. 1, S. 189.

Kraft trat. Neben einer Erhöhung der Wahlkampfkostenpauschale brachte diese Novelle die sogenannte Kleinspender-Regelung und den Chancenausgleich.

Eine erneute und bisher letzte Initiative zur Verbesserung der Parteifinanzen unternahmen CDU/CSU, SPD und FDP im Juni 1988 mit einem Gesetzentwurf zur Änderung des Parteiengesetzes. Nach heftigen Diskussionen hat der Bundestag am 9. Dez. 1988 gegen die Stimmen der GRÜNEN mit großer Mehrheit die fünfte Novelle zum Parteienfinanzierungsgesetz beschlossen. Die seit 1. Januar 1989 gültige Regelung brachte folgende wesentliche Änderungen:

1. Einführung eines Sockelbetrages
2. Neue Berechnungsmethode für den 1984 eingeführten Chancenausgleich
3. Geringere steuerliche Abschreibungsmöglichkeiten
4. Gemilderte Veröffentlichungspflicht
5. Einsetzung einer Sachverständigenkommission: Der Bundespräsident beruft eine unabhängige Sachverständigenkommission, die dem Bundestag vor künftigen Änderungen der Wahlkampfkostenerstattung und des Chancenausgleichs Empfehlungen vorlegt.

Nach dem neuesten Stand aufgrund der fünften Novellierung des Parteiengesetzes stehen also den politischen Parteien folgende Wege der Finanzierung zur Verfügung, die im einzelnen dargelegt werden: Mitgliedsbeiträge und andere regelmäßige Beiträge, z.B. Abgaben der Abgeordneten an die Partei; Spenden; Wahlkampfkostenerstattung, Einnahmen aus Chancenausgleich und Sockelbetrag. Neben diesen direkten Einnahmen, über die die Parteien in ihren Rechenschaftsberichten Rechenschaft ablegen müssen, verfügen die Parteien noch über indirekte Einnahmen wie Fraktionszuschüsse sowie Zuschüsse an parteinahe Stiftungen und Jugendorganisationen, die in den Rechenschaftsberichten nicht auftauchen.

3.2 Direkte Einnahmen der Parteien

3.2.1 Mitgliedsbeiträge und sonstige regelmäßige Beiträge

Lange bevor das Parteiengesetz in § 23 Abs. 2 bestimmte, daß Parteien in der Einnahmerechnung ihrer jährlichen Rechenschaftsberichte die Höhe der eingezahlten Mitgliedsbeiträge als gesonderten Posten mitzuteilen haben, veröffentlichte die SPD in ihren Jahrbüchern die Einnahmen aus dem Verkauf von Beitragsmarken. Danach sind die Beitragseinnahmen der damals mitgliederstärksten Partei der Bundesrepublik Deutschland nach der Währungsreform bis zum Jahre 1951 zunächst rückläufig gewesen (1951: 6,012 Mio. DM). Nach diesem Zeitpunkt sind jedoch diese Einkünfte sprunghaft angestiegen; 1960 wurde erstmals die Zehn-Millionen-Grenze überschritten.[11)]

Nach dem Rechenschaftsbericht der SPD für 1989 wurden in diesem Kalenderjahr rund 121 Mio. DM als Mitgliedsbeiträge an die Parteikasse abgeführt, also über das 12fache von 1960.

Die Aufschlüsselung des Beitragsaufkommens nach dem Verkauf der Beitragsmarken bei der SPD läßt erkennen, daß der durchschnittliche Monatsbeitrag beachtlich gewachsen ist. Lag er 1960 bei 1,31 DM, wird er heute von der Parteizentrale mit 8,39 DM angegeben.[12)] Das Anwachsen des Beitragsaufkommens hat sicherlich seinen Grund einmal in dem allgemein gestiegenen Lohn- und Gehaltsniveau, zum anderen aber wohl auch in der Tatsache, daß es der SPD gelang, in Kreise vorzudringen, aus denen sie früher nur schwer zahlende Mitglieder gewinnen konnte.

Bei CDU/CSU und FDP waren die Kassenberichte bis zum Inkrafttreten des Parteiengesetzes nicht so detailliert. Das ursprünglich weit geringere Aufkommen der Parteien ist nicht allein aus der geringeren Mitgliederzahl zu erklären, sondern auch aus der lange Zeit weniger straffen Parteiorganisation und Organisationsdisziplin, um deren Verbesserung sich die genannten Parteien in den letzten Jahren bemühten.

Die Bemühungen – besonders der CDU-Führung – sind, nicht zuletzt aufgrund erheblich gestiegener Mitgliederzahlen, nicht ohne Erfolg geblieben. Das Aufkommen an Mitgliedsbeiträgen war nach den bisher veröffentlichten Rechenschaftsberichten bei der CDU im Jahre 1989 etwa 12mal so hoch wie 1968; es stieg in diesem Zeitraum von 6,9 Mio. DM auf 84,4 Mio. DM. 1989 waren die Beitragseinnahmen der FDP fast 8mal so hoch wie 1968 (1968: 1,2 Mio.

11) Jahrbuch der SPD 1952/53, hrsg. v. Vorstand der SPD, Bielefeld 1954, S. 184 , und Jahrbuch der SPD 1960/61 von 1962, S. 342.

DM, 1989: 9,2 Mio. DM). Die Beitragseinnahmen der CSU stiegen im gleichen Zeitraum von 1,3 Mio. DM auf 15,1 Mio. DM, also auf das 11fache.

Dennoch sind die Parteien zu einem großen Teil auf staatliche Finanzierung angewiesen, die, je nach Partei, nach dem letzten vorliegenden Bericht für 1988 zwischen 27,7 % und 32,7 % liegt.[13] *Peter Lösche* berichtet von Schätzungen aus dem Jahre 1984, die ergeben hätten, ,,daß die Parteien bei korrekter Selbsteinschätzung ihrer Mitglieder das Dreifache der heutigen Einnahmen aus Beiträgen erhalten würden. Das würde genau die Summe ausmachen, die den Parteien heute aus allen Einnahmearten in die Kasse kommt. Die Mitglieder selbst also könnten ihre Parteien aus der möglichen Abhängigkeit von Unternehmermillionen und vom Staat befreien".[14]

Neben den Mitgliedsbeiträgen haben die Parteien (soweit ihre Mitglieder Mandatsträger in den Parlamenten sind) in den Abgaben ihrer Abgeordneten eine z.T. recht beachtliche Finanzierungsquelle. Dabei ist die Regelung dieser Finanzierung je nach Partei sehr unterschiedlich.

Bei der CDU gibt es keine Regelung auf Bundesebene. Laut Statut regeln die Landesverbände in eigener Verantwortung, ob und in welcher Höhe die Amts- und Mandatsträger der CDU Sonderbeiträge leisten.[15]

Bei der FDP gibt es ebenfalls keine offizielle Regelung, sondern nur freiwillige Zahlungen der Abgeordneten an die Partei. Feste Regelungen dagegen haben CSU, SPD und DIE GRÜNEN: Das Finanzstatut der CSU[16] verpflichtet die Bundestagsabgeordneten wie die Abgeordneten des Europäischen Parlaments, monatlich 750 DM über die Landesgruppe an die Landesleitung abzuführen; davon erhalten 360 DM die Bundeswahlkreisgeschäftsstellen, 80 DM die Bezirksgeschäftsstellen und 310 DM die Landesleitung. Von den Bei-

12) Beantwortung einer Fragebogenaktion der Verfasser im Juli 1990.
13) Bericht der Bundestagspräsidentin zu den Rechenschaftsberichten 1988, Bundestagsdrucksache 11/6885.
14) Peter Lösche, Wovon leben die Parteien? Über das Geld in der Politik, Frankfurt 1984, S. 83.
15) Statut der CDU, Stand: 1. 1. 1990.
16) Stand: Januar 1990.

trägen der Listenabgeordneten, die keinen Wahlkreis betreuen, erhalten 660 DM die Landesleitung und 90 DM der Bezirksvorstand.

Bei der SPD zahlen die Mitglieder des Deutschen Bundestages und des Europäischen Parlaments monatlich 500 DM an den Parteivorstand zuzüglich unterschiedlicher Beiträge an die Landes- und Bezirksverbände sowie die Wahlkreise.[17]

Die strengsten Anforderungen in finanzieller Hinsicht stellen die GRÜNEN in ihrem Statut an ihre Abgeordneten: Jede/r MdB zahlt einen regelmäßigen Monatsbeitrag an die Bundespartei DIE GRÜNEN, wobei die Beiträge je nach Familienstand und Zahl der zu unterhaltenden Personen (UP) gestaffelt sind: Von 5000 DM bei Abgeordneten ohne UP bzw. Verheirateten mit 1 UP bis zu 2000 DM bei Alleinerziehenden mit 5 und mehr UP's, Unverheirateten mit 6 und mehr UP's, Verheirateten mit 7 und mehr UP's.[18]

Die Diätenabschöpfungen werden an die unteren Ebenen der Partei weitergeleitet: Die Diätenabgaben von Bundestagsabgeordneten kommen den Länderökofonds zugute, die der Landtagsabgeordneten den Sonderfonds der Kreise.

Die ,,Fraktionsbeiträge" werden mit der nicht zu bestreitenden Tatsache gerechtfertigt, daß die Parteien ihren Kandidaten nicht nur im Wahlkampf zur Seite stehen, sondern sie auch während ihrer Mandatszeit in mancherlei Hinsicht unterstützen.

Einige Parteien gehen noch einen Schritt weiter und verlangen von allen Mitgliedern, ,,die in Wahrnehmung öffentlicher Ämter und Mandate als Mitglieder von Aufsichts-, Verwaltungs- oder Beiräten Tantiemen oder ähnliche Bezüge erhalten",[19] entsprechende Abgaben. Bei der SPD müssen die betreffenden Abgeordneten derzeit 30 % von ihren Bruttobezügen an die ,,Parteigliederungen der entsprechenden Ebene" abführen.

In den Rechenschaftsberichten bis 1983 liefen diese Abgaben unter der Rubrik ,,Beiträge der Fraktionsmitglieder und ähnliche regelmäßige Beiträge"; seit 1984 sind sie offiziell in den Rechenschaftsberichten verschwunden, besser gesagt bei den Mitgliedsbeiträgen untergetaucht. Diese Position lautet seit 1984 ,,Mitgliedsbeiträge und ähnliche regelmäßige Beiträge". 1975 wurden diese Abgaben – *Karl-*

17) Angaben des SPD-Parteivorstandes auf eine Anfrage der Verfasser im Juli 1990.
18) Quelle: Grüner Basisdienst Nr. 3/April 1990, S. 13.
19) Finanzordnung der SPD, Stand: 30. 8. 1988, S. 69.

Heinz Naßmacher nannte sie „eine Art Parteisteuern“[20] – für verfassungswidrig erklärt. Mit der Novellierung des Parteiengesetzes 1983 wurde daher diese Regelung offiziell gestrichen, was in den Rechenschaftsberichten ab 1984 auch zum Ausdruck kommt. Inoffiziell aber laufen sie jetzt unter den Mitgliedsbeiträgen weiter. *Peter Lösche* meint dazu, im Grunde seien diese Abgaben eine „Form der indirekten staatlichen Parteienfinanzierung“ gewesen, denn die Diäten seien jeweils so bemessen worden, daß die Abgeordneten zusätzlich zu dem üblichen Mitgliedsbeitrag einen bestimmten Prozentsatz ihrer Einkünfte an die Fraktion bzw. die verschiedenen Gebietsverbände der Partei abführten. Jetzt, so meinte *Lösche*, laufen sie wohl als „freiwillige deklarierte Spenden“ weiter. „Sie sind aus dem Blickfeld der Öffentlichkeit gleichsam unter Tage verlegt.“[21]

3.2.2 Spenden

Auf Spenden waren die Parteien immer angewiesen, mit Ausnahme der SPD, die lange Zeit über hohe Eigenmittel verfügte. Seit diese Eigenmittel jedoch nicht mehr in dem Maße steigen wie die Ausgaben, suchen die Parteien nach immer neuen Wegen der Finanzierung. Spenden der Parteianhänger spielen dabei eine beachtliche Rolle, am stärksten bei den kleineren Parteien: DIE GRÜNEN, FDP und CSU, beachtlich auch noch bei der CDU, am wenigsten ausgeprägt bei der SPD.[22]

Daß bei dieser Sachlage die Parteien daran interessiert sind, daß Spenden steuerlich begünstigt werden, versteht sich von selbst. Doch bereits im Juni 1958 hatte das Bundesverfassungsgericht die Steuerbegünstigung von Spenden an politische Parteien für verfassungswidrig erklärt. Nicht zuletzt auch in der Absicht, die Parteien zu zwingen, ein Parteiengesetz zu erarbeiten, das auch die Finanzierung der Parteien regelt, was 1967 geschah. Seitdem ist bei den verschiedenen Novellierungen des Parteiengesetzes auch dieses Thema immer wieder hochgekommen. In der fünften und bisher letzten No-

20) Karl-Heinz Naßmacher, a.a.O., S. 32.
21) Peter Lösche, a.a.O., S. 73.
22) Vgl. Tabelle zu den prozentualen Anteilen der wichtigsten Einnahmearten an den Gesamteinnahmen der Parteien im Anhang.

velle des Parteiengesetzes wurde die steuerliche Abzugsfähigkeit von Parteispenden auf jährlich 60 000 DM sowohl nach dem Einkommen- wie nach dem Körperschaftssteuergesetz festgelegt.

Wenn von Parteispenden gesprochen wird, so verbindet sich damit zumeist der Gedanke der industriellen Großspende. Deshalb bleibt darauf hinzuweisen, daß auch Mitglieder und Anhänger einer Partei mit einem Durchschnittseinkommen ihrer Partei Spenden zukommen lassen. Nicht zuletzt unter diesem Gesichtspunkt führte die vierte Novelle des Parteienfinanzierungsgesetzes von 1984 auch zu einer ,,Kleinspenden-Regelung", d.h. zu einer steuerlichen Begünstigung kleinerer Spenden und Mitgliedsbeiträge an Parteien in Höhe bis zu 1 200 DM für Ledige und 2 400 DM für Verheiratete.

Ein weiteres Problem der Spenden an politische Parteien liegt in einer möglichen Abhängigkeit, die damit verbunden sein kann. Es ist öfter bekannt geworden, daß an die Vergabe von Spenden durch wirtschaftliche Unternehmungen oder Wirtschaftsverbände politische Bindungen geknüpft wurden.[23)]

Soweit ersichtlich, hat nach 1945 der CSU-Politiker *Fritz Schäffer* (Bundesfinanzminister von 1949 bis 1957) erstmals die Finanzierung von Parteien durch den Staat ,,im Interesse einer sauberen Politik" empfohlen, um sich dem Einfluß von Interessengruppen zu entziehen.[24)] Ob *Konrad Adenauer* 1960 die Staatssubventionierung der Parteien forderte, um dem Druck von bestimmten Interessenvertretern zu entgehen, oder ob er über die mangelnde Spendenbereitschaft der Unternehmer verärgert war, ist ungeklärt.[25)]

Da eine Parteienfinanzierung – wie dargelegt – durch Mitgliedsbeiträge nicht allein erfolgen kann, bietet die Teilfinanzierung der Parteien durch den Staat, wie sie der frühere Reichskanzler und Reichsaußenminister *Stresemann* erwogen, *Schäffer* und *Adenauer* gefordert hatten, in der Tat die Chance, der Abhängigkeit von Spendengebern ganz oder zumindest teilweise zu entgehen.

Vor allem, um die Einflußnahme der Großspende auf die Parteipolitik zur einseitigen Interessenwahrnehmung transparent werden zu lassen, bestimmt das Parteiengesetz nicht nur, daß die Gesamt-

23) Zum politischen Einfluß der Geldgeber, vgl. U. Schleth, a.a.O., S. 300 ff.
24) Vgl. E. Hielscher, Die Finanzierung der politischen Parteien, in: Politische Studien, Heft 64, 1955, S. 18.
25) Vgl. Uwe Schleth, a.a.O., S. 308.

summe der Spenden im Rechenschaftsbericht einer jeden Partei aufzuführen ist, vielmehr müssen nach § 25 des Parteiengesetzes auch die Namen der Spender, sofern sie innerhalb eines Jahres mehr als 40 000 DM einer Partei zukommen lassen, sowie die Gesamthöhe der Spende im jährlichen Rechenschaftsbericht einzeln aufgeführt werden.

3.2.3 Staatliche Mittel: Wahlkampfkostenerstattung, Chancenausgleich, Sockelbetrag

In seinem Urteil von 1966 erklärte das Bundesverfassungsgericht für unzulässig, daß den politischen Parteien von Staats wegen laufende Zuschüsse zu ihrer gesamten politischen Tätigkeit gewährt würden. Es lasse sich jedoch rechtfertigen, wenn den Parteien „notwendige Kosten eines angemessenen Wahlkampfes ersetzt werden".[26)]

Der Bundesgesetzgeber hat im Parteiengesetz dem genannten Urteil entsprochen und in § 18 Abs. 1 bestimmt: „Die notwendigen Kosten eines angemessenen Wahlkampfes sind Parteien, die sich an der Bundestagswahl mit eigenen Wahlvorschlägen beteiligt haben, zu erstatten. Die Wahlkampfkosten werden mit einem Betrag von 2,50 Deutsche Mark je Wahlberechtigten dieser Bundestagswahl insgesamt pauschaliert (Wahlkampfkostenpauschale)."

Durch das Gesetz zur Änderung des Parteiengesetzes vom 24. 7. 1974 (BGBl. I S. 1537) wurde der Betrag um 1 DM auf 3,50 DM, für die Bundestagswahl 1983 auf 4,50 DM und durch die Neufassung des Parteiengesetzes vom 15. 2. 1984 (BGBl. I S. 242) endgültig auf 5,00 DM erhöht. Bei der Bundestagswahl 1987 flossen dadurch 226 Mio. DM in die Parteikassen, die auf die einzelnen Parteien entsprechend dem Anteil ihrer Zweitstimmen verteilt wurden. Den gleichen Betrag gab es für die Landtags- und seit 1979 auch für die Europawahlen. Insgesamt macht das einen Betrag von 680 Mio. DM aus.

Die Wahlkampfkostenpauschale wird nur an Parteien verteilt, die mindestens 0,5 % der gültigen Zweitstimmen oder 10 % der in einem Wahlkreis abgegebenen gültigen Erststimmen, wenn in diesem Land eine Landesliste dieser Partei nicht zugelassen war, erreicht haben (§ 18 Abs. 2).

26) BVerfGE Bd. 20, S. 56 ff.

Bisher gingen parteilose Bewerber, die in einem Wahlkreis für den Bundestag kandidieren, leer aus, obwohl der Entwurf eines Gesetzes über die politischen Parteien, den CDU/CSU, SPD und FDP im Parlament am 26. Januar 1967 einbrachten[27)], in § 17 Abs. 2 auch die Erstattung der Wahlkampfkosten für unabhängige Wahlkreisbewerber vorsah. Im Verlaufe des Gesetzgebungsverfahrens wurde die Wahlkampfkostenerstattung auf Parteibewerber beschränkt. Infolgedessen wurde der Antrag auf Erstattung der Wahlkampfkosten des früheren Oberbürgermeisters der Stadt Bonn, *Hans Daniels*, der als unabhängiger Wahlbewerber im Wahlkreis Bonn bei der Bundestagswahl 1969 kandidiert und 20,06 % der abgegebenen Erststimmen erhalten hatte, vom Präsidenten des Deutschen Bundestages abgelehnt. Das Bundesverfassungsgericht entschied am 9. März 1976[28)], daß der gesetzliche Ausschluß der unabhängigen Bewerber von der Wahlkampfkostenerstattung mit dem in Art. 38 Abs. 1 Satz 1 GG enthaltenen Grundsatz der Chancengleichheit aller Wahlbewerber nicht vereinbar sei. Die mögliche Beschränkung der Wahlkampfkostenerstattung finde ihre verfassungsrechtliche Grenze in dem legitimen Ziel, sicherzustellen, daß die Beteiligung am Wahlkampf ernst gemeint, d.h. allein auf den Wahlerfolg und nicht lediglich auf eine Beteiligung an der Wahlkampfkostenerstattung gerichtet ist. Der Gesetzgeber ist verpflichtet, die Regelungen über die Wahlkampfkostenerstattung zugunsten parteiloser Wahlkreisbewerber zu ergänzen.

In *allen* Ländern werden heute bei Landtagswahlen Wahlkampfkosten nach Gesetzen der einzelnen Bundesländer erstattet. Einige Wahlkampfkostengesetze der Länder (z.B. Baden-Württemberg, Hamburg) verweisen ausdrücklich auf die Bundesregelung[29)]:

> „Die Wahlkampfkosten werden je Wahlberechtigten dieser Landtagswahl mit dem in § 18 Abs. 1 Parteiengesetz festgelegten Betrag insgesamt pauschaliert."

27) Deutscher Bundestag, 5. Wahlperiode, Drucksache V/1339.

28) BVerfGE Bd. 41, S. 399 ff.

29) Artikel 1, Nr. 1 des Gesetzes zur Änderung des Gesetzes über die Erstattung der Wahlkampfkosten von Landtagswahlen vom 14. Dezember 1976 (Gesetzblatt für Bad.-Württemberg 1976, S. 622); vgl. auch Artikel 1 des Gesetzes zur Änderung des Wahlkampfkostengesetzes vom 9. Dezember 1976 (Hamburgisches Gesetz- u. Verordnungsblatt 1976, S. 236).

Damit sind diese Länder unpopulären Gesetzesänderungen enthoben. Mit der Anhebung der Sätze des Parteiengesetzes durch den Bundesgesetzgeber erhöht sich die Wahlkampfkostenpauschale dieser Länder automatisch.

Die finanzielle Unterstützung der Parteien durch den Staat ist geradezu schon ein Wesenszug westlicher Demokratien geworden. Nicht nur in Deutschland, sondern auch in zahlreichen anderen Ländern werden Parteien – wenn auch in sehr unterschiedlichen Formen – durch den Staat unterstützt.[30)]

In der Bundesrepublik Deutschland hatte die Wahlkampfkostenerstattung im Jahre 1983 einen ungewöhnlich hohen Anteil an den Gesamteinnahmen der Parteien, wie aus dem ergänzenden Bericht des Bundestagspräsidenten im Mai 1985 hervorging. Dabei lagen die GRÜNEN an der Spitze, wie aus folgender Aufstellung hervorgeht, die zum Vergleich auch die Anteile der Beitragszahlungen und Spenden an den Gesamteinnahmen der im Bundestag vertretenen Parteien aufzeigt:[31)]

Partei	Wahlkampfkosten-erstattung in %	Beitragszahlungen in %	Spenden in %
GRÜ	70,1	10,1	11,1
SPD	53,7	37,4	5,0
CSU	52,8	19,4	25,0
CDU	49,4	31,2	15,9
FDP	34,9	15,1	27,0

Vor allem die GRÜNEN wären nach diesem Bericht in den folgenden fünf Jahren bei anhaltenden Wahlerfolgen und unter der Voraussetzung, daß die übrigen Quellen der Finanzierung nicht reichlicher fließen, in finanzielle Schwierigkeiten geraten. Nach der Rechtsprechung des Bundesverfassungsgerichtes nämlich darf die staatliche Erstattung von Wahlkampfkosten nicht mehr als die Hälfte der Gesamteinnahmen betragen; die Überschüsse müssen zurück-

30) Vgl. Ulrich Dübber, Geld und Politik, Bonn 1970, S. 124 ff.; E. Menzel, Staatliche Parteienfinanzierung und moderner Parteienstaat, in: Die öffentliche Verwaltung 1966, S. 585 ff.; P. Hug, Die verfassungsrechtliche Problematik der Parteienfinanzierung, Zürich 1970, S. 119 ff.

31) Quelle: Handelsblatt Nr. 90 vom 10. Mai 1985.

gezahlt werden. Allerdings gesteht das Bundesverfassungsgericht den Parteien dafür einen Zeitraum von vier Jahren zu, über den hin die Überschüsse abgerechnet werden müssen. Da diese neue Regelung erst 1984 in Kraft getreten ist und das Gesetz einen Spielraum von zwei Jahren zuläßt, ist also die Endabrechnung 1983 erst im Herbst 1990 fällig geworden.

1984 lagen die staatlichen Zuwendungen bei den meisten Parteien bereits wesentlich unter den 83er Werten, lediglich die GRÜNEN verzeichneten noch 69,4 %. Aber 1985 nehmen die anteiligen Kosten der staatlichen Finanzierung an den Gesamteinnahmen der Parteien ab (siehe Tabelle im Anhang). Lediglich bei den GRÜNEN machen sie 1987 noch 55,7 % aus (Wahlkampfkostenerstattung plus Chancenausgleich). Außer bei CDU, CSU und SPD jedoch ist bei allen Parteien der Mitgliedsbeitrag nach wie vor geringer als die Einnahmen durch öffentliche Zuwendungen.

Neben der Wahlkampfkostenerstattung gibt es seit der 4. Novelle des Parteienfinanzierungsgesetzes (1984) den Chancenausgleich, der in der 5. Novelle noch einmal geändert wurde, sowie seit dieser letzten Änderung (ab 1. 1. 1989) den sogenannten Sockelbetrag.

Der Chancenausgleich war vor allem als Pendant für Parteien mit geringem Spendenaufkommen gedacht. Denn er sollte bewirken, daß die Steuervorteile, die den Spenden durch das Parteienfinanzierungsgesetz gewährt werden, auch denjenigen Parteien zugute kommen, die nur geringe Spendeneinnahmen haben. D.h. durch staatliche Ausgleichszahlungen sollten ,,im Ergebnis alle Parteien so gestellt werden, als wenn sie im Verhältnis zu ihrer politischen Stärke (gemessen an Wählerstimmen) und bezogen auf die von ihnen eingenommenen Spenden und Mitgliedsbeiträge gleich hohe Steuervorteile erlangt hätten''.[32] Da die gewünschten Erfolge jedoch nicht eintraten, einigten sich schließlich alle Parteien auf den Sockelbetrag als neue Finanzierungsquelle.

Der Sockelbetrag, zusätzlich zur Wahlkampfkostenerstattung als eine Art ,,Grundrente'' des Staates an die Parteien eingeführt, bedeutet in der Praxis nichts anderes als eine Erhöhung der Wahlkampfkostenpauschale von 5,oo DM auf 6,50 DM pro Wähler. Den Sockelbetrag gibt es allerdings nur für die Bundestagswahl, nicht

32) Peter Lösche, a.a.O., S. 111.

für Landtags- bzw. Europawahlen. Künftig erhält also bei Bundestagswahlen jede Partei, die mindestens 2 % der Wählerstimmen erhält, zusätzlich zu der Wahlkampfkostenerstattung einen Sockelbetrag von 6 % der gesamten Wahlkampfkostenpauschale, die der Bund für diese Zwecke bereithält. Der Sockelbetrag ist allerdings nach oben begrenzt: Er darf bei einer Partei 80 % ihres Anteils an der Wahlkampfkostenpauschale nicht übersteigen (vgl. § 18 Abs. 6 des Parteiengesetzes).

Begünstigt werden durch den Sockelbetrag vor allem die kleinen Parteien, was auf einen Verfahrensfehler zurückzuführen ist. Als nämlich die Parteien die neue Finanzierung beschlossen, war bereits die Hälfte der Legislaturperiode verstrichen. Der Bund der Steuerzahler erhob daher heftige Kritik an dieser Regelung, so daß man sich entschloß, für die Bundestagswahl 1990 den Sockelbetrag zu halbieren. „Allerdings wurde versäumt, auch die Obergrenze – maximal 80 % des jeweiligen Parteienanteils an der Wahlkampfkostenpauschale – um die Hälfte zu senken. Die Parteien mit einem Stimmenanteil von weniger als 7,5 % bekommen dann doppelt soviel Geld, wie ihnen eigentlich zusteht."[33)]

3.3 Indirekte Einnahmen der Parteien

3.3.1 Zuschüsse an Parlamentsfraktionen

Die Zuschüsse für die Arbeit der Fraktionen im Bundestag, in den Landesparlamenten und kommunalen Körperschaften werden seit 1949 gezahlt. Sie sind damit die älteste Subvention der Parteitätigkeit, dazu gedacht, die Arbeit der Fraktionen in den Parlamenten zu ermöglichen. Dabei handelt es sich, wie *Peter Lösche* feststellte, eindeutig um eine indirekte Parteienfinanzierung, denn: „Eine klare Trennung von Fraktion und Partei, von Zuschüssen an die Fraktion und an die Partei ist überhaupt nicht möglich."[34)]

Die Fraktionszuschüsse haben sich, wie der Bund der Steuerzahler monierte, von 1966 bis 1989 verdreiundzwanzigfacht: sie sind

33) Wolfgang Hoffmann, Macht und Moneten. Neue Zweifel an der Rechtmäßigkeit der Parteienfinanzierung, Die Zeit Nr. 26 vom 23. 6. 1989.

34) Peter Lösche, a.a.O., S. 25.

von 3,4 auf 78 Mio. DM gestiegen. 1990 waren 89,6 Mio. DM eingeplant, 1991 104,2 Mio. DM und für 1992 sind 109,0 Mio. DM vorgesehen.

3.3.2 Zuschüsse an parteinahe Stiftungen

Im Kreuzfeuer der öffentlichen Kritik standen in den letzten Jahren die sogenannten „Globalzuschüsse" des Bundes, der Länder und Kommunen, die die großen Parteien seit 1967 für ihre Stiftungen erhalten: *Friedrich-Ebert-Stiftung* (SPD), *Konrad-Adenauer-Stiftung* (CDU), *Hanns-Seidel-Stiftung* (CSU), *Friedrich-Naumann-Stiftung* (FDP) und seit 1988 der *Stiftungsverband Regenbogen* (GRÜ). Jährlich fließen den Parteien aus dieser Quelle derzeit allein aus dem Bundeshaushalt über 10 Mio. DM zu, die in den Rechenschaftsberichten jedoch ebensowenig in Erscheinung treten wie die Fraktionszuschüsse. 1986 überschritten die „Globalzuschüsse" erstmals die Hundert-Millionen-Grenze.

Die GRÜNEN klagten in Karlsruhe gegen diese Art von Zuwendungen, die sich anfänglich nur auf die vier parteinahen Stiftungen von CDU, CSU, FDP und SPD beschränkten. Nach ihrer Meinung dienten die Gelder der Stiftungen zur indirekten Finanzierung der Parteien und verstießen damit gegen den Gleichheitsgrundsatz, da sie nur an die im Bundestag vertretenen Parteien (mit Ausnahme der GRÜNEN) gingen, die kleinen Parteien dagegen keine „Globalzuschüsse" für die politische Bildungsarbeit erhielten. Die Verfassungsrichter schlossen sich dem nicht an und wiesen die Klage mit Urteil vom 14. Juli 1986 einstimmig zurück.

Damit entbrannte bei den GRÜNEN ein Streit darüber, ob sie weiterhin ihren Grundsätzen treu bleiben und sich selbst diese Gelder verweigern sollten, die von anderen Parteien (völlig legal) in Anspruch genommen werden, oder ob sie diese Gelder ebenfalls in Anspruch nehmen und für nach ihrer Meinung sinnvolle Projekte einsetzen sollten. Die Befürworter der letzteren Lösung brachten den Gedanken einer „Heinrich-Böll-Stiftung" ins Gespräch, gegen die sich aber in der Partei heftiger Widerstand vor allem seitens der Fundamentalisten regte. Im Grunde ging es bei dieser Diskussion weniger darum, ob eine solche Stiftung von den GRÜNEN ins Leben gerufen werden sollte, als darum, wie die Stiftung aussehen und wer sie tragen sollte. Auf dem Parteitag am 26./27. März 1988 in Ludwigshafen wurde mit 407 gegen 91 Stimmen ein Dachverband *Stiftung Regenbogen* beschlossen, in dem die im November 1987 auch von prominenten Grünen mitgegründete ,,Heinrich-Böll-Stiftung", die feministische ,,Frauenstiftung" sowie die Stiftungen der Grünen-Verbände gleichberechtigt zusammenwirken und je ein Drittel der Gelder erhalten sollten. Im August 1988 hat der Parteivorstand die Stiftung offiziell anerkannt.

Die Koalitionsfraktionen CDU/CSU und FDP wehrten sich jedoch dagegen, den GRÜNEN Gelder für ihre neue Stiftung zukommen zu lassen, solange die Satzung der GRÜNEN nicht den Anforderungen entspreche, die einer staatlichen Förderung zugrunde gelegt werden müssen. Daraufhin änderte der Vorstand des Stiftungsverbandes der GRÜNEN die Satzung in einigen Punkten; u.a. wurde die Autonomie der genannten drei Untergruppen der Stiftung stark eingeschränkt. Danach gab der Haushaltsausschuß des Deutschen Bundestages im Juni 1989 die für die GRÜNEN vorgesehenen Globalmittel in Höhe von 4,2 Mio. DM frei. Auch nach dem Ausscheiden der GRÜNEN aus dem Bundestag soll der *Stiftungsverband Regenbogen,* den inzwischen auch *Bündnis 90/Grüne* als ,,ihnen nahestehende Stiftung" anerkannt haben, weiter gefördert werden.

Für 1991 waren im Bundeshaushalt rd. 207,5 Mio. DM vorgesehen, die wie folgt aufgeteilt wurden:

Friedrich-Ebert-Stiftung	57 358 200
Friedrich-Naumann-Stiftung	24 582 100
Konrad-Adenauer-Stiftung	57 358 200
Hanns-Seidel-Stiftung	24 582 100
Stiftungsverband Regenbogen	9 013 400

Dazu kommen 34 575 000 DM für die Schaffung von Bildungsstätten[35].

35) Bundeshaushalt 1991, Titel 68405.

3.3.3 Zuschüsse an Jugendorganisationen (RPJ-Mittel)

Eine andere ,,Grauzone" der Parteienfinanzierung, die ebenfalls in den Rechenschaftsberichten nicht in Erscheinung tritt, sind die Zuschüsse an die Jugendorganisationen der großen Parteien.

Junge Union, Jungdemokraten[36] und *Jungsozialisten*, die sich im *Ring Politischer Jugend* (RPJ) zusammengeschlossen hatten, kassierten 1982 nach Angaben des Nachrichtenmagazins *Der Spiegel*[37] über den RPJ mindestens 10 Mio. DM aus Steuermitteln. Kritiker der indirekten Parteienfinanzierung sind der Meinung, der RPJ habe die einzige Aufgabe, staatliche Zuschüsse zu verteilen. Diesen Verdacht nährte vor allem der Freiburger Parteitag der FDP vom Januar 1983: Eine Satzungsänderung mit dem Ziel, die *Jungen Liberalen* (Julis) statt der ausgetretenen *Jungdemokraten* (Judos) als Jugendorganisation der FDP auszuweisen, kam erst im zweiten Anlauf zustande, nachdem *Guido Westerwelle*, damaliger Schatzmeister der Julis, darauf hingewiesen hatte, daß die *Jungen Liberalen* nur dann einen staatlichen Zuschuß erhalten, wenn sie in der Satzung in Erscheinung treten. Allerdings besteht die Auflage, daß Bundeszuschüsse erst dann an die Jugendorganisationen gezahlt werden, wenn sie in mindestens fünf Landes-RPJ vertreten sind.

Nach Angaben des Bundesministers für Frauen und Jugend[38] erhalten jedoch die Parteien in der Bundesrepublik Deutschland keine Zuschüsse aus Mitteln des Bundesjugendplanes für ihre Jugendorganisationen. Die im Bundesjugendplan für den *Ring Politischer Jugend* und seine Mitgliedsverbände ausgewiesenen Mittel werden ausschließlich und unmittelbar an die Jugendverbände direkt ausbezahlt. Die ordnungsgemäße Verwendung der RPJ-Mittel muß von den Jugendverbänden selbst rechtsverbindlich nachgewiesen werden. Im Jahre 1991 wurden folgende Zuwendungen aus dem Bundesjugendplan bewilligt:

Junge Union Deutschland	580 000 DM
Junge Liberale	190 000 DM
Jungsozialisten in der SPD	580 000 DM
Jungdemokraten	120 000 DM

36) Im Januar 1983 durch die Jungen Liberalen (Julis) abgelöst.
37) Der Spiegel, Nr. 7/1983, S. 68 f.
38) Schreiben an die Verfasser vom 1. 6. 1990.

4. Die Entwicklung der Parteien und des Parteiensystems

4.1 Die Vorbehalte der Besatzungsmächte

Jede der Deutschland besetzenden Mächte hatte nicht nur ihre eigentümlichen Ziele als Besatzungsmacht, sondern auch sehr eigenwillige, teils aus Ressentiments, teils aus eigener Vorstellungswelt geschöpfte Anschauungen über Detailfragen ihrer Besatzungsfunktionen. Das betraf auch die Frage der politischen Parteien. Die Amerikaner sahen zunächst in den allmählich wieder zuzulassenden alten Parteien bzw. zu genehmigenden Neugründungen lediglich örtliche Beratungsorgane für die von ihnen einzusetzenden Bürgermeister, während eine breite politische Tätigkeit den Parteien nicht vor Ablauf von fünf Jahren Besatzungszeit mit intensiver Durchführung eines ,,Reeducation-program'' gestattet sein sollte.[1)]

Anders dachten die *Sowjets.* Sie hatten es sehr eilig, möglichst noch zu Zeiten ihrer Alleinherrschaft in der ehemaligen Reichsmetropole Berlin Parteien nach ihrer Vorstellung ins Leben zu rufen. Mit dem *Befehl Nr. 2* vom 10. Juni 1945 ordnete die *Sowjetische Militäradministration* (SMA) an:

> ,,Auf dem Territorium der Sowjetischen Okkupationszone in Deutschland ist die Bildung und Tätigkeit aller antifaschistischen Parteien zu erlauben, die sich die endgültige Ausrottung der Überreste des Faschismus und die Festigung der Grundlage der Demokratie und der bürgerlichen Freiheiten in Deutschland und die Entwicklung der Initiative und Selbständigkeit der breiten Massen der Bevölkerung in dieser Richtung zum Ziel setzen.''[2)]

Am folgenden Tag trat bereits die KPD in Berlin in Aktion, wenige Tage später die SPD, zwei Wochen nach der KPD die CDU und Anfang Juli die Liberal-Demokratische Partei (LDP). Nach den Plänen der sowjetischen Besatzungsmacht sollten die in Berlin gegründeten Parteien hier ihre Zentralen für ganz Deutschland ein-

1) Mitteilung von Prof. Dr. Sigmund Neumann, der als Ausbilder für amerikanische Besatzungsoffiziere in den USA tätig war, an Günter Olzog.

2) Dokumente zur parteipolitischen Entwicklung in Deutschland seit 1945, hrsg. von Ossip K. Flechtheim, Berlin 1962, Bd. 1, S. 108.

richten, so daß der sowjetischen Administration eine Einflußnahme über die eigene Besatzungszone hinaus möglich gewesen wäre. Derartige Absichten scheiterten am Widerspruch der westdeutschen Politiker und der westlichen Besatzungsmächte.

Eine rechtliche Basis für alle Besatzungsmächte wurde im *Potsdamer Abkommen* am 2. 8. 1945 festgelegt, dessen Art. 9 Abs. 2 bestimmte, daß „in ganz Deutschland alle demokratischen Parteien zu erlauben und zu fördern" sind „mit der Einräumung des Rechts, Versammlungen einzuberufen und öffentliche Diskussionen durchzuführen". Hatten die westlichen Besatzungsmächte bislang Zusammenkünfte von Mitgliedern früherer politischer Parteien – ausgenommen natürlich die NSDAP – schweigend geduldet, so waren sie nun gehalten, zu Anträgen auf Zulassung offiziell Stellung zu nehmen und sie nicht wie bisher, zumeist mit der Begründung, eine Genehmigung sei verfrüht, abzulehnen.

Die *amerikanische Militärregierung* verkündete am 13. August 1945, daß die Bildung politischer Parteien in ihrer Zone erlaubt werde, und wies in einer Ausführungsbestimmung vom 27. August ihre Offiziere an, politische Parteien auf Kreisebene zu genehmigen. Im November 1945 wurde die Erweiterung auf Landesebene gestattet. Die *Engländer* ließen die Parteien durch eine Verordnung vom 15. September 1945 sogleich auf Zonenebene zu, während die Franzosen erst am 12. Dezember 1945 die Zulassung von Parteien genehmigen, die Verwirklichung aber noch einige Monate hinauszögern. Die *Engländer* gingen in ihrer *Verordnung Nr. 12*, mit der sie politische Parteien zuließen, am gründlichsten vor und nahmen sogar eine Begriffsbestimmung in Artikel VII vor, die allerdings wenig juristische Ansprüche stellt: „Eine ‚Politische Partei' ist jede Gruppe von Personen, die zusammenarbeitet, um ein gemeinsames politisches Ziel zu erreichen."

Jede Besatzungsmacht behielt sich das Recht vor, nicht nur die Gründung, sondern auch die Tätigkeit der Parteien zu überwachen. Kontrolloffiziere oder deutsche Mitarbeiter der Sicherheitsorgane saßen in Parteiversammlungen und erstatteten Bericht. Durch Papierzuteilungen und Formatfestsetzungen für Flugzettel und Wahlplakate konnten die Besatzungsmächte die Entfaltung der politischen Aktivität der Parteien spürbar beeinflussen. Diese und ähnliche Behinderungen traten aber mehr und mehr in den Hintergrund, bis sie nach Inkrafttreten des Besatzungsstatuts und des Grundgesetzes für die Bundesrepublik vollends ihr Ende fanden, während in der sowjetisch besetzten Zone die sogenannten Blockparteien, das heißt die ,,Sozialistische Einheitspartei Deutschlands" (SED) mit ihren Satellitenparteien CDU, LDP und NDPD moskauhörig die kommunistische Diktatur unterstützten.

4.2 Die Entwicklung in der Bundesrepublik seit 1945

Der Aufbruch der Parteien: 1945 – 1949

Seit 1945 wurden im Westen der Bundesrepublik etwa 150 Parteien und politische Gruppierungen gegründet.[3] Eine nachhaltige Rolle haben nur wenige Parteien gespielt, die größte Bedeutung hatten und haben von 1945 bis auf den heutigen Tag eigentlich nur drei Parteien: CDU/CSU, SPD und FDP basierend auf politischen Ideenströmungen, die seit Mitte des 19. Jahrhunderts sichtbar wurden: Konservatismus, politischer Katholizismus, Sozialismus und Liberalismus.[4] Mit den GRÜNEN ist seit 1980 eine vierte, ganz neue politische Strömung hinzugekommen.

Die Entwicklung der Parteien der Nachkriegszeit von 1945 bis zur Gründung der Bundesrepublik 1949 vollzog sich zunächst auf regionaler Basis.[5] Die ersten Ansätze entwickeln sich als ,,Lizenzparteien" in Kommunen und Ländern, und erst mit der Gründung der Bundesrepublik Deutschland kam es dann auch zur Gründung von Bundesparteien.

In den ersten Deutschen Bundestag zogen bereits elf Parteien ein. Neben den seit 1949 im Bundestag vertretenen Parteien CDU/CSU, SPD und FDP konnten bis 1982 jedoch nur in die ersten drei Bundestage kleinere, heute zum Teil vergessene Parteien unter ,,Sonstige" einziehen; erst 1983 gelang dann den GRÜNEN der Einbruch in das Dreiparteien-System und der Einzug in den Bundestag:

3) Vgl. dazu M. Rowold, Im Schatten der Macht. Nicht-etablierte Kleinparteien, in: H. Oberreuter/A. Mintzel, Parteien in der Bundesrepublik Deutschland, München 1990, S. 311 ff.
4) Vgl. Th. Stammen, a.a.O., S. 59 ff.
5) Vgl. dazu die Einzeldarstellungen von CDU, CSU, FDP und SPD.

1. Bundestag: 80 Mandate, davon DP = 17, KPD (1956 verboten) = 15, BP = 17, Sonstige = 11.
2. Bundestag: 45 Mandate, davon: DP = 15, BHE = 27, Sonstige = 3.
3. Bundestag: 17 Mandate, alle DP.
10. Bundestag: 27 Mandate, alle GRÜ.
11. Bundestag: 42 Mandate, alle GRÜ.

Die Phase der Konzentration: 1949–1960

Die Zusammensetzung der ersten vier Bundestage spiegelt den Konzentrationsprozeß wider, der sich von 1949 bis zur Wahl des vierten Bundestages 1961 vollzog und der lange Zeit Außenseitern keine Chance mehr ließ. Parallel zu diesem Konzentrationsprozeß entwickelten sich die Volksparteien CDU/CSU und SPD zum beherrschenden Parteientyp in der bundesdeutschen Parteienlandschaft. Während alle kleineren Parteien der ersten Stunde mehr oder weniger in der Versenkung verschwanden, zeichnete sich eine deutliche Entwicklung auf ein stabiles Dreiparteien-System ab; besser gesagt: auf ein Zweiparteien-System der Volksparteien CDU/CSU und SPD mit der FDP als Mehrheitsbeschaffer. Das wird aus den wachsenden Anteilen deutlich, welche die beiden großen Volksparteien bei den Wahlen gemeinsam auf sich vereinigen konnten:[6)]

	CDU/CSU + SPD
1949	60,2 %
1953	74,0 %
1957	82,0 %
1961	81,5 %

Die Phase der Stabilität des Dreiparteien-Systems: 1961–1980

Der aufgezeigte Konzentrationsprozeß setzte sich auch nach 1961 fort; das Parteiensystem wird immer deutlicher zu einem System der Volksparteien:

	CDU/CSU + SPD
1965	86,9 %
1969	88,8 %
1972	90,7 %
1976	91,2 %

6) Vgl. auch Th. Stammen, a.a.O., S. 470 f.

Erst 1980 beginnt eine rückläufige Phase für die Volksparteien:

	CDU/CSU + SPD
1980	87,4 %
1983	87,0 %
1987	81,3 %
1990	77,3 % im gesamten Wahlgebiet,
	80,0 % im westlichen Wahlgebiet.

Dieser Prozeß hängt zusammen mit der Krise der beiden großen Volksparteien. Die Wandlung von CDU und SPD von ideologisch bestimmten Weltanschauungsparteien zu Volksparteien (die FDP war für die Entwicklung zu klein, sie beschränkte sich hauptsächlich auf die breit gefächerten Mittelschichten) war nach *Sontheimers* Feststellung ein wichtiger Faktor für die Stabilität unseres politischen Systems seit 1945.[7] Folglich brachte auch ihre Krise erneute Bewegung in das politische System.

Die Volksparteien büßten in letzter Zeit an Integrationskraft ein. Es entstanden Defizite, die von anderen Parteien und Gruppierungen erfüllt wurden, z.B. das ökologische Defizit durch die GRÜNEN. Die Frage nach dem Zustand und der zukünftigen Rolle der Volksparteien steht im Raum. *Rupert Scholz* gibt zu bedenken: ,,Wenn sie ihren Führungsanspruch im Lande behaupten wollen, dann sind sie nicht nur in der klaren Abgrenzung und politischen Neutralisierung extremer Felder an ihren Rändern, sondern dann sind sie vor allem in ihrem eigenen Auftrag und ihrem eigenen politischen Profil von Grund auf neu gefordert.“[8]

Die GRÜNEN als ,,Vierte Partei“: 1980 – 1989

Mit der Krise der Volksparteien einher geht der Versuch, die Parteienlandschaft aufzufächern. In den Nachkriegsjahren gelang es immer wieder neuen Gruppierungen, meistens Abspaltungen von bestehenden Parteien, sich ins Gespräch zu bringen. Nachhaltiger politischer Erfolg war den meisten nicht beschieden. In der Regel handelte es sich um Parteien, die man als ,,Briefkastenparteien“ bezeichnen könnte. Immer wieder war dabei auch von einer sog.

7) K. Sontheimer, a.a.O., S. 136.
8) Rupert Scholz, Sind die Volksparteien in der Krise?, in: Die Welt Nr. 133 v. 10. 6. 1989, S. 7.

,,Vierten Partei" die Rede, so wenn sich die NPD als die einzige legitime ,,Vierte Partei" bezeichnete. Nach der Bundestagswahl 1976 kam Bewegung in die Parteienlandschaft mit der Ankündigung einer ,,Vierten Partei" durch *Franz Josef Strauß*. Bald danach war dann von einer ,,Vierten Partei" (viele sprachen von einer fünften) von links die Rede. Ende 1978 kündigte *Rudi Dutschke* die Gründung einer linken ,,Vierten Partei" an, sozialistischer als die SPD, aber nicht so dogmatisch wie die K-Gruppen. Vorher, zur Bundestagswahl 1976 hatte sich bereits eine ,,Aktionsgemeinschaft Vierte Partei" (AVP) gebildet, die jedoch mit ihrer Bitte um drei Direktmandate bei der CDU/CSU kein Gehör fand. Schließlich trat *Erich Mende* im November 1978 mit dem Ansinnen einer ,,Vierten Partei" auf den Plan, die er ,,Neue Nationalliberale Partei" nennen wollte und als Sammelbecken der Rechtsabweichler der FDP nach dem Mainzer Parteitag ansah.

All diese Versuche, die bundesrepublikanische Parteienlandschaft aus ihrer Erstarrung im Dreiparteien-System zu lösen, und eine ,,Vierte Partei" auch parlamentarisch zu etablieren, schlugen fehl. Zeitweilig ließen die Krise der FDP und ihre Mißerfolge bei den Landtagswahlen eher an ein Zweiparteien-System denken. Eine entscheidende Wende brachten erst die GRÜNEN, die seit der Bundestagswahl 1983, ohne daß sie sich je als solche bezeichnet hätten, bis 1990 die ,,Vierte Partei" im Staate darstellten. Zeitweilig gelang es den GRÜNEN, die FDP sogar von ihrem angestammten dritten Platz zu verdrängen und ihr den Rang als Mehrheitsbeschaffer streitig zu machen. Allerdings, wie die erste gesamtdeutsche Wahl gezeigt hat, reichte diese Eigenschaft für die GRÜNEN nicht, ihr Überleben im politischen Spiel der deutschen Parteien zu sichern, wie das bei der FDP der Fall war, die bisher als einzige Partei, wie *Kurt Biedenkopf* betonte, in der politischen Mitte zugelassen war. ,,Sie ist im gewohnten Schema unentbehrlich, denn sie sorgt für den Wechsel der Mehrheit. Nicht ihre liberalen Grundsätze, sondern diese Funktion hat sie in den letzten 40 Jahren (mit Ausnahme der Zeit der großen Koalition) zum unentbehrlichen Inventar jeder Bundesregierung werden lassen."[9)]

9) Kurt Biedenkopf, Zeitsignale, Parteienlandschaft im Umbruch, München 1989, S. 237.

Die beiden Regierungswechsel 1969 und 1982/83 gehen auf das Konto der FDP, nicht allein auf das Wählervotum. Der Versuch, mit rot-grünen Koalitionen eine neue Variante auf Bundesebene ins Spiel zu bringen und das Blocksystem der vergangenen 40 Jahre, CDU/CSU/FDP bzw. SPD/FDP, aufzubrechen, ist bisher nicht geglückt und war auch auf Landesebene bisher immer nur von beschränkter Dauer, wie in Hessen und Berlin deutlich wurde.

Mit dem Einzug der GRÜNEN in den Bundestag im Jahre 1983 ist eine neue politische Situation entstanden. Er hat das westdeutsche Parteiensystem, wie *Kurt Sontheimer*[10)] konstatierte, nicht im Kern, aber doch zumindest am Rande verändert. Dennoch ist bis 1987 die Struktur des bundesdeutschen Parteiensystems relativ stabil geblieben. 1989 geriet sie dann, mit den Erfolgen der *Republikaner*, vorübergehend ins Wanken.

Die Republikaner als „Fünfte Partei": 1989/1990

Von rechts war bereits in den 50er Jahren der Versuch unternommen worden, einen politischen Keil in das etablierte Parteiensystem zu treiben. Während der Zeit der großen Koalition von 1966–69, zur gleichen Zeit also, als sich am linken Spektrum die *Außerparlamentarische Opposition* (APO) formierte, gelang auf der rechten Seite der 1964 gegründeten *Nationaldemokratischen Partei Deutschlands* (NPD), sich in sieben Landtagen zu etablieren. Und fast wäre ihr 1969 der Sprung in den Bundestag gelungen, den sie mit 4,3 % nur knapp verfehlte. 1989 sorgten dann die *Republikaner* auf dem rechten Flügel für Aufregung: In Berlin zogen sie im Januar 1989 mit elf Abgeordneten in den Berliner Senat ein, was zu heftigen Strategiedebatten vor allem bei den Unionsparteien führte. Denn mit der Berliner Wahl – der weitere Erfolge der REP's in Bayern und bei der Europawahl folgten – geriet die seit 1983, nach dem Einzug der GRÜNEN, weitgehend stabile Vierparteien-Struktur in eine Krise, die sich in heftigen Diskussionen innerhalb und zwischen den Parteien und hektischen Gegenstrategien äußerte. Die Themen der REP's wurden jedoch sehr schnell von den etablierten Parteien aufgegriffen, schneller als dies nach 1980 bei den „grünen" Themen

10) K. Sontheimer, a.a.O., S. 137.

der Fall war.[11] So schwanden Bedeutung und Einfluß der *Republikaner* schnell dahin, vor allem nach dem vorübergehenden Ausscheiden *Schönhubers* aus der Partei.

Wenn auch, wie der Verfassungsschutzbericht von 1990 noch feststellte, der Rechtsextremismus, vor allem in den neuen Bundesländern, weiter zugenommen hat und die oft totgesagte Linke nach wie vor lebendig ist, hat die Fünf-Prozent-Klausel verhindert, daß radikale Parteien, von den genannten Ausnahmen abgesehen, in der Bundesrepublik politisch relevant wurden: Die DKP ist nie über 3 % hinausgekommen, die K-Gruppen erhielten noch weniger. Die NPD ist heute bedeutungslos, tritt nur noch gelegentlich in einer Listenverbindung mit der DVU an; diese konnte zwar in Bremen sechs Mandate erringen, blieb jedoch in den übrigen Ländern außen vor.

4.3 Die Entwicklung der Parteienlandschaft in der ehemaligen DDR seit 1989

Vom Protest zur Partei

Die Opposition in der DDR hatte sich schon lange vor den Herbstdemonstrationen des Jahres 1989 gerührt. In Leipzig wurden z.B. in der Nikolai-Kirche seit 1983 „Friedensgebete" abgehalten. Konkreter wurde die Opposition im April 1986, als Mitglieder der autonomen Friedensbewegung der DDR in einer Eingabe an *Erich Honecker* offene Kritik an der Entwicklung auf zahlreichen Gebieten übten und die SED zur offenen Diskussion mit den Bürgern aufforderten.

Eine nachhaltige Opposition regte sich jedoch erst im Sommer 1989. Der Wahlbetrug der SED, die Reaktion von Partei und Regierung auf die Ereignisse in China, die Grenzöffnung in Ungarn, der Tschechoslowakei und in Polen brachten das Faß zum Überlaufen. In dieser Situation formierten sich verschiedene oppositionelle Gruppen: die Bürgerbewegung *Neues Forum* (NF), *Demokratie Jetzt* (DJ), *Demokratischer Aufbruch* (DA), *Vereinigte Linke* (VL),

11) Vgl. M. Kaase/W. G. Gibowski, Deutschland im Übergang. Parteien und Wähler vor der Bundestagswahl 1990, in: Aus Politik und Zeitgeschichte, B 37 – 38 vom 14. 9. 1990, S. 14 ff.

Sozialdemokratische Initiative (später SDP, dann SPD). Gemeinsam mit Repräsentanten der evangelischen Kirchen nahmen diese Oppositionsgruppen Einfluß auf die Organisation der beginnenden Massendemonstrationen. Nach einer letzten Machtdemonstration zur 40-Jahr-Feier der DDR am 7. Oktober 1989 begann die Macht der SED abzubröckeln, um dann am 9. November 1989 mit der Öffnung der Mauer vollends in sich zusammenzubrechen.

Die Menschen in der DDR hatten sich selbst aus den Fesseln des SED-Regimes befreit. Mit der am 1. Dezember 1989 erfolgten Streichung der „führenden Rolle der SED" aus der Verfassung der DDR wurden auch die alten Blockparteien eigenständig: die 1945 gegründete *Christlich Demokratische Union* (CDU) und *Liberaldemokratische Partei Deutschlands* (LDPD) sowie die Filialgründungen der SED von 1948: *Nationaldemokratische Partei Deutschlands* (NDPD) und *Demokratische Bauernpartei* (DBD). Diese vier Parteien waren vor dem 9. November mit der SED zusammengeschlossen im „Demokratischen Block" der Parteien und Massenorganisationen, der 1949 aus dem „Antifa-Block" hervorgegangen war. Schon bald nach dem Fall der Mauer, am 22. November 1989, schlug die SED der Opposition und den Blockparteien Gespräche am „Runden Tisch" vor. Die ehemaligen Blockparteien LDPD, Ost-CDU und DBD kündigten am 5. Dezember 1989 ihre Mitarbeit im „Demokratischen Block" auf, um am „Runden Tisch" mit den übrigen Parteien und Gruppierungen zusammenzuarbeiten.

Neben den Oppositionsparteien der ersten Stunde und den ehemaligen Blockparteien kam es bald zu weiteren Neugründungen im konservativen und liberalen Lager wie bei den Grünen. Rechts konstituierte sich neben der CDU die *Deutsche Soziale Union* (DSU), bei den Liberalen kam es zur Gründung einer *Ost-FDP*. Auf dem linken Flügel kam die *Initiative für Frieden und Menschenrechte* (IFM) hinzu, auf dem ökologischen Flügel die *Grüne Partei* der DDR, die *Grüne Liga* und der *Unabhängige Frauenverband*.

Der „Runde Tisch" vereinigte folgende neun Parteien und Gruppierungen: die am 7. Oktober 1989 wieder eigenständig gewordene SPD, NF, DJ, DA, *Unabhängige Frauen*, *Grüne Partei, Grüne Liga,* IFM und VL. Am 11. März 1990 fand die letzte Sitzung des „Runden Tisches" statt, der einen ersten Versuch darstellte, das Land politisch zu stabilisieren.

CDU-West/CDU-Ost

Die CDU hat lange gezögert, ehe sie sich für eine Zusammenarbeit mit der Schwesterpartei in Ostdeutschland entschloß. Noch Anfang Januar 1990 verkündete die Partei, sie werde sich auf absehbare Zeit nicht auf einen politischen Partner festlegen, lediglich die Zusammenarbeit mit ihr nahestehenden Parteien und oppositionellen Gruppierungen in der DDR auf Länderebene organisieren. Schwerpunkte waren die Ost-CDU und der *Demokratische Aufbruch* (DA). Die Fortschritte der Zusammenarbeit der anderen westdeutschen Parteien mit den ostdeutschen Parteien, voran die der SPD, veranlaßten die CDU jedoch schon bald, ihre Berührungsängste gegenüber der ehemaligen Blockpartei CDU aufzugeben und die Ost-CDU als Partner zu unterstützen. Dabei drängte die West-CDU jedoch von Anfang an die Ost-CDU, sich für das Zustandekommen einer Allianz aller christdemokratischen und konservativen Kräfte der DDR einzusetzen, da sie sich nicht allein auf die ehemalige Blockpartei verlassen wollte. Am 5. Februar 1990 verständigten sich dann CDU-Ost, DA und DSU mit Bundeskanzler *Helmut Kohl* auf ein Wahlbündnis „Allianz für Deutschland" für die erste Volkskammerwahl, aus der die Allianz als eindeutiger Sieger hervorging.

Eine endgültige Entscheidung für die Zusammenarbeit mit der Ost-CDU als politische Partei erfolgte im Februar 1990. In den folgenden Monaten reifte der Gedanke einer Fusion beider Parteien noch vor der ersten gesamtdeutschen Wahl. Zuvor jedoch hatten sich im August 1990 der *Demokratische Aufbruch* und im September die *Demokratische Bauernpartei* mit der Ost-CDU vereinigt. Nachdem sich Mitte September die Jugendorganisationen der Christdemokraten in Ost und West zur *Jungen Union Deutschlands* zusammengeschlossen hatten, folgte die Vereinigung der Parteien selbst auf dem Vereinigungsparteitag am 1. und 2. Oktober 1990 in Bremen. *Helmut Kohl* wurde mit 98,5 % zum ersten Vorsitzenden der gesamtdeutschen CDU gewählt, *Lothar de Maizière* zum einzigen stellvertretenden Vorsitzenden. Nachdem dieser wegen Stasi-Verdächtigungen am 6. September 1991 alle Parteiämter niedergelegt hatte, wurde im Dezember 1991 in Dresden *Angela Merkel* stellvertretende Vorsitzende.

CSU/DSU

Die CSU entschloß sich bereits im Januar 1990, die Oppositionsgruppen in der DDR im Wahlkampf zu unterstützen, ohne sich dabei auf eine bestimmte Partei festzulegen. Dabei dachte man vor allem an die Parteien mit einem „C" im Namen, z.B. die *Christlich-Soziale Partei Deutschlands* (CSPD). Ende Januar fiel die Entscheidung für ein Zusammengehen mit der *Deutschen Sozialen Union* (DSU), die am 20. Januar unter Mitwirkung der bayerischen CSU aus dem Zusammenschluß von elf Gruppen und Parteien, darunter als stärkste Kraft die *Christlich-Soziale Partei Deutschlands*, entstanden war. Dieser Entschluß löste nicht nur in der CSU in der Folgezeit einige Diskussionen aus. Vor allem nährte er Spekulationen darüber, daß sich die Christsozialen bundesweit etablieren wollten. Wohl wurde – und die Ausnahmesituation des Vereinigungsprozesses legte das nahe – über eine Ausweitung der CSU nach Ostdeutschland nachgedacht. Während jedoch CDU, SPD und FDP auf eine baldige Fusion mit ihrer ostdeutschen Schwesterpartei drängten, lehnte die CSU letztendlich nach vielen internen Diskussionen eine Ausdehnung auf DDR-Gebiet ab und entschied sich auf dem Parteitag in Nürnberg am 13. Juli 1990 endgültig für eine Kooperation mit der DSU. Andererseits lehnte der CSU-Parteivorstand auch eine Ausweitung der DSU auf das Bundesgebiet ab.

Eine solche kam dann im Januar 1991 erneut ins Gespräch: Thüringens Landesgeschäftsführer *Jens Goebel* kündigte eine Ausweitung der DSU auf ganz Deutschland als neue konservative Sammlungsbewegung an. CSU-Generalsekretär *Erwin Huber* erklärte daraufhin, die Absicht der DSU, eine eigenständige Partei für ganz Deutschland zu etablieren, stelle die Zusammenarbeit mit der CSU in Frage. Grundbedingung für die Unterstützung der DSU sei die Beschränkung dieser Partei auf die neuen fünf Bundesländer.

Diese klare Position – CSU in Bayern, DSU im ehemaligen Gebiet der DDR – versucht die CSU auch gegenüber weiteren CSU- und DSU-Gründungen zu erhalten. So distanzierte sich die CSU von einer neuen West-DSU, die am 10. Juni 1990 in Bonn gegründet wurde. Um in Zukunft die Führung des Namens DSU durch andere zu verhindern, veranlaßte die CSU die Gründung einer DSU-Gruppe in Weilheim. Alle Gründungsmitglieder der DSU Weilheim, die am 4. April 1990 in das Vereinsregister eingetragen wurde, gehören dem CSU-Kreisverband Weilheim an. Zum anderen hatte sich die CSU mit der Gründung eines Landesverbandes im Juni 1990 in Sachsen auseinanderzusetzen. Anfangs lehnte sie den Ableger in der DDR ab, erkannte jedoch dann im August 1990 de facto die Existenz einer Partei gleichen Namens in Sachsen an, da es diese CSU-Gruppierung bereits vor Gründung der DSU gegeben habe. Sie machte jedoch zur Bedingung, daß sich die Kandidaten der DSU und der CSU bei der bevorstehenden Landtagswahl in Sachsen gemeinsam auf einer Liste mit dem Namen DSU bewerben. Eine Absage dagegen erteilte die CSU-Zentrale in München an einen CSU-Landesverband in Mecklenburg-Vorpommern.

Liberale in West und Ost

Die FDP, bereit, demokratische Parteien in der DDR zu unterstützen, hatte zu den früheren Blockparteien LDPD und NDPD zunächst ein gespaltenes Verhältnis. Sie tat sich daher anfangs schwer, in der ehemaligen DDR einen politischen Partner zu finden, zumal die neugegründete FDP im anderen Deutschland noch völlig ohne politsche Erfahrung war.

Dann entwickelte sich Ende Januar 1990 ein intensiver Kontakt zur LDPD, die ihren Namen bald in LPD und dann im März 1990 in *Bund Freier Demokraten* (BFD) änderte, dem sich später auch die NDPD anschloß. Auf dem Vereinigungsparteitag in Hannover am 11. /12. August 1990 kam es zu einem förmlichen Beitritt der drei liberalen Parteien: *Bund Freier Demokraten* (BFD) – *Die Liberalen*, *Deutsche Forumpartei* (DFP) und *Freie Demokratische Partei* in der Deutschen Demokratischen Republik zur *Freien Demokratischen Partei*. Erster Vorsitzender der Gesamtpartei wurde mit 524 von 617 gültigen Stimmen *Otto Graf Lambsdorff*.

SPD-West/SPD-Ost

Schneller als bei den anderen Parteien legte sich die SPD auf einen Partner im Osten Deutschlands fest und strebte dem Ziel einer gesamtdeutschen SPD zu. Von Anfang an war klar, daß der Vorsitz in der gesamtdeutschen Partei bei *Hans-Jochen Vogel* liegen sollte; das löste jedoch in der Ost-SPD Verärgerung aus, da man dort für die Führung der Partei „verschiedene Modelle" für denkbar hielt, z.B. zwei gleichberechtigte Vorsitzende. Nach Absprache mit dem Kanzlerkandidaten der SPD, *Oskar Lafontaine*, beschloß der Parteivorstand jedoch am 25. Juni endgültig, daß *Hans-Jochen Vogel* erster gesamtdeutscher Vorsitzender werden und eine Neuwahl des SPD-Vorsitzenden erst nach der ersten gesamtdeutschen Wahl im Frühjahr 1991 erfolgen sollte.

Nach Vereinigung der Berliner SPD am 16. September 1990 erfolgte auf dem Vereinigungsparteitag in Berlin am 27. September der Zusammenschluß der Sozialdemokraten aus West und Ost. Einen gemeinsamen Landesverband hatte es in Berlin trotz der Zwangsvereinigung von KPD und SPD 1946 zur SED bis zum Mai 1961 gegeben. Danach wurden die Kreisverbände aufgelöst und nach der Wende die ostberliner SPD zusammen mit der DDR-SPD im Herbst 1989 neu gegründet. Der Vereinigungsparteitag wählte *Hans-Jochen Vogel* zum ersten Vorsitzenden der gesamtdeutschen SPD. Zu den bisherigen stellvertretenden Vorsitzenden *Herta Däubler-Gmelin, Johannes Rau* und *Oskar Lafontaine* kam als vierter *Wolfgang Thierse* hinzu. Der Gesamtvorstand wurde um 10 Mitglieder aus der DDR vergrößert.

Grüne in West und Ost

Am zögerlichsten von allen Bundestagsparteien verhielten sich die GRÜNEN gegenüber artverwandten Parteien in der DDR. Das beruhte aber wohl auf Gegenseitigkeit. Noch im Juni 1990, vor dem Dortmunder Parteitag der GRÜNEN, hatten sich die ostdeutschen Grünen (Grüne Partei der DDR) jede Einmischung der GRÜNEN der Bundesrepublik verbeten. „Wir DDR-Grüne scheuen eine Entwicklung unserer grünen Idee nach eurem Vorbild."[12] Diese Berührungsängste konnten jedoch bald durch Besuche der West-Grünen in Ostberlin abgebaut werden, wobei aber die Frage der Listenverbindung strittig blieb, da die Ost-Grünen sich dagegen wehrten, Bewerber aus Bürgerbewegungen im *Bündnis 90* auf ihrer Liste kandidieren zu lassen.

Der nächste Schritt war der Vorschlag des Bundeshauptausschusses der GRÜNEN zur Bildung einer gesamtdeutschen grünen Par-

12) Zitiert nach Susanne Düwel, Keine Zeit für Flügelstreitereien, in: SZ v. 7. 6. 1990.

tei mit ,,konföderativen Strukturen", wobei die personelle, politische und finanzielle Autonomie vorerst gewahrt bleiben sollte.

Um im Zuge der Wiedervereinigung eine Verwirrung der Wähler durch unterschiedliche Namen zu vermeiden, entschlossen sich die Ost-Grünen im Juli 1990, sich in ,,Die Grünen" umzubenennen. Gleichzeitig beschloß man weitere Verhandlungen mit den DDR-Bürgerbewegungen, um in den Ländern verschiedene Bündnisse wie ,,Die Grünen/Demokratie Jetzt" oder ,,Die Grünen/Neues Forum" zu ermöglichen. Einen Vereinigungsparteitag wie bei den anderen großen Parteien lehnte die Bundespartei DIE GRÜNEN vor der ersten gesamtdeutschen Wahl ab. Der Zusammenschluß sollte gleich nach der Wahl am 3. Dezember 1990 durch Beitritt der DDR-Landesverbände der Ost-Grünen zur Bundespartei erfolgen. Für die Wahlen einigten sich die Grünen-West und -Ost in Ostberlin auf eine gemeinsame Wahlplattform. Außerdem wurde beschlossen, daß die Bürgerrechtsgruppen und die grüne Partei der DDR zur Bundestagswahl unter dem Namen ,,Bündnis 90/Grüne" antreten. Die Wähler machten jedoch am 2. Dezember einen Strich durch die Rechnung. Die bundesdeutschen GRÜNEN scheiterten an der Fünf-Prozent-Klausel, die Grünen-Ost und das *Bündnis 90* zogen aufgrund der besonderen Wahlklausel in den Bundestag ein. ,,Die gesamtdeutsche Wahl bremste, was laut Parteitagsbeschluß seit dem 3. Dezember 00.00 Uhr zusammgehört: 41 West-Grüne bekamen von der Verwaltung den Räumungsbefehl, während zwei Ost-Grüne mit sechs Bürgerrechtlern ins Bonner Parlament einziehen dürfen."[13)]

Wird nun die Idee eines grünen Bürgerrechtsforums, die bereits im Sommer 1990 zwischen den Fraktionen in West und Ost im Gespräch war, wieder aktuell? Die GRÜNEN forderten das ,,Bündnis 90" wiederholt zur Fusion auf. In Sachsen wird dieses Modell bereits praktiziert: Die sächsischen Grünen widersetzten sich daher bisher der Vereinigung von West- und Ost-Grünen, um mit den sächsischen Bürgerrechtsbewegungen gemeinsame Sache zu machen. Das wurde inzwischen organisatorisch geregelt: Im September 1991 gründeten ,,Bündnis 90/Grüne" einen eigenen Landesverband in Sachsen. Der gesamtdeutschen Partei DIE GRÜNEN gehören vorerst nur 15 Landesverbände an.

13) Der Spiegel, Nr. 50 v. 10. 12. 1990, S. 28.

Die erste freie Volkskammerwahl vom 18. März 1990

Im Vorfeld dieser ersten freien Wahl in der DDR bildeten sich Wahlbündnisse in den verschiedenen politischen Lagern, um eine Zersplitterung der Parteienlandschaft zu vermeiden. 14 der insgesamt 29 zu den Wahlen zugelassenen Gruppierungen und Parteien hatten sich zu sechs mehr oder weniger festen Wahlbündnissen zusammengeschlossen:

- Allianz für Deutschland: CDU-Ost, DSU, DA
- Bund freier Demokraten: LPD, FDP-Ost, DFP (Abspaltung von NF)
- Bündnis 90: NF, DJ, IFM
- Aktionsbündnis Vereinigte Linke: VL, Die Nelken
- Grüne/Unabhängiger Frauenbund (UFV)
- Alternative Jugendliste: Freie Demokratische Jugend (FDJ), Marxistischer Jugendverband (MJ), Vereinigung Junge Linke, Grüne Jugend (GJ).

Als Einzelgänger versuchten bei der ersten Volkskammerwahl ihr Glück unter anderem SPD, PDS, NDPD und DBD.

Damit bestand das Parteiensystem der DDR zum Zeitpunkt der ersten Volkskammerwahl aus vier grundsätzlich unterschiedlichen Typen[14)]:

1. Die PDS als Nachfolgepartei der SED, die sich zwar einen neuen Namen gegeben, sich jedoch noch nicht aus ihrer Vergangenheit gelöst hatte.
2. Die alten Blockparteien, wie die PDS mit guter Organisationsstruktur ausgerüstet. Sie gingen schnell auf Distanz von der SED, von der sie 40 Jahre abhängig waren.
3. Parteien und Vereinigungen, die aus der Oppositionsbewegung des Vorherbst 89 stammten: in erster Linie das *Neue Forum,* das bereits im September 1989 mit einem Gründungsaufruf an die Öffentlichkeit trat. Neben DJ, IFM und DA gehören zu dieser Gruppe auch die *Grüne Partei* und die *Deutsche Forumpartei* als Abspaltung vom *Neuen Forum.*

14) Vgl. M. Jung, Parteiensystem und Wahl in der DDR, in: Aus Politik und Zeitgeschichte, B 17 v. 29. Juni 1990, S. 3 ff.

4. Die eigenständigen Neugründungen wie SPD, DSU, FDP der DDR.

Meinungsumfragen vor den ersten Volkskammerwahlen bescheinigten zunächst der SPD eine satte Mehrheit. Die drei Repräsentativbefragungen, die das Leipziger Zentralinstitut für Jugendforschung durchführte[15)], ergaben folgendes Bild: Die damalige SED fiel von einem ,,Resthoch" im November 1989 (31 %) auf ein ,,Zwischentief" Anfang Februar (12 %), um sich als PDS Anfang März wieder auf 17 % zu erholen. Die Ost-SPD begann im November sehr zaghaft mit 6 %, um Anfang Februar mit 53 % über die absolute Mehrheit zu verfügen; im März sprachen sich nur noch ein Drittel der Befragten für die SPD aus. Die Allianz dagegen befindet sich seit November in einem stetigen Aufwärtstrend: von 10 % im November über 15 % im Februar auf 30 % Anfang März. Noch kurz vor der Wahl fürchteten einige, daß eine Pattsituation eintreten könnte, da sich die Werte von SPD und CDU dem Zahlenverhältnis 30 zu 30 näherten.

Die Wähler stellten jedoch am 18. März 1990 die politischen Verhältnisse, wie sie sich vor allem in der Umfrage im Februar 1990 dargestellt hatten, auf den Kopf: Klarer Sieger wurde die CDU mit 40,91 %; die konservative Allianz erzielte zusammen 48,15 %. Die SPD wurde mit 21,84 % weit abgeschlagen. Die PDS erreichte mit 16,33 % nahezu das ihr zuletzt prognostizierte Ergebnis.[16)]
Die großen Verlierer der Wahl waren die oppositonellen Gruppen, die die Wende herbeigeführt hatten. Sie gingen von ganz anderen Vorstellungen aus, als sie die breite Masse in der DDR hatte. Sie, die Oppositionellen, wollten eine andere Republik, nicht die Bundesrepublik. Die Wähler gaben ihnen dafür nur ganz wenige Punkte. Insofern bedeutete die Volkskammerwahl eine weitere Zäsur im Umbruch der DDR: Es begann die Phase der pragmatischen Politik. Nach schwierigen Koalitionsverhandlungen stellte *Lothar de Maizière* als erster Ministerpräsident der DDR sein Kabinett im April 1990 vor: eine große Koalition zwischen Allianz, SPD und Liberalen.

15) Vgl. Kurzfassung der Repräsentativumfrage des Leipziger Zentralinstituts für Jugendforschung, v. P. Förster u. G. Roski, in: SZ v. 10. 3. 1990, S. 4.
16) Zu den Wahlergebnissen im einzelnen, vgl. Tabelle im Anhang.

Bereits bei der Volkskammerwahl zeichnete sich ab, was dann die weiteren Wahlen bestätigten: Im Osten Deutschlands zeigt sich das gleiche politische Bild wie im Westen: ,,eine relativ satte Mehrheit für die Union, eine solide Basis für die Liberalen und – SPD und PDS nicht zusammengenommen, aber einmal addiert – eine deklassierte Opposition auf der Linken; Bürgerbewegung und Grüne mögen als vierte, verbündete Kleinkraft den Eindruck der Kopie vollenden''.[17)]

Diese Identität zwischen den politischen Systemen in West und Ost kam nicht von ungefähr. Der Wahlkampf für die Volkskammer war weitgehend von den bundesdeutschen Parteien geprägt. Die ursprünglichen Initiatoren der Wende vom Herbst 1989, die bei dieser Wahl auf sich allein gestellt waren, gerieten damit notgedrungen in das politische Abseits. Aber nicht nur die Unterschiede in der West-Ost-Bindung wirkten sich auf die Ergebnisse der Wahl aus, sondern auch die Thematik. ,,Thematik und Dramaturgie des Wahlkampfes hatten zu einer Herausbildung von zwei Lagern geführt'', heißt es in der Infas-Analyse zur ersten freien Volkskammerwahl:[18]

– Auf der einen Seite standen die politischen Gruppierungen nach Bonner Muster: Sozialdemokraten, Liberale und die Verbündeten der Allianz mit dem erklärten Ziel des raschen Zusammenschlusses beider Staaten.
– Im anderen Lager fanden sich die Gruppen, die eine gewisse Eigenständigkeit der DDR bewahren wollten: PDS, Bündnis 90, die ehemaligen Blockparteien NDPD und DBD sowie die ökologisch-feministische Formation.

Die erste Grupe, also die Parteien mit Westorientierung, konnten drei Viertel der Stimmen auf sich vereinen, wobei die CDU allein mehr Stimmen erhielt als alle anderen Wettbewerber dieser Gruppe zusammen. Von der zweiten Gruppe erzielte nur die PDS mit 16,3 % ein nennenswertes Resultat; die anderen Gruppen kamen nicht einmal auf 5 %.

17) Christian Wernicke, Alle Hoffnung gilt dem Kanzler, in: Die Zeit, Nr. 46 vom 9. 11. 1990, S. 4.
18) Veröffentlicht in SZ vom 21. 3. 1990.

Nach der Volkskammerwahl konsolidierte sich das Parteiensystem in der ehemaligen DDR. Es bildeten sich die Strukturen heraus, die bis zur ersten gesamtdeutschen Wahl gültig blieben. An den Kräfteverhältnissen änderte sich bei den Kommunalwahlen am 6. Mai 1990 wenig. Die Christdemokraten blieben eindeutig vorn (34,4 %), gefolgt von der SPD (21,3 %) und PDS (14,6 %). Die Liberalen kamen auf 6,7 %, die Bauernpartei auf 5,7 %, die DSU auf 3,4 % und Bündnis 90/Neues Forum auf 2,4 %.

Auch die Landtagswahlen bestätigten diesen Trend: Die CDU siegte in vier von den fünf neuen Bundesländern der DDR, die SPD wurde nur in Brandenburg stärkste Partei. Zwar legte die SPD gegenüber der Volkskammerwahl leicht zu, blieb aber überall unter 30 %, Brandenburg ausgenommen (38,3 %). Die FDP hielt sich mit Ausnahme von Sachsen-Anhalt (13,5 %) zwischen 5 und 6 %, die PDS zwischen 10 und 16 %. Die Grünen waren nur dort stark, wo sie in Gemeinschaft mit dem Bündnis 90 bzw. dem Neuen Forum auftraten. Die DSU kam in keinem Land über die Fünf-Prozent-Hürde.

Zu den Regierungen der fünf neuen Bundesländer, die nach langen Verhandlungen zustande kamen, gehören außer den Ministerpräsidenten (viermal CDU, einmal SPD) 47 Minister. Die CDU stellt 28, die FDP 10, die SPD 5, Bündnis 90/Grüne 2. Die PDS ist zwar in allen Landtagen vertreten, aber an keiner Regierung beteiligt.

Damit ist ein Jahr nach der Wende fast eine Deckungsgleichheit der beiden politischen Systeme in West- und Ostdeutschland erreicht: CDU, FDP und SPD haben die Vereinigung mit ihrem ostdeutschen Partner vollzogen. Die CSU in Bayern hat ihr Pendant in der DSU der ehemaligen DDR. Die GRÜNEN hatten ihre Vereinigung auf die Zeit nach der Bundestagswahl verschoben, treten aber in den Wahlen gemeinsam mit den Grünen-Ost und den Bürgerrechtlern auf.

4.4 Wählerwanderungen Ende der 80er Jahre

Bis weit in die 80er Jahre galt die Faustregel bei allen Wahlen: Die Verluste der Union sind die Gewinne der SPD und umgekehrt. Der Rest spielte sich am Rande ab. Dieses Schema gilt seit dem Aufkommen der GRÜNEN nur noch bedingt, seit den Erfolgen der Republikaner gar nicht mehr. Durch die Wahlerfolge der GRÜNEN, insbesondere bei der Bundestagswahl 1987, erfolgte die erste Kräfteverschiebung im Parteienspektrum. „Weil die Wählergewinne vor allem zu Lasten einer Partei, nämlich der SPD, gehen, hängen deren Chancen nun nicht mehr allein von Mobilisierungserfolgen . . . im Wettbewerb mit der CDU/CSU ab, sondern zusätzlich von ihrer Überzeugungskraft als linke Reformpartei, die unter Konkurrenzdruck geraten ist: Wählerinnen mit ökologischen und sozialen Reformansprüchen haben in den GRÜNEN eine Alternative gefunden."[19] Laut Infas-Analyse der Bundestagswahl 1987 kamen die meisten Stimmengewinne der GRÜNEN aus dem SPD-Lager (ca. 60 000 Stimmen); ein weiteres Reservoir der Ökologen bildeten die Erstwähler.

Auch bei der Europawahl zwei Jahre später und bei den verschiedenen Landtagswahlen zeigte sich, daß die Wähler immer flexibler werden. Ein Vergleich von Emnid-Daten[20] aus den Jahren 1981 bis 1989 ergibt:

- Der Anteil der Stammwähler ist von 55 auf 47 % zurückgegangen. Gegenüber 1981 (35 %) bezeichnen sich 43 % der Wahlberechtigten als Wechselwähler.
- Zu den überzeugten Anhängern der Partei, die sie wählen, zählen sich nur 23 %. 53 % sind in „einigen", 24 % in „vielen Punkten" anderer Meinung als „ihre" Partei.

Wählerbewegungen finden nicht mehr, wie früher, überwiegend zwischen den großen Volksparteien statt. Folgende Zahlen machen das deutlich:

Rheinland-Pfalz (17.5.87)	CDU – 6,8 %	SPD – 0,8 %
Hessen (13.9.87)	CDU + 2,7 %	SPD – 6,0 %
Schleswig-Holstein (13.9.87)	CDU – 6,4 %	SPD + 1,6 %
Berlin (29.1.1989)	CDU – 8,7 %	SPD + 4,9 %
Europawahl (18.6.89)	CDU – 7,9 %	SPD – 0,1 %
Bremen (29.9.91)	CDU + 7,3 %	SPD – 11,7 %

19) Helmut Wiesenthal, Die GRÜNEN im Bewegungsherbst, Gewerkschaftliche Monatshefte, 5/88, S. 290.
20) Vgl. Der Spiegel, Nr. 21 vom 22. 5. 1989, S. 36 ff.

Besonders ausgeprägt war diese Entwicklung bei den Ergebnissen der Europawahl in Bayern und Baden-Württemberg:

Baden-Württemberg	CDU – 11,6 %	SPD + 1,8 %
Bayern	CSU – 12,8 %	SPD – 3,4 %

In Baden-Württemberg erhielten die *Republikaner* 8,7 %, in Bayern 14,6 %; FDP und GRÜNE blieben hier fast unverändert. „Die Hypothese der Wahlforscher lautet: Wähler, die bis Ende der 70er Jahre SPD, dann 1981 und 1983 CDU gewählt haben, sind nun zu den REPs gegangen – elektoraler Flugsand gewissermaßen."[21)]

Die Analysen der Forschungsgruppe Wahlen haben bestätigt, daß die REP-Wähler in erster Linie von der CDU gekommen sind. Laut Infas-Analyse[22)] hat die Union in erster Linie an die *Republikaner* (ca. 750 000), in zweiter Linie an die SPD (ca. 400 000), in dritter Linie an die FDP (200 000) verloren. Die SPD hat Wähler an die REPs (150 000) und die GRÜNEN (80 000) abgeben müssen.

Eine weitere Veränderung im Wahlverhalten zeigte sich bei den Landtagswahlen 1990 in West und Ost: Die CDU bricht bei den Landtagswahlen in den fünf neuen Bundesländern in ein Stammpotential der SPD-Wähler ein: Die Partei, die in vier von fünf Ländern Sieger blieb, fand ihren Rückhalt vor allem in der Arbeiterschaft. Die CDU erhielt 50 % der Stimmen der Arbeiter, nur jeder vierte Arbeiter wählte die SPD, die PDS lag bei 6 %.

Neben den Arbeitern haben dann vor allem evangelische Wähler CDU gewählt, also eine Gruppe, die bis dato der SPD näherstand. In allen fünf Ländern zusammengenommen erhielt die CDU aus diesem Kreis 55 %, die SPD nur 22 %.

Im Saarland konnte die SPD bei den Landtagswahlen ihrerseits in den Kreis der katholischen Wähler einbrechen: In dem Bundesland mit dem höchsten Katholikenanteil (72,7 %), das rund 30 Jahre lang (1955 – 1985) von der CDU regiert wurde, konnte die SPD ihre Mehrheit auf 54,4 % ausbauen. Die alte Regel: Begünstigung der SPD durch die Arbeiter bzw. durch evangelische Wähler und Begünstigung der CDU durch katholische Wähler scheint hier außer Kraft gesetzt. Dafür stimmte hier aber noch die alte Regel, daß die

21) Claus Leggewie, Die Republikaner. Phantasiebild der neuen Rechten, Berlin, 3. Auflage 1989, S. 18.
22) Veröffentlicht in SZ vom 20. 6. 1989.

großen Wählerwanderungen zwischen den Volksparteien CDU, SPD, FDP stattfinden, ähnlich wie am 21. April 1991 auch bei der Landtagswahl in Rheinland-Pfalz.

Betrachtet man die politische Situation vor und nach der Wiedervereinigung, so kann man eine grundlegende Veränderung registrieren. Vor der Wiedervereinigung fand im Westen der Bundesrepublik auf regionaler Ebene und damit auch im Bundesrat ein Machtwechsel zu Gunsten der SPD statt. Die politische Landschaft war in einen roten Norden und einen schwarzen Süden geteilt. Auf Bundesebene zeigten die Ergebnisse der Europawahl die SPD ebenfalls vorn: SPD 37,3 % vor CDU mit 29,5 %; die GRÜNEN erreichten 8,4 %, die CSU 8,2 %, die *Republikaner* 7 % und die FDP 5,6 %. Generell zeichnete sich ab: Die großen Volksparteien verlieren, kleinere Parteien gewinnen an Gewicht. Das Wechselspiel zwischen Union und SPD funktioniert nicht mehr; rot-grüne Bündnisse werden auch von der Bevölkerung nicht mehr prinzipiell abgelehnt und breiten sich auf kommunaler und auf Landesebene aus.

Mit der Wiedervereinigung jedoch verändert sich die politische Konstellation erneut und gründlich: In den Ländern der ehemaligen DDR überwiegt die CDU mit Ausnahme von Brandenburg. Die SPD verliert damit auch ihre Mehrheit im Bundesrat. Auf Bundesebene ist der Kanzlerkandidat der SPD, *Oskar Lafontaine*, gegenüber *Helmut Kohl* in der Wählergunst zurückgefallen. Konnte man im Juni 1989 noch ein Patt der Großparteien mit 37,8 % für die Union, 37,3 % für die SPD, 8,4 % für die GRÜNEN und 5,6 % für die FDP registrieren, weist im November 1990 das ZDF-Politbarometer der Union 45,5 % zu, der SPD 35 %, der FDP 9,5 % und den GRÜNEN 6,5 %. Die REPs liegen unter 5 %.

Der Grund für diesen Wechsel: Die deutsche Einheit hat auch und nicht zuletzt bei den politischen Themen andere Akzente gesetzt als die, mit denen die SPD noch vor ein oder zwei Jahren einen eindeutigen Vorsprung in der öffentlichen Meinung erstritten hatte. Die Revolution in der DDR hat alles verändert. Sie war die Wasserscheide: „Der normale Lauf der Dinge – die Orientierung auf soziale und ökologische Probleme der Innenpolitik, der übliche Verschleiß der Regierungskoalition – änderte sich fast über Nacht. Alte Verdienste und alte Versäumnisse der Bonner Parteien wurden plötzlich bedeutungslos. Was nun zählte, war die aus den Geschichtsbüchern in die Wirklichkeit gesprungene Frage der deutschen Einheit."[23] Die Regierung nutzte die Chance, die Antwort der Opposition auf diese Ereignisse war zögernd und zwiespältig.

4.5 Die politische Landschaft in Deutschland nach der ersten gesamtdeutschen Wahl

Die Bundestagswahl vom 2. Dezember 1990 hat als Konsequenz aus der vorausgegangenen Deutschlanddebatte und der Wiedervereinigung die politische Landschaft noch einmal verändert:

- CDU/CSU und FDP, die Architekten der Einheit, wurden gemeinsam so stark, daß man fast wieder von einem Dreiparteien-System sprechen kann. Denn PDS und B 90/Grü kamen nur über die Besonderheit des vom Bundesverfassungsgericht zweimal korrigierten Wahlrechts ins Parlament, da sie im östlichen Wahlgebiet die Fünf-Prozent-Klausel erfüllten. Ursprünglich hatte das Wahlgesetz eine Fünf-Prozent-Klausel für das gesamte Wahlgebiet vorgesehen, was jedoch nach Ansicht des Bundesverfassungsgerichts die Chancen kleiner Parteien und Listenverbindungen geschmälert hätte.
- Die FDP ging mit einem zweistelligen Ergebnis aus der Wahl hervor; die CSU büßte nach einem glanzlosen Sieg in Bayern ihre Sonderrolle im Bund ein, zumal auch ihre Schwesterpartei im Osten, die DSU, mit 1,7 % der Stimmen hoffnungslos scheiterte.
- Die SPD hat mit 33,5 % das schlechteste Ergebnis seit 1957 (31,8 %) erzielt. Sie schrumpfte zur Drittelpartei und fängt wieder dort an, wo *Erich Ollenhauer* aufgehört hat. Auch personell muß sie von vorn beginnen: Ihre Leitfigur, *Oskar Lafontaine*, verabschiedete sich vorerst aus der Bundespolitik und schlug den ihm angetragenen Parteivorsitz aus.
- Die GRÜNEN (West) sind nicht mehr im Bundestag vertreten. Der Wähler quittierte damit ihre innere Zerissenheit und ihre Kopflosigkeit. Der taktische Fehler der GRÜNEN: Als einzige der großen Bundesparteien verschoben sie die Vereinigung mit ihren politischen Partnern im Osten auf den Tag nach der Wahl

23) Norbert Kostede, Deutschlandwahl 1990, in: Die Zeit, Nr. 46 v. 9. 11. 1990, S. 3.

und verpaßten so die Chance, als gesamtdeutsche grüne Partei die Fünf-Prozent-Hürde zu nehmen und in den ersten gesamtdeutschen Bundestag einzuziehen.

- Mit dem Abrutschen der SPD und dem Ausfall der GRÜNEN ist auch das Thema Rot-Grün auf Bundesebene vom Tisch. Rein rechnerisch wäre derzeit nicht einmal eine Ampelkoalition rot-gelb-grün (Ost) möglich, da alle zusammen nur 45,7 % aufweisen könnten und nur 326 von 662 Sitzen hätten. Nach dem Scheitern der rot-grünen Koalition in Berlin sind auf Landesebene nunmehr nur noch die rot-grünen Bündnisse in Hannover und Hessen und Ampelkoalitionen in Brandenburg (SPD/B 90/FDP) und Bremen (SPD/FDP/GRÜ) in Takt, auf kommunaler Ebene u.a. noch Rot-Grün in den Großstädten München und Frankfurt.
- Die *Republikaner* sind erneut gescheitert, erreichten nur noch in Bayern bei der Bundestagswahl 5 %. Sie wollen sich in Zukunft verstärkt in den fünf östlichen Bundesländern engagieren.
- B 90/Grü wie die PDS ziehen als neue vierte und fünfte Partei in den Bundestag ein; sie sind aber bundesweit derzeit noch politisch eine schwache Kraft und sorgen nach dem Ausscheiden der GRÜNEN und der *Republikaner* nur noch rein rechnerisch für die Aufrechterhaltung des Fünfparteien-Systems.
- Nimmt man noch die ersten beiden Landtagswahlen nach der Bundestagswahl, nämlich in Hessen und Rheinland-Pfalz, hinzu, so wird aus der Teilung des westlichen Bundesgebietes in einen roten Norden und einen schwarzen Süden auf Landesebene eine eindeutige Mehrheit der SPD-geführten Länder, wodurch sich auch die Verhältnisse im Bundesrat erneut zugunsten der SPD verändern. Von der einst so sicheren Südschiene der Union sind nur noch Baden-Württemberg (CDU) und Bayern (CSU) übrig.

Die Politik bis zur Bundestagswahl 1994 spielt sich im Dreiparteien-System ab, und es deutet alles darauf hin, daß sich der Konzentrationsprozeß der 50er und 60er Jahre im politischen System Deutschlands wiederholt. Politische Stabilität jedenfalls ist das Stichwort für die gegenwärtige Situation; daran ändert auch der DVU-Erfolg in Bremen nichts.

Wie sich die politische Landschaft in Zukunft entwickeln wird, hängt stark davon ab, wie es in Ostdeutschland weitergeht. Denn als ein ganz wesentlicher Aspekt der ersten gesamtdeutschen Bundestagswahl hat sich der deutliche Gegensatz zwischen der ostdeutschen und der westdeutschen Wählerschaft erwiesen. Im Westen der Bundesrepublik zeigte sich das vertraute Bild: Die Union ist, bundesweit gesehen, in den katholischen Hochburgen stärker als in den evangelischen Gebieten, auf dem Land stärker als in den Städten und Ballungsgebieten. Die SPD umgekehrt ist stärker in den evangelischen Hochburgen, in den Ballungsgebieten, vor allem im Ruhrgebiet, stärker als auf dem Land. ,,Auf dem Gebiet der ehemaligen DDR verlief die Wahlentscheidung weitgehend in den Bahnen einer neuen, noch im Entstehen befindlichen Wahltradition . . . Die überwältigende Vorherrschaft der CDU in industrialisierten Gebieten wie Thüringen und Sachsen und ihre starke Vormachtstellung gerade innerhalb der ostdeutschen Arbeiterschaft sind die hervorstechenden Kennzeichen der ostdeutschen Wahlkultur.''[24] Von den Arbeitern im östlichen Wahlgebiet geben 25 % der SPD, 48 % der CDU ihre Stimme, 17 % der FDP. Im Westen wählen 44 % der Arbeiter SPD, die CDU erhält 40 %.

Ein weiterer Unterschied zwischen Ost- und Westdeutschland: Im Osten dominieren lagerinterne Wähleraustauschbewegungen: Fast die Hälfte der DSU-Stimmen ging zur CDU, die ihrerseits rund 250 000 Wähler an die FDP verlor. Die SPD hat im Osten von der PDS rund 260 000 Stimmen gewonnen, in diesem Fall allerdings über die ,,Lagergrenzen'' hinaus 90 000 an die FDP abgegeben.

24) Vgl. D. Oberndörfer/G. Mielke, Wahlanalysen der Freiburger Universität, in: SZ v. 8. 12. 1990, S. 10 und Infas-Analyse zur Bundestagswahl in SZ vom 4. 12. 1990, S. 12.

5. Porträts der Parteien[1)]

5.1 Christlich Demokratische Union (CDU)

5.1.1 Entwicklung

Der Aufbau der Bundespartei erfolgte ähnlich wie bei der FDP, über die Länder. Ein kurzer Überblick über die Vorgeschichte der CDU-Bundespartei ist deshalb interessant, weil er zeigt, welche politischen Strömungen in der heutigen Volkspartei CDU ihre Heimat fanden. Dazu waren drei Schritte notwendig.

Erster Schritt: Die Ansätze auf Landesebene

Die Initiative in *Berlin* ging vom früheren Reichsminister *Andreas Hermes*, den die Sowjets als zweiten Bürgermeister von Berlin eingesetzt hatten, aus. In seinem Haus trafen sich ehemalige Zentrumsfreunde, ehemalige Mitglieder der Demokratischen Partei sowie Persönlichkeiten aus dem demokratisch nationalen, parteipolitisch nicht gebundenen Lager.

Am 26. Juni 1945 konnte der am 17. Juni beschlossene Gründungsaufruf mit den Unterschriften von 35 Männern und Frauen veröffentlicht werden. Der Parteiname ,,Christlich Demokratische Union Deutschlands" ist offensichtlich von *Hermes* vorgeschlagen worden.[2)]

Im westlichen Teil Deutschlands fand in *Essen* am 3. Juni 1945 eine Konferenz statt, zu der die Initiative vor allem aus Kreisen der katholischen Arbeiterbewegung, allen voran der Paderborner Diözesanpräses *Kaspar Schulte*, kam. *Lambert Lensing*, Sohn des Grün-

1) Ausführlich werden Entwicklung, Strategie, Programmatik, Organisation und Struktur nur bei den im Bundestag und in den Landesparlamenten vertretenen Parteien dargestellt: CDU, CSU, FDP, SPD, GRÜ und PDS. Nicht aufgenommen in die Reihe der Monographien wurden Listenverbindungen, die auf Bundes- oder Landesebene mit Abgeordneten in den Parlamenten vertreten sind. Hier zusammengeschlossene Parteien (DVU und NPD von Liste D sowie NF, DJ und Grüne-Ost von Liste B 90/Gr) werden, wie alle ,,Sonstigen Parteien", in Kurzporträts vorgestellt.

2) Vgl. K. Buchheim, Geschichte der christlichen Parteien in Deutschland, München 1953, S. 419.

ders und Verleger der einst führenden Zentrumszeitung „Tremonia“ aus Dortmund wurde einer der Aktiven beim Aufbau der Partei in Westfalen. Er berichtete über diese Essener Konferenz, daß man darüber gestritten habe, ob das Zentrum oder eine christlich-demokratische Partei oder eine Art Labour-Party mit den religiösen Sozialisten auf der programmatischen Grundlage des Naturrechts als Partei der Zukunft angesehen werden könne. Die ersten namhaften Protestanten, die sich an der Parteigründung beteiligten, waren *Gustav Heinemann, Hans Spiecker, Friedrich Holzapfel, Christian Ebert* und Superintendent *Böttcher*.

Die Rheinländer beschlossen am 22. Mai, zu einer größeren Veranstaltung mit dem Ziel einer christlich-demokratischen Parteigründung einzuladen. Am 17. Juni 1945 fand dann diese Versammlung im Kolpinghaus in Köln statt, die als Gründungsversammlung der rheinischen CDU anzusehen ist.

In den nächsten Wochen ging es dann um den Namen der Partei. Die Programmkommission, die als vorbereitende Kommission zusammengeblieben war, mied die Bezeichnung „Partei“. Man schlug vor, sich einfach „Christliche Demokraten“ zu nennen. *Konrad Adenauer*, mit dem die Gründer zum ersten Mal am 26. Juli 1945 Kontakt aufnahmen, kritisierte die Bezeichnung „christlich-demokratisch“ und hielt „christlich-sozial“ für besser. Immerhin aber schloß man aus dieser Kritik, daß der Kölner Oberbürgermeister *Adenauer* ebenso wie der frühere Generalsekretär der rheinischen Zentrumspartei, *Josef Ruffini*, bereit sei, den Namen Zentrum zu opfern. Anfang August fanden Auseinandersetzungen mit Zentrumspolitikern in Westfalen statt – unter ihnen vor allem *Rudolf Amelunxen*, damals Oberpräsident von Westfalen in Münster –, die zum Teil zum Ziel führten: Überwindung der Absicht, das alte Zentrum neu zu gründen.

Am 19. August wurde in *Köln* die *Christlich-demokratische Partei* der Stadt Köln gegründet, am 2. September 1945 für das Rheinland jene Landespartei, die die Gruppen von Köln, Düsseldorf und dem evangelischen Raum Wuppertal zusammenfaßte.[3)]

In *Ostwestfalen* wurde in diesen Tagen *Friedrich Holzapfel* eine zentrale Figur. Als Oberbürgermeister von Herford war er technisch

3) Leo Schwering, Frühgeschichte der Christlich-Demokratischen Union, Recklinghausen 1963, S. 101.

beweglich genug, um Kontakte nach Köln wie nach Schleswig-Holstein zu knüpfen. Am 2. September zog man auch in Westfalen/Lippe Bilanz der Vorarbeiten. In *Bochum* gründete man die *Christlich-Demokratische Partei Westfalen/Lippe*. Querverbindungen persönlicher Art gab es zwischen diesen beiden Landesparteien freilich sehr zahlreich, stammten doch die Katholiken zumeist aus dem Zentrum, in dem sie bereits vor 1933 führende Positionen eingenommen hatten.

Somit war also bereits zwei Wochen vor offizieller Zulassung von Parteien in der britisch besetzten Zone die CDP entstanden.

In *Norddeutschland* verlief die Entwicklung etwas anders. Hier war vor allem unter den nach Ostholstein gekommenen Vertriebenen der frühere Vorsitzende der pommerschen Deutschnationalen und Minister im Kabinett Brüning *Hans Schlange-Schöningen* aktiv. Er strebte die Gründung einer im wesentlichen evangelischen „Christlich-Demokratischen Aufbaupartei" an, da er die CDU Berlins bzw. die neue Partei in Westdeutschland für eine rein katholische hielt. Als ihm von seinen Freunden bedeutet wurde, das Wort „Christlich" aus der Parteibezeichnung zu streichen, erklärte er, dabei bleiben zu wollen, „denn der Abfall der Deutschen als Nation von Gott sei doch die letzte Ursache des Zusammenbruchs".[4]

Dem Einfluß *Theodor Steltzers*, der als Oberpräsident in Schleswig-Holstein wirkte, ist es zu verdanken, daß dann doch die Anlehnung der christlichen Politiker in Norddeutschland an die Gründung in Berlin und Westdeutschland erfolgte, wenn auch zunächst der Widerstand gegen das Wort „Christlich" im Parteinamen so stark blieb, daß man am 4. Januar 1946 in Rendsburg einen Landesverband für Schleswig-Holstein unter dem Namen *Demokratische Union* gründete. Doch einen Monat später vollzog man den Anschluß an die *Christlich Demokratische Union (CDU)*, wie sich die Partei seit dem Delegiertentreffen in Bad Godesberg vom 14. bis 16. Dezember 1945 nannte.

In *Niedersachsen* fanden die alten Zentrumskreise in den katholischen Gebieten bald zur CDU. Von den Evangelischen sammelten sich die welfisch Gesinnten in der *Niedersächsischen Landespartei*, die Liberalen in der *Freien Demokratischen Partei*, während ein

4) Zitiert nach K. Buchheim, a.a.O., S. 447.

Teil der Anhänger der lutherischen Landeskirche von Hannover zur CDP ging.

In *Bremen* versuchten frühere Zentrumsanhänger und auch Liberale, dem Druck von links zu begegnen, und gründeten gegen Jahresende 1945 eine *Bremer Demokratische Volkspartei (BDVP)*. Im Januar 1946 erfuhr man Näheres über die neue Union, die am 22./23. in Herford tagte. Dorthin entsandte man *Hermann Lingens* als Delegierten mit dem Auftrag, die Bremer Verhältnisse zu erläutern. Als Lingens dann in Bremen über die Union als die Partei der Zukunft berichtete, war man sich in der Mitgliederversammlung der BDVP nicht einig. Für einen Fusionsbeschluß war eine Zweidrittelmehrheit erforderlich, die aber nicht erreicht wurde. Durch diese Auseinandersetzungen hörten aber die evangelischen Kreise von der Union, die nun unter *Johannes Kaum* zur Gründung einer CDU in Bremen im Frühjahr 1946 schritten, während ein Teil der Liberalen bei der BDVP blieb.

Unter ähnlich schwierigen Umständen kam es um die Jahreswende 1945/46 in *Hamburg* zur Gründung einer CDU, die gewaltigen Auftrieb bekam, als Ende Juni 1946 Bürgermeister *Rudolf Petersen* mit 13 Mitgliedern der von ihm gebildeten Fraktion der Parteilosen der CDU beitrat.

Für die Entwicklung der CDU in *Hessen* blieb zunächst Frankfurt der Mittelpunkt. Hier wirkte vor allem *Walter Dirks* an der Formulierung der „Frankfurter Leitsätze" vom September 1945 mit, die – ähnlich dem Beginn in Berlin – den christlichen Sozialismus stärker betonten. Zunächst hatte man ein Zusammengehen des Zentrums mit ehemals deutschnationalen Protestanten und dem rechten Flügel der Sozialdemokraten erstrebt, sah aber die Unmöglichkeit der Verwirklichung bald ein.

In den Ländern der französisch besetzten Zone fand man verhältnismäßig mühelos den Weg zur neuen CDU. Die Motoren in *Württemberg Paul Bausch* und *Wilhelm Simpfendörfer* mit ihren alten Freunden vom „Christlich-Sozialen Volksdienst" waren bereit, das „Wagnis" einzugehen, sich politisch auf einen Boden zu stellen, der eben doch nicht für den Katholiken vollends der gleiche sei wie für den evangelischen Christen, sie hätten aber lieber die von *Stegerwald* vorgeschlagene Bezeichnung „christlich-sozial" gesehen. Man schloß sich dann doch den Berlinern an.

Bezüglich der Entwicklung in *Rheinland-Pfalz* muß daran erinnert werden, daß das heutige Bundesland ja erst im Spätherbst 1946 gebildet wurde. Im Norden – den Regierungsbezirken Koblenz-Trier-Montabaur – waren unmittelbar nach der Besetzung Kräfte am Werk, das Zentrum wiederzugründen. Die überwiegende Mehrheit entschloß sich aber, den neuen Weg zu gehen. Ende Oktober 1945 wurde die *Christlich-Demokratische Partei* gebildet. Im Süden des Landes – in der früheren bayerischen Pfalz – vertrat man die „Zweisäulentheorie", was bedeutet: Bildung je einer katholischen und evangelischen Partei mit der Absicht der Zusammenarbeit dieser beiden Parteien im Parlament. Diese Bestrebungen gab man Anfang 1946 aber in Erkenntnis, die CDU sei doch wohl der richtigere Weg in die Zukunft, auf und schloß sich am 5. 3. 1946 der bereits im Rheinland aktiven CDU an. In *Rheinhessen* gründete man im September 1945 die *Christlich-Soziale Volkspartei (CSV)*, die nach der Zusammenlegung von Rheinhessen und Pfalz zur „CDU Hessen-Pfalz" wurde. Am 16. Februar 1947 kam es dann endlich zur Bildung des gemeinsamen Landesverbandes der *CDU Rheinland-Pfalz*.

Doch richten wir noch einmal den Blick zurück, um von Bad Godesberg aus nun die Entwicklung der CDU über die Landesverbände hinweg zu verfolgen. Während der Godesberger Tage vom 14. bis 16. Dezember 1945 wurde bereits die Spaltung als Folge der sowjetischen Politik deutlich. *Hermes* durfte nicht nach Godesberg reisen und sein Referat halten, obwohl doch er die Anregung zu dieser „Reichstagung der Christlich-Demokratischen Union" gegeben hatte. Wenig später mußte er sogar auf sowjetischen Druck den Vorsitz der Berliner CDU niederlegen. Das gleiche Schicksal ereilte dann seinen Nachfolger *Jakob Kaiser*. Die Parteileitung innerhalb des sowjetischen Einflußgebietes wurde mit Männern durchsetzt, die bereit waren, die CDU als Satellitenpartei der SED zu einem die Wähler täuschenden Zubringungsinstrument umzugestalten. Noch einige Jahre haben die CDU-Mitglieder in der sowjetisch besetzten Zone, der späteren DDR, gegen diese Entwicklung Widerstand zu üben versucht.[5)]

5) Der Zwang seitens der sowjetischen Militäradministration und die persönliche Verfolgung wurden aber gegenüber den Politikern, die an der Idee einer demokratischen Partei festhalten wollten, so groß, daß sie entweder in den Westen flüchte-

Während sich die Delegierten in Godesberg – mit Ausnahme Bayerns – auf den gemeinsamen Parteinamen *Christlich Demokratische Union* einigten und sich auch in programmatischer Hinsicht in weitgehender Übereinstimmung fanden, ließ die organisatorische Zusammenfügung zu einer Bundespartei noch auf sich warten.

Zweiter Schritt: Bildung des Zonenverbandes

Der nächste Schritt in dieser Richtung war die Bildung des Zonenverbandes der CDU der britisch besetzten Zone am 5. Februar 1946 in Krefeld-Uerdingen, bei gleichzeitiger Wahl von *Konrad Adenauer* zum Vorsitzenden. Dieser *Zonenausschuß* der CDU gab sich am 1. 3. 1946 in Neheim-Hüsten ein Programm, das schon deutlich die Züge *Konrad Adenauers*, den die Engländer am 6. Oktober 1945 als Oberbürgermeister von Köln entlassen hatten, trägt. Der Begriff „christlicher Sozialismus", der in Godesberg noch eine wesentliche Rolle gespielt hatte, fehlte in ihm. Man wird der historischen Wahrheit wohl nahekommen, ohne dabei *Adenauers* Verdienste zu schmälern, wenn man notiert, daß er die Führungsposition in der CDU in einem Augenblick übernahm, als die Gründerzeit und der Abwehrkampf dem Zentrum gegenüber abgeschlossen waren.

Vom 1. bis 3. Februar 1947 tagte der Zonenausschuß der CDU in *Ahlen*. Er verabschiedete das *Ahlener Wirtschaftsprogramm*[6], dessen Verbindlichkeit ausdrücklich nur für die britisch besetzte Zone gesehen werden darf.

Da in der amerikanischen und in der französischen Zone die Bildung von ähnlichen Zonenausschüssen untersagt war, behalf man sich nun mit der Bildung einer *Arbeitsgemeinschaft CDU/CSU* im Februar 1947 in Königstein. Man setzte einen *Fünfer-Ausschuß* ein, der im Auftrag der Arbeitsgemeinschaft wesentlich zum geschlossenen Auftreten der Union vor der Öffentlichkeit beitrug und eine im Grundsätzlichen einheitliche Meinung unter den Landesverbän-

ten oder resignierten. Nur wenige dieser „ersten Garnitur" haben sich bereitwillig arrangiert. Als die SED auf ihrer ZK-Tagung 1962 ihren mit Moskau abgestimmten Deutschlandplan beschloß, beeilten sich die CDU-Ost, die LDP und die NDPD, dem SED-Plan in Gefolgschaftstreue voll zuzustimmen.

6) Veröffentlicht in: Konrad Adenauer und die CDU der britischen Besatzungszone, hrsg. von der Konrad-Adenauer-Stiftung, Bonn 1975, S. 280 ff. (vgl. auch Programmatik S. 88 ff.).

den ermöglichte. Diese organisatorisch bedeutsame Einrichtung bestand die erste Feuerprobe bei der Bundestagswahl 1949, als das Generalsekretariat der Arbeitsgemeinschaft und der Fünfer-Ausschuß in Frankfurt die Wahlzentrale bildeten.

Dritter Schritt: Vereinigung zur Bundespartei

Die endgültige Vereinigung zur Bundespartei erfolgte auf dem ersten Bundesparteitag der CDU vom 20. bis 22. Oktober 1950 in *Goslar*. Zum Vorsitzenden wurde *Konrad Adenauer*, seit 15. 9. 1949 Bundeskanzler, mit 90,15 % der abgegebenen Stimmen gewählt. An die Stelle des Frankfurter Generalsekretariats trat nun die *Bundesgeschäftsstelle* in Bonn.

In der Folgezeit war *Adenauer* als Vorsitzender der CDU nicht umstritten. Auf den Bundesparteitagen der Jahre 1954, 1956 und 1958 wurde er einstimmig per Akklamation wiedergewählt. Auch danach erhielt *Adenauer* eine beachtliche Zahl der Delegiertenstimmen (1960: 96,82 %; 1962: 84,81 %; 1964: 93,97 %).

Vierter Schritt: Die Modernisierung der CDU

Konrad Adenauer prägte das Erscheinungsbild der CDU bis in die 70er Jahre. In der Ära *Adenauer* war jedoch die CDU, wie *Peter J. Grafe* formulierte, im eigentlichen Sinne keine Partei. Sie galt als „Versammlung regionaler Fürstentümer". Das Schwergewicht der Partei lag in den Landesparteien. Der Parteiapparat selbst spielte bis in die 70er Jahre parteipolitisch keine entscheidende Rolle.[7] Die CDU-Parteitage waren bis 1968 „vorwiegend Akklamationsveranstaltungen für den Regierungschef und Parteiführer". Das wurde zum Problem in dem Augenblick, als die Erfolge ausblieben. „Die CDU erschlaffte, verlor ihre Dynamik, weil es ihr nur um die Erhaltung der Macht ging, um die Bewahrung des Erworbenen! Also ging die CDU nach der eklatanten Wahlniederlage 1972 daran, sich ein neues, ein modernes Profil zu geben, das nicht nur rückwärts, sondern nach vorwärts gerichtet ist."[8]

7) P. J. Grafe, Schwarze Visionen, Die Modernisierung der CDZ, Hamburg 1986, S. 17.
8) K. Sontheimer, a.a.O., S. 140.

In der Opposition wuchs das Verlangen, die Kompetenzen in der Partei neu zu ordnen. ,,Parteiarbeit, Programm und Öffentlichkeitsarbeit sollten gleichermaßen renoviert werden, eigentlich aber war das gesamte Politikkonzept der CDU zu erneuern.''[9] Aus dem ,,Kanzlerwahlverein'' sollte eine moderne, straff organisierte, effizient arbeitende Partei werden. Das jedenfalls schwebte den Protagonisten der Erneuerung *Kurt Biedenkopf, Lothar Späth* und vor allem *Heiner Geißler* vor.

Auf dem Parteitag in Braunschweig im Mai 1967 wurde bereits die Schaffung einer neuen Organisations- und Führungsstruktur beschlossen. Ein erster Schritt dazu war die Einführung des Amtes eines Generalsekretärs anstelle der bisherigen Geschäftsführung. Als erster nahm dieses Amt *Bruno Heck* wahr, es folgten *Konrad Kraske, Kurt Biedenkopf* und *Heiner Geißler*. Seit 1989 ist *Volker Rühe* Generalsekretär der CDU.

Die eigentliche Reform der Partei begann jedoch erst nach 1972. Dazu wurde im Bonner Adenauer-Haus eine Planungsgruppe eingerichtet, deren Aufgabe ihr damaliger Leiter *Warnfried Dettling* so beschrieb: ,,Unter politischer Planung wollen wir verstehen:

- eine aktive zukunftsorientierte Politik anstelle bloßen Durchwurstelns,
- eine systematische Berücksichtigung wissenschaftlicher Methoden und Erkenntnisse bei der politischen Entscheidungsbildung,
- ein systematisches Aufspüren von Alternativen, Konsequenzen und Nebenwirkungen für politische Entscheidungen.''[10]

So ist in wenigen Jahren aus dem ,,Kanzlerwahlverein'' und der ,,Papierverteilerstelle'' eine ,,politische Schaltstelle geworden, technisch und logistisch auf dem neuesten Stand'', wie der ,,Spiegel'' im Mai 1983 registrieren konnte.

Um das Adenauer-Haus ist in den Jahren der Modernisierung der Partei regelrecht ,,ein kleiner Mythos''[11] entstanden, der sich vor allem mit dem Namen *Heiner Geißler* verband, der es mit seinen

9) P. J. Grafe, a.a.O., S. 37.
10) Zitiert nach P. J. Grafe, a.a.O., S. 42.
11) Gunter Hofmann, Parteizentrale der CDU: Nachruf gefällig, Die Zeit Nr. 37 v. 30. 6. 1989.

Mitarbeitern verstanden hat, die Parteizentrale zum Zentrum einer organisierten Volkspartei zu machen.

Von Adenauer zu Kohl

Da der Bundesvorsitzende der CDU, *Dr. Adenauer*, durch sein Amt als Bundeskanzler nach Meinung mancher CDU-Politiker zu stark in Anspruch genommen war und die Bundespartei der aktiven Führungsspitze bedurfte, wählte man auf dem Dortmunder Parteitag im Juni 1962 den damaligen Innenminister von Nordrhein-Westfalen, Rechtsanwalt *Josef-Hermann Dufhues*, zum *Geschäftsführenden Vorsitzenden* der CDU. Damit war ein bislang – trotz seiner Funktion als Bundesvorsitzender der Jungen Union bis zum Jahre 1950 – außerhalb Nordrhein-Westfalens wenig bekannt gewordener Politiker in den Vordergrund gerückt, so daß man auch vom gekürten „Kronprinzen" sprach. Doch das ist der CDU nie gelungen, wozu nicht zuletzt der Umstand beiträgt, daß man Personalunion von Parteivorsitz und Regierungsführung im Interesse einer straffen Führung anstrebt und bislang auch verwirklichen konnte.

Die CDU hatte bisher fünf Vorsitzende:

Konrad Adenauer	1950 – 1966
Ludwig Erhard	1966 – 1967
Kurt Georg Kiesinger	1967 – 1971
Rainer Barzel	1971 – 1973
Helmut Kohl	seit 1973

Ludwig Erhard, der am 16. 10. 1963 vom Bundestag mit 279 Ja- gegen 170 Nein-Stimmen bei 24 Enthaltungen zum Nachfolger *Adenauers* als Bundeskanzler gewählt worden war, wurde vom CDU-Parteitag am 23. 3. 1966 in Bonn auch als Nachfolger im Parteivorsitz mit 75,36 % der abgegebenen Stimmen bestimmt. *Adenauer* erhielt als Ehrenvorsitzender Sitz und Stimme in allen Parteigremien (Adenauer starb 91jährig am 19. 4. 1967).

Ehrenvorsitzender wurde dann auch *Ludwig Erhard* († 5. 5. 1977), als er von *Kurt Georg Kiesinger*, dem langjährigen Ministerpräsidenten von Baden-Württemberg, am 1. 12. 1966 als Bundeskanzler einer Großen Koalition aus CDU/CSU und SPD mit 340 gegen

109 Stimmen bei 23 Enthaltungen abgelöst wurde. Am 22. 5. 1967 wurde er auf dem Bundesparteitag in Braunschweig mit 94,2 % der Stimmen neuer Parteivorsitzender der CDU. An die Stelle eines Geschäftsführenden Vorsitzenden trat nun ein Generalsekretär, zu dem der Parteitag den Bundesminister *Bruno Heck* bestimmte, der 1952 auf Veranlassung *Kiesingers* – zunächst gegen den Willen *Adenauers* – als Bundesgeschäftsführer der CDU nach Bonn berufen worden war.

Obwohl die CDU/CSU aus der Bundestagswahl 1969 als stärkste Partei hervorgegangen ist, bildeten SPD und FDP die neue Bundesregierung. Die Tatsache, daß die CDU/CSU – zum ersten Male seit Gründung der Bundesrepublik Deutschland – Oppositionspartei wurde, beeinflußte auch die Neuwahlen der Parteispitze auf dem Bundesparteitag der CDU im Herbst 1971 in Saarbrücken. Der Fraktionsvorsitzende der CDU/CSU *Rainer Barzel* wurde zum Parteivorsitzenden der CDU gewählt; er löste *Kurt Georg Kiesinger* ab. Stellvertretende Vorsitzende wurden *Helmut Kohl, Gerhard Schröder,* MdB, *Gerhard Stoltenberg* und *Helga Wex,* MdB.

Die CDU/CSU beabsichtigte, Bundeskanzler *Willy Brandt* am 27. April 1972 auf dem Wege des konstruktiven Mißtrauensvotums zu stürzen. Zum ersten Male in der Geschichte der Bundesrepublik Deutschland wurde auf Grund des Artikels 67 des Grundgesetzes versucht, dem Bundeskanzler das Mißtrauen auszusprechen. Dies geschieht dadurch, daß der Deutsche Bundestag mit der Mehrheit seiner Mitglieder (= seinerzeit 249 Abgeordnete) einen neuen Bundeskanzler wählt. *Barzel*, der 247 Stimmen erhielt, fehlten zu seiner Wahl lediglich 2 Stimmen. Da bei dieser Abstimmung sich außerdem 2 Abgeordnete der Stimme enthielten, wurde zum ersten Mal die Pattsituation zwischen Regierung und Opposition erkennbar, die dann zur vorzeitigen Auflösung des Deutschen Bundestages durch den Bundespräsidenten und zur Neuwahl des Parlaments am 19. November 1972 führte. Die CDU/CSU verlor diese Wahl. Die Diskussion über Personal- und Sachfragen erlebte einen ersten Höhepunkt, als *Barzel* im Mai 1973 zunächst die Fraktionsführung niederlegte und kurz darauf erklärte, für das Amt des Parteivorsitzenden nicht mehr kandidieren zu wollen. Der Sonderparteitag vom 12. 6. 1973 in Bonn wählte *Helmut Kohl* mit 520 von 601 Stimmen (86,52 %) zum Vorsitzenden der CDU. In dieser Position wurde

Kohl auf allen weiteren Parteitagen bestätigt, auf dem Vereinigungsparteitag im Hamburg am 1. Oktober 1990 als erster Vorsitzender der gesamtdeutschen CDU.

Einige Tage vor dem Bundesparteitag der CDU in Mannheim am 23./25. Juni 1975 einigten sich die Spitzen der Schwesterparteien CDU/CSU nach langem Zögern des CSU-Vorsitzenden *F. J. Strauß* auf *Helmut Kohl* als Kanzlerkandidaten der CDU/CSU für die Bundestagswahl 1976.

Die CDU/CSU ging zwar aus der Wahl zum 8. Deutschen Bundestag am 3. Oktober 1976 mit 48,6 % der Zweitstimmen als stärkste Partei hervor, erreichte aber ihr Wahlziel nicht, die SPD/FDP-Bundesregierung abzulösen. Der CSU-Vorsitzende *Strauß*, mit 60 % der Zweitstimmen Rekordwahlsieger in Bayern, brachte noch in der Wahlnacht seinen Unmut über die CDU zum Ausdruck, die besonders in Norddeutschland unter Bundesdurchschnitt abgeschnitten hatte. Die Meinungsverschiedenheiten beider Schwesterparteien beruhten u.a. auf der Überlegung von *Strauß*, die Parteienlandschaft aufzulockern. Da nach seiner Meinung die Regierungsübernahme durch die CDU/CSU allein nur schwer erreichbar sei, dachte er längere Zeit an eine „Vierte Partei", wobei er freilich offenließ, ob er eine nicht auf Bayern beschränkte bundesweite CSU oder eine neue eigenständige Partei anstrebte. *Strauß* berief sich auf *Adenauer*, der gesagt haben soll: „Die absolute Mehrheit ist für uns immer eine mißliche Sache, verlassen können wir uns nicht darauf. Wenn wir die FDP als Koalitionspartner verlieren, dann müssen wir uns eine Koalitionspartei selber schaffen, weil wir mit zwei Parteien gegen zwei Parteien mehr Chancen haben als mit einer gegen zwei Parteien."[12)]

Am 19. November 1976 faßten 30 von 53 der am 3. Oktober 1976 neu gewählten CSU-Bundestagsabgeordneten im Hause der CSU-nahen Hanns-Seidel-Stiftung in *Wildbad Kreuth* – ohne zuvor die CDU zu informieren – den spektakulären Beschluß, die seit 1949 bestehende Fraktionsgemeinschaft mit der CDU aufzukündigen. Die CDU forderte die Rücknahme dieses Beschlusses, weil nur durch die Fraktionsgemeinschaft der einheitliche politische Wille überzeu-

12) F. J. Strauß, Der „Alte war ein Mann mit vielen Schichten . . .", in: K. Adenauer, 1876/1976, hrsg. von H. Kohl, Stuttgart und Zürich 1976, S. 160 ff. (166).

gend vertreten werden könne. CDU-Vorsitzender *Kohl* drohte mit der Ausdehnung seiner Partei nach Bayern; die finanziellen und organisatorischen Vorbereitungen für die Gründung eines bayerischen CDU-Landesverbandes wurden getroffen. Nicht zuletzt unter dem Druck seiner eigenen Parteifreunde lenkte *Strauß* ein . Die CSU hätte einen Sonderparteitag Ende Januar 1977 durchführen müssen, da drei Bezirksparteitage wegen der Kreuther Beschlüsse dahingehende Entscheidungen getroffen hatten.

Am 12. Dezember 1976 beschlossen CDU und CSU Vereinbarungen über die künftige Zusammenarbeit, die u.a. eine gemeinsame CDU/CSU-Fraktion im 8. Bundestag vorsahen. Die CSU vermochte sich mit der für die Fraktionsgemeinschaft von CDU/CSU wohl folgenreichsten Forderung durchzusetzen, wonach sie ,,eine von der Mehrheit der Fraktion abweichende Meinung in einer Frage von grundsätzlicher Bedeutung im Bundestag selbständig vertreten'' kann, ,,wenn sie nach der Erörterung der Frage in der Fraktion dieses Verlangen stellt''.

In der Vereinbarung ,,über die Grundlagen der politischen Zusammenarbeit während der Legislaturperiode im 8. Deutschen Bundestag'' wird festgehalten, daß beide Parteien jede für sich ,,einen *bundesweiten* Anspruch der von ihr vertretenen Politik'' erheben. Beide Unionsparteien verpflichten sich, ,,die Ausweitung jeglicher direkter oder indirekter Aktivitäten auf den Bereich des jeweiligen Partners nur im Einvernehmen mit diesem durchzuführen''. Die Ausdehnung der CSU auf das übrige Bundesgebiet sowie die Gründung eines CDU-Landesverbandes in Bayern ist danach nur im gegenseitigen Einvernehmen zulässig.

Nach der Eindämmung der Spaltungstendenz in der Union wurde *Helmut Kohl* zum CDU/CSU-Fraktionsvorsitzenden gewählt.

Zu einer starken Belastung innerhalb der Union trug das Tauziehen um den gemeinsamen Kanzlerkandidaten für die Bundestagswahl 1980 bei. Nach langen Debatten – auch Stoltenberg und Albrecht waren im Gespräch – einigte man sich im Juli 1979 auf *Franz Josef Strauß*.

Nach der Bundestagswahl wurde die Union, angeführt von ihrem Kanzlerkandidaten *Franz Josef Strauß*, wieder stärkste Fraktion, büßte jedoch 4,1 % Stimmen gegenüber 1976 ein. Gleich nach der Wahl wurde die Fraktionsgemeinschaft zwischen CDU und CSU erneuert; *Helmut Kohl* wurde mit großer Mehrheit zum Fraktionsvorsitzenden wiedergewählt.

Die Wende nach 13jähriger Opposition begann für die CDU im Januar 1982 mit dem langsamen Verfall der Regierungskoalition, die am 1. Oktober 1982 mit dem Sturz von Bundeskanzler *Helmut Schmidt* endete. *Helmut Kohl*, seit 21. September 1982 designierter Kanzlerkandidat der Union, wurde mit absoluter Mehrheit zum 6. Bundeskanzler der Bundesrepublik gewählt: Für den CDU-Vorsitzenden stimmten im Bundestag 256 Abgeordnete von Union und FDP bei 235 Gegenstimmen und 4 Enthaltungen. Vorausgegangen war nach langem Hin und Her ein Schwenk der FDP zur Union: Am 17. September 1982 hatte *Schmidt*, nachdem vier FDP-Minister zurückgetreten waren, die sozial-liberale Koalition für beendet erklärt. Kohl legte sich gleich nach seiner Wahl – zusammen mit der FDP, aber nicht im Einvernehmen mit der CSU, die sofortige Neuwahlen forderte – auf den 6. März 1983 als neuen Wahltermin für eine vorgezogene Bundestagswahl fest. Nach Prüfung der verfassungsrechtlichen Gegebenheiten löste Bundespräsident *Karl Carstens* den Bundestag am 6. Januar 1983 auf und bestimmte als Termin für die Neuwahlen den 6. März 1983.
Sie brachten einen Erdrutsch: Mit 48,8 % der Stimmen erzielte die CDU/CSU ihr zweitbestes Ergebnis seit 1949 und konnte so mit der FDP (7,0 %) eine stabile Regierung bilden. Am 28. März 1983 wurde *Helmut Kohl* mit einer breiten Mehrheit von CDU/CSU und FDP zum Bundeskanzler gewählt (271 von 486 abgegebenen Stimmen).

Mit einem triumphalen Wahlsieg gelang der Union die Rückkehr an die Macht. In den Ländern jedoch geriet die Partei zunehmend unter Druck.

Im Saarland wurde sie bei den Landtagswahlen am 10. März 1985 von der SPD abgelöst: *Oskar Lafontaine* gelang es, die absolute Mehrheit zu gewinnen. Dafür konnte sich die CDU in Berlin bei den Wahlen am gleichen Tag erfolgreich behaupten: *Eberhard Diepgen* regierte bis 1989 in Koalition mit der FDP weiter. In Baden-Württemberg blieb bei der Wahl im März 1984 die absolute Mehrheit unangefochten.

Erhebliche Stimmenverluste mußte die CDU bereits bei den Landtagswahlen in Hessen am 25. 9. 1983 hinnehmen (– 6,2 %); in Bremen konnte sie am gleichen Tage bei der Bürgerschaftswahl ihre Position nur geringfügig verbessern (+1,4 %). Ihre größte Schlappe erlitt die CDU dann in Nordrhein-Westfalen. Hier büßte sie bei den Landtagswahlen am 12. Mai 1985 7 Mandate ein, die SPD gewann 19 hinzu. Dieses schlechte Ergebnis löste nicht nur in der Partei, sondern auch innerhalb der Bonner Regierungskoalition heftige Diskussionen aus und führte im August 1985 zu dem Entschluß, die Landesverbände Rheinland und Westfalen-Lippe zu fusionieren, was im März 1986 geschah. Mit dem Vorsitzenden *Kurt Biedenkopf* wollte man im Lande erfolgreichere Politik machen und in Bonn größeres Gewicht einbringen, was jedoch *Biedenkopf* nicht glückte. So wurde nach langem innerparteilichen Tauziehen am 22. Mai 1987 Arbeitsminister *Norbert Blüm* zum neuen Vorsitzenden der nordrhein-westfälischen CDU gewählt und auf dem Landesparteitag im März 1991 erneut in diesem Amt bestätigt.

Die weiteren Wahlen in den Jahren 1986 bis 1990 brachten keine guten Ergebnisse für die CDU: In Niedersachsen und Rheinland-Pfalz verlor sie die absolute Mehrheit, in Hamburg konnte sie keine Wachablösung erreichen, was ihr aber in Hessen gelang, wenn auch nur mit knapper Not zusammen mit der FDP. Hier löste sie die SPD nach 40jähriger Regierungszeit ab. Zuvor aber hatte sie bei den Bundestagswahlen 1987 mit 44,3 % (zusammen mit der CSU) das schlechteste Wahlergebnis seit 1949. Weiter: Bremen (1987) −9,9 %, Schleswig-Holstein (1987) −6,4 % bzw. bei der vorgezogenen Neuwahl nach der *Barschel*-Affäre (1988) −9,3 %, was zu einem Machtwechsel in Schleswig-Holstein nach 28 Jahren CDU-Herrschaft führte. Zuvor hatte die CDU in Baden-Württemberg (1988) trotz eines Stimmenverlustes von 2,8 % die absolute Mehrheit behaupten können. Bei der Europawahl rutschten CDU und CSU um 8,1 % auf 37,7 % ab. Abwärtstrend und starke Verluste waren auch die Stichworte für die Landtagswahl und fünf Kommunalwahlen 1989. Das Jahr begann mit einer „Wende"-Wahl im Januar in Berlin: Die Regierung *Diepgen* verlor die absolute Mehrheit, am rechten Rand setzten sich die *Republikaner* mit 7,5 % durch und verdrängten die FDP, die an der Fünf-Prozent-Klausel scheiterte. Der anfangs diskutierten Großen Koalition folgte im März '89 eine rot-grüne Koalition mit *Walter Momper* an der Spitze.

Die letzten Schlappen mußte die CDU bei den Landtagswahlen 1990/91 hinnehmen: Im Saarland verlor sie 4 % der Stimmen; in Nordrhein-Westfalen verbuchte die CDU zwar leichte Stimmengewinne, es gelang ihr jedoch nicht, die absolute Mehrheit von *Johannes Rau* zu brechen. In Niedersachsen scheiterte sie mit *Ernst Albrecht* nach 14 Regierungsjahren an einer rot-grünen Mehrheit. In Hessen siegte Rot-Grün auf Kosten von CDU und FDP, in Rheinland-Pfalz wurde die Koalition mit der FDP durch eine sozialliberale Koalition abgelöst. Hamburg brachte einen Rückgang um 5,4 %, Bremen einen Zuwachs um 7,3 %, der aber nichts einbrachte.

5.1.2 Strategie

Der Generalsekretär der CDU, *Heiner Geißler*, versuchte diesen Abwärtstrend seiner Partei bei den Landtagswahlen abzubremsen, indem er die Partei im mobileren Mitte-Links-Teil der Bevölkerung etablierte, um durch diese Öffnung nach links neue Wähler für die CDU zu erschließen. Das löste eine lang anhaltende Strategiedebatte in der Partei aus.

Auf dem Wiesbadener Programmparteitag im Juni 1988 attackierte der CDU-Abgeordnete *Jürgen Todenhöfer* den Mitte-Links-Kurs des Generalsekretärs und forderte ihn auf, diesen aufzugeben. Aber auch der Parteivorsitzende selbst geriet in die Schußlinie. In einem internen Diskussionspapier wurde *Helmut Kohl* scharf angegriffen und eine Trennung von Kanzlerschaft und Parteivorsitz gefordert. *Kohl* distanzierte sich bereits auf diesem Parteitag von *Geißlers* Wählerstrategie und betonte, die CDU sei eine Volkspartei der Mitte, die weder nach rechts noch nach links schwanken dürfe. Die Unruhe in der Partei schwelte jedoch weiter, die Kritik an *Kohls* Führungsstil, bis dahin eine rein innerparteiliche Diskussion, wurde Ende 1988 auch von den Koalitionspartnern aufgenommen. Der Strategiekonflikt der CDU wurde zu einem Strategiekonflikt der *Union* und schließlich der Koalition. Sowohl von dem neuen CSU-Vorsitzenden *Theo Waigel* wie von dem FDP-Vorsitzenden *Graf Lambsdorff* wurde Sorge über den Zustand der CDU geäußert. Das eskalierte auch den Unmut *Helmut Kohls* über *Heiner Geißlers* Strategie zum Konflikt mit seinem Generalsekretär.

Mit der Wahlniederlage der CDU in Berlin und dem gleichzeitig guten Abschneiden der *Republikaner* entbrannte im Januar 1989 erneut der Streit in der *Union* über den Kurs der CDU. CSU-Chef *Theo Waigel* erklärte, das gute Abschneiden der *Republikaner* beruhe auf einem Vakuum im rechten Spektrum der CDU. *Geißler*, so kritisierte die CSU, habe eine falsche Strategie eingeschlagen und damit die Stammwähler im konservativen Bereich vernachlässigt. Aus den eigenen Reihen forderte *Jürgen Todenhöfer Heiner Geißler* erneut auf, die Öffnung nach links aufzugeben. Die Frage, ob eine neue Strategie vonnöten sei, um die Wähler von den *Republikanern* fernzuhalten, beantwortete *Geißler* mit einem weiteren Festhalten an seiner „Lagertheorie", nach der die CDU/CSU nur zusammen mit der FDP eine Mehrheit im Bund bekommen kann, ein Rechtsruck der Partei nur schaden und die Zusammenarbeit mit der FDP gefährden könne. Damit entfernte er sich nicht nur immer mehr von *Helmut Kohl*, sondern auch von der Strategie der CSU, die dahin zielte, durch eine stärkere Betonung des nationalen Elements Wähler rechts von der *Union* zu finden.

Dadurch verschärften sich die Spannungen zwischen CDU und CSU, und letztere drängte auf eine Strategiediskussion mit der CDU um den künftigen Kurs der Union.

Die Niederlage bei den Kommunalwahlen in Hessen im März 1989 verunsicherte die Union erneut stark und löste eine offene Diskussion über die mangelnde Fähigkeit der Regierung *Kohl* aus, drängende politische Probleme zu lösen. Der Kanzler beendete die Diskussion mit der Umbildung seines Kabinettes im April 1989. Das Angebot *Helmut Kohls*, als Innenminister ins Kabinett einzutreten, lehnte *Heiner Geißler* ab. Neuer Finanzminister wurde *Theo Waigel*. Durch diesen zusätzlichen, wichtigen Ministerposten wurde die CSU stärker in die Regierungsverantwortung eingebunden.

Nunmehr gingen CDU/CSU und der Koalitionspartner FDP mit gemeinsamer Strategie gegen die *Republikaner* vor. Alle erklärten einhellig, daß die *Republikaner* nicht koalitionsfähig seien. Im Vorfeld des Wahlkampfes zur Europawahl veröffentlichte die CDU im Mai 1989 ein Strategiepapier mit Empfehlungen zum Umgang mit den *Republikanern*, die CSU folgte im Juli mit einer Dokumentation: „Republikaner auf Radikalkurs?".

Eine letzte Krise hatte *Helmut Kohl* mit dem Bremer Parteitag im September 1989 zu bestehen. Er wollte *Heiner Geißler*, der für die Wahlniederlagen vor allem in Berlin und Hessen verantwortlich gemacht wurde, nicht mehr als Generalsekretär vorschlagen. Die Ministerpräsidenten von Baden-Württemberg, *Lothar Späth*, und Niedersachsen, *Ernst Albrecht*, bedauerten diese Entscheidung ebenso wie die Bundestagspräsidentin *Rita Süssmuth*. *Kurt Biedenkopf* resümierte über den Fall und den Zustand der Union: „Für die negative Bilanz ist der Vorsitzende selbst verantwortlich."[13)] Diese Meinung teilten einige in der CDU, als sie *Rita Süssmuth* als Gegenkandidatin für den Vorsitz der CDU auf dem Bremer Parteitag benannten. Mit *Rita Süssmuth* würde, so glaubte man, auch *Heiner Geißler* bleiben. *Lothar Späth*, anfangs auch als Kandidat für den Vorsitz genannt, erklärte sich bereit, *Rita Süssmuth* zu unterstützen, wobei bei ihrem Sieg seine Anwartschaft auf die Kanzlerschaft nicht ausgeschlossen wurde.

Der Bremer Parteitag machte diesem Komplott – und damit der Strategiediskussion in der *Union* – ein Ende. Zwar erhielt *Helmut Kohl* bei der Wiederwahl zum Vorsitzenden der CDU auf dem Bremer Parteitag, als Quittung für die Trennung von *Heiner Geißler*, nur 79 % und erzielte damit das schlechteste Ergebnis seit der Erstwahl 1973. Aber die Fronten waren geklärt. *Volker Rühe* wurde *Heiner Geißlers* Nachfolger. *Lothar Späth* wurde nicht mehr ins Präsidium gewählt. Der Vorsitzende lehnte es erneut und entschieden ab, den Kurs der *Union* zu verändern. *Wulf Schönbohm*, bis 1990 Leiter der Planungs- und Grundsatzabteilung im Konrad-Adenauer-Haus, kennzeichnete wenig später den Zustand der CDU nach Bremen so: „Wir haben nur noch *Helmut Kohl*. Die Partei spielt keine Rolle mehr. Das ist gefährlich. Die Zukunft als große politische Volkspartei hat sie bald hinter sich."[14)]

Mit dem 9. November 1989 begann dann ein ganz neues Kapitel in der Geschichte der CDU (siehe auch „Die Bundesparteien und die DDR-Parteien"). Ihr Vorsitzender, *Helmut Kohl*, nutzte die Chance, die sich mit den Vorgängen im Osten boten, und führte die CDU in der ersten Volkskammerwahl (40,59 %), in den Kommunal- (34,57 %) und ersten ostdeutschen Landtagswahlen (au-

13) Kurt Biedenkopf in der Süddeutschen Zeitung vom 23. 8. 1989.

14) Zitiert nach: „Ein diskreter Beobachter", in: Die Zeit Nr. 9 vom 22. Februar 1991, S. 6.

ßer in Brandenburg überall stärkste politische Kraft) sowie bei der ersten gesamtdeutschen Wahl (43,8 % für die Union) von Sieg zu Sieg. Nach der Wachablösung bei der ersten Gesamtberliner Wahl am 2. Dezember 1990 ist *Eberhard Diepgen* der erste Bürgermeister Gesamtberlins seit der Spaltung der Stadt im Jahre 1948. Nach Verlust ihrer Bastionen in Hessen, wo am 20. Januar 1991 die schwarz-gelbe Koalition wieder von einer rot-grünen abgelöst wurde sowie in Rheinland-Pfalz, wo am 21. April 1991 nach 44jähriger CDU-Herrschaft die SPD stärkste Partei wurde (44,8 %), steht die CDU nunmehr nur noch in sechs von 16 Bundesländern (Bayern, wo die CSU mit absoluter Mehrheit regiert, ausgenommen) in der Regierungsverantwortung. Aber nur in Baden-Württemberg und Sachsen regiert sie noch allein, in Mecklenburg-Vorpommern, Sachsen-Anhalt und Thüringen zusammen mit der FDP, in Berlin mit der SPD in großer Koalition. Auf Bundesebene stellt sie den Bundeskanzler, für den das Debakel in seinem Stammland Rheinland-Pfalz (38,7 %) besonders enttäuschend war.

5.1.3 Programmatik

Die programmatischen Äußerungen der CDU begannen ebenfalls auf Landesebene. Neben den *Kölner Leitsätzen* der Kölner CDP, den *Frankfurter Leitsätzen* aus Hessen und dem *Aufruf der Berliner CDU*, in denen die ersten vorläufigen Formulierungen christlich-demokratischer Politik versucht wurden, kam es mit dem *Ahlener Wirtschaftsprogramm* für Nordrhein-Westfalen vom Februar 1947 zu einer ersten durchgreifenden ideologischen Standortbestimmung. Dieses *Ahlener Programm* des britischen Zonenausschusses der CDU war stark an der katholischen Soziallehre orientiert. „Es gab von Anfang an in der CDU ein Nebeneinander von christlich sozialistischen und kapitalistisch marktwirtschaftlichen Kräften." In diesem Sinne ist das *Ahlener Programm* „eine Mischung aus katholischem Solidarismus, liberaler Marktwirtschaft und sozialistischen Elementen".[15)]

In den *Düsseldorfer Leitsätzen* von 1949, mit denen die Unionsparteien in den ersten Wahlkampf zogen, sagte die CDU allen diri-

15) W. Benz (Hrsg.), Die Bundesrepublik Deutschland. Geschichte in 3 Bd., Frankfurt 1983, Bd. 1, S. 137.

gistischen Vorstellungen, die im *Ahlener Programm* anklangen (Verstaatlichung der gesamten Schwerindustrie, des Bergbaus und der Energiewirtschaft u.a.), ab und proklamierte die Soziale Marktwirtschaft als den idealen dritten Weg zwischen reinem Kapitalismus und Planwirtschaft. *Franz Josef Strauß* erinnert sich in seinen Memoiren: ,,Die Bedingung dafür, daß *Ludwig Erhard* sich überhaupt zur Verfügung stellte als Nummer eins der Wirtschaftspolitik der Union, war die Ersetzung, zumindest die deutliche Abschwächung des *Ahlener Programms* durch die *Düsseldorfer Leitsätze*.''[16]

Die *Düsseldorfer Leitsätze* bildeten die Grundlage für den Erfolg bei den ersten Wahlen, denn sie verstanden es, die nach einem völligen Tiefpunkt nach der Währungsreform vom 20. 6. 1948 erzielten Anfangserfolge mit dem Begriff der Sozialen Marktwirtschaft zu verbinden, den die CDU von nun an programmatisch herausstellte.

Fast ein Jahrzehnt verging bis zur nächsten Programmdiskussion der CDU. Erst mit nachlassender Autorität *Konrad Adenauers* wuchs das Bedürfnis nach einer erneuten Standortbestimmung. 1957 beschloß man das *Hamburger Manifest*, 1962 die *Dortmunder Grundsatzentschließung* und 1968 die erste Fassung des *Berliner Programms*. Dieses *Berliner Programm* – gültig bis zur Verabschiedung des ersten *Grundsatzprogramms der CDU* im Oktober 1978 – leitete zur dritten Phase der Programmdiskussion in der CDU über, die durch den Gang in die Opposition beherrscht wird. 1972 erhielt das *Berliner Programm* eine zweite Fassung, die 1973 auf dem Hamburger Parteitag durch die *Hamburger Beschlüsse* ergänzt wurde.

Mit der *Mannheimer Erklärung* (,,Unsere Politik für Deutschland''), die im Jahre 1975 in einer ersten Fassung vorgelegt und auf dem 23. Bundesparteitag der CDU am 12. November 1975 in einer stark revidierten Fassung verabschiedet wurde, verband sich erstmals eine grundsätzliche innerparteiliche Auseinandersetzung. Auf Verlangen *Ludwig Erhards* wurden zwei zusätzliche Abschnitte der Sozialen Marktwirtschaft gewidmet, wodurch die bewahrenden Elemente dieses Programms ein Übergewicht über diejenigen erhiel-

16) F. J. Strauß, Ich bekenne mich, zitiert nach dem Erstabdruck im Spiegel Nr. 37/89 v. 11. 9. 1989, S. 140 f.

ten, die sich auf Veränderung beziehen. Umformuliert wurde in diesem Zusammenhang auch der Absatz, der sich mit der ,,Neuen sozialen Frage" befaßt.

Ein *Grundsatzprogramm*, das nach wie vor für die CDU ausstand, wurde auf dem 22. Bundesparteitag in Hamburg 1973 beschlossen und im Oktober 1978 auf dem Parteitag in Ludwigshafen verabschiedet. Mit der endgültigen Formulierung dieses ersten Grundsatzprogramms ihrer Geschichte verbanden sich zum Teil sehr kontroverse Diskussionen innerhalb der CDU, insbesondere zwischen *Kurt Biedenkopf* und den Sozialausschüssen.

Neue Akzente setzte dieses Programm vor allem mit seiner Forderung nach einer neuen sozialen Politik; die ,,Neue soziale Frage" rückte in den Vordergrund. Neuland betrat das *Grundsatzprogramm* vor allem mit der Erwähnung des Begriffes ,,Arbeitszeitverkürzung" und dem Hinweis auf ökologische Fragestellungen. Die Soziale Marktwirtschaft wurde als Grundlage einer freiheitlichen Wirtschaftsordnung und Sozialordnung gegenüber der ersten Fassung stärker herausgestellt. Grundsätzlich betonte man das ,,C" in der CDU wieder stärker; es steht für das christliche Verständnis vom Menschen und seiner Verantwortung vor Gott, die Kern der gemeinsamen Überzeugung der CDU ist. In diesem Zusammenhang fand auch der Begriff ,,Nächstenliebe" Eingang in das *Grundsatzprogramm.*

In der Präambel des neuen *Grundsatzprogramms* finden sich u.a. folgende Gedanken zum Selbstverständnis dieser Partei: ,,1. Die Christlich Demokratische Union Deutschlands ist eine Volkspartei. Sie wendet sich an alle Menschen in allen Schichten und Gruppen unseres Volkes. Die Politik der CDU beruht auf dem christlichen Verständnis vom Menschen und seiner Verantwortung vor Gott . . ."

Wie für viele andere Parteien, so begann auch für die CDU mit den 80er Jahren eine programmatische Neuorientierung. Als neue Regierungspartei setzte sie nach 1982 Akzente, ,,die sich stark von der sozialdemokratisch bestimmten Denkweise der Regierungen *Brandt/Schmidt* absetzte: Betonung des Leistungs- und Elitegedankens, mehr Selbsthilfe anstatt kollektiver Daseinsfürsorge, Stützung der Familie, moderne Technologiepolitik, Abbau der Staatsverschuldung".[17)]

Am 18. Oktober 1983 rief der CDU-Parteivorstand unter Leitung von Bundeskanzler *Kohl* eine Arbeitsgruppe ins Leben: Unter Federführung von Generalsekretär *Geißler* sollten die Minister *Blüm* und *Stoltenberg* sowie die Ministerpräsidenten *Albrecht* und *Späth* und der Vorsitzende der CDU von Westfalen-Lippe, *Biedenkopf*, eine Fortschreibung der marktwirtschaftlichen Grundsätze versuchen, zu denen sich die CDU seit den *Düsseldorfer Leitsätzen* bekannt hat. Das Bedürfnis, nach den vorangegangenen kontroversen Diskussionen über neue Ansätze in der Wirtschafts-, Finanz- und Sozialpolitik ein möglichst alle Flügel der Partei umfassendes wirtschaftspolitisches Grundsatzprogramm zu entwickeln, spiegelt sich deutlich in dieser Zusammensetzung des Arbeitskreises wider. So hatte vor allem *Ernst Albrecht* im August 1983 mit seinem Thesenpapier zur künftigen Wachstums- und Sozialpolitik eine heftige Debatte über die künftigen Möglichkeiten der herkömmlichen Wirtschaftspolitik ausgelöst; *Blüm* und *Stoltenberg* standen in Kontroverse hinsichtlich der Verkürzung der Lebensarbeitszeit. Das neue Programm sollte so vor allem den Eindruck beseitigen, es gäbe Richtungskämpfe innerhalb der Union.

Am 11. Mai 1984 wurden die *Stuttgarter Leitsätze für die 80er Jahre* vom Stuttgarter Parteitag einstimmig gebilligt. In der Präambel wird darauf hingewiesen, daß die Stuttgarter Leitsätze auf dem *Grundsatzprogramm* der CDU von 1978 basieren; sie sind also nicht als neues Grundsatzprogramm, allenfalls als wirtschaftspolitisches Grundsatzprogramm der CDU anzusehen, eine Aktualisierung des nach wie vor gültigen *Grundsatzprogramms* im Hinblick auf die ,,Zukunft der Bundesrepublik als moderne und humane Industrienation''.[18] Sie sind ein erster Versuch der CDU, sich wirtschaftspolitisch auf neue wirtschaftliche und soziale Bedingungen mit ihren neuen Anforderungen an die Anpassungs- und Leistungsfähigkeit der Sozialen Marktwirtschaft einzustellen, Perspektiven und Ziele aufzuzeigen, verbesserte Rahmenbedingungen für Wirtschaft, Forschung und moderne Technik zu formulieren und vor allem den Umweltschutz in die Marktwirtschaft einzubeziehen. In

17) K. Sontheimer/H. H. Röhring, Handbuch des politischen Systems der Bundesrepublik, München 1977, S. 142.

18) Heiner Geißler, zitiert nach SZ v. 29. 2. 1984: CDU-Thesen zur Wirtschaftspolitik.

diese Richtung zielt auch das vor der Bundestagswahl 1987 auf dem Mainzer Parteitag verabschiedete *Zukunftsmanifest der CDU*.

Eine weitere Phase der Programmatik der westdeutschen CDU setzte im Frühjahr 1988 als Vorbereitung auf den Wiesbadener Parteitag ein. Dazu wurde in Königswinter ein Leitantrag beschlossen. Der CDU-Vorsitzende *Helmut Kohl* betonte jedoch in diesem Zusammenhang, es werde damit kein neues Parteiprogramm geschrieben, sondern es gehe nur darum, daß die CDU eine ,,Vision ihrer Politik'' entwerfe. Dazu zählt nicht zuletzt auch der Umbau der Sozialen Marktwirtschaft zu einer Ökologisch-Sozialen Marktwirtschaft. In diesem Sinne verabschiedete die CDU im September 1989 auf dem Bremer Parteitag ein Konzept zur Umweltpolitik unter dem Motto: ,,Unsere Verantwortung für die Schöpfung''. In der Präambel heißt es: ,,Die *Christlich Demokratische Union Deutschlands* hat die besondere Verpflichtung, die Natur und die Umwelt zu schützen, zu gestalten und zu nutzen und damit das Werk des Schöpfers für uns, unsere Kinder und Kindeskinder zu erhalten und Ökologie und Ökonomie in einer Ökologischen und Sozialen Marktwirtschaft miteinander zu versöhnen.''[19)]

Die Wiedervereinigung der West-CDU mit der Ost-CDU auf dem Hamburger Parteitag am 1. Oktober 1990 zur gesamtdeutschen CDU führte auch zur Verabschiedung eines gemeinsamen Manifestes über die Grundsätze christdemokratischer Politik und im Dezember 1991 zum *Dresdner Manifest*. Unter dem Motto ,,Die Zukunft gemeinsam gestalten'' zogen hier die Christdemokraten Bilanz aus einem Jahr Wiedervereinigung und setzten gleichzeitig neue Prioritäten im Einigungsprozeß.

Mit dem Wiedervereinigungsparteitag der CDU setzte auch eine neue Grundsatzdiskussion ein. Das neue Grund*satzprogramm*, eine Fortschreibung der Leitsätze von 1978, soll Anfang 1994, also rechtzeitig zur nächsten Bundestagswahl vorliegen. Dem Leiter der Grundsatzkommission, *Reinhard Göhner*, schwebt dabei vor, die Grundwerte Freiheit, Solidarität und Gerechtigkeit um die Begriffe des Friedens und der Bewahrung der Schöpfung zu erweitern.

19) CDU-Dokumentation 29/1989, S. 17.

5.1.4 Organisation und Struktur[20)]

Mitgliedschaft

Mitglied kann jeder Deutsche werden, der das 16. Lebensjahr vollendet hat und bereit ist, die Ziele der CDU zu fördern. Über den Aufnahmeantrag entscheidet der Kreisverband des Wohnsitzes oder des Arbeitsplatzes. Vor der Aufnahme des Mitgliedes durch den Kreisverband des Arbeitsplatzes ist der Kreisverband des Wohnsitzes zu hören. Der CDU-Bundesparteitag in Mannheim beschloß am 23. Juni 1975, auch Ausländer als Mitglieder der Partei aufzunehmen; Voraussetzung ist, daß sie nachweisbar seit mindestens drei Jahren im Geltungsbereich des Grundgesetzes wohnen und ein Jahr vor der Aufnahme als Gast in der Partei mitgearbeitet haben.

Jedes Mitglied kann an Veranstaltungen, Wahlen und Abstimmungen im Rahmen satzungsrechtlicher Bestimmungen teilnehmen, in Parteigremien gewählt und als Kandidat für parlamentarische Vertretungen aufgestellt werden; für Ausländer sind jedoch gewisse Beschränkungen vorgesehen: Mehr als die Hälfte der Mitglieder solcher Gremien muß die deutsche Staatsangehörigkeit besitzen, nur deutsche Parteimitglieder können als Kandidaten für parlamentarische Vertretungen aufgestellt werden. Das Grundgesetz läßt nicht zu, daß Ausländer Mitglieder von Parlamenten des Bundes oder der Länder sowie von kommunalen Vertretungskörperschaften werden.

Die Mitgliedsbeiträge ergeben sich aus der Beitragsstaffel, die der Bundesparteitag nach § 4 der Finanz- und Beitragsordnung festlegt. Die Beitragsstaffel hat jedoch lediglich Richtliniencharakter für die Selbsteinschätzung des Mitgliedes. Die Beitragsstaffel, die der Bundesparteitag in Mannheim am 23./25. Juni 1975 für die Zeit ab 1. Juli 1976 beschlossen hat, sieht derzeit (seit der 2. Änderung 1984) folgende Sätze pro Monat vor:

Monatl. Nettoeinkommen DM	*Monatl. Beitrag DM*
bis 1500,–	5,– bis 8,–
1500,– bis 3000,–	8,– bis 30,–
3000,– bis 6000,–	30,– bis 100,–

Mitglieder mit höherem Einkommen als 6000,– DM zahlen höhere Beiträge.

20) Dieser Abschnitt stützt sich auf das Statut der CDU, Stand: 1. 5. 1991.

Für Hausfrauen, Schüler, Studenten, Bundeswehrsoldaten, die ihren Wehrdienst ableisten, Zivildienstleistende, Auszubildende, Arbeitslose, Rentner und Mitglieder mit geringem Einkommen kann der Kreisverband eine Sonderregelung der Beitragszahlung treffen sowie Beiträge stunden und erlassen. Befristet für 1991 und 1992 hat die CDU für jedes Mitglied 5 DM als Solidaritätsbeitrag für den Aufbau in den neuen Bundesländern eingeführt.

Die Mitgliedschaft erlischt durch Tod, durch Austritt oder durch Ausschluß.

Ordnungsmaßnahmen gegenüber Mitgliedern können vom zuständigen Parteivorstand oder vom Bundesvorstand getroffen werden, und zwar: 1. Verwarnung, 2. Verweis, 3. Enthebung von Parteiämtern, 4. Aberkennung der Fähigkeit zur Bekleidung von Parteiämtern auf Zeit. Über den Parteiausschluß entscheidet auf Antrag des örtlich oder sachlich zuständigen Parteivorstandes ausschließlich das nach der Parteigerichtsordnung zuständige Parteigericht. Voraussetzung des Ausschlusses ist die Feststellung des parteischädigenden Verhaltens oder die ,,beharrliche Mißachtung der satzungsmäßigen Pflichten" eines Mitgliedes. Letzteres ist zum Beispiel gegeben, wenn über einen längeren Zeitraum trotz Mahnung der Mitgliedsbeitrag nicht bezahlt wird.

Die CDU hatte in den 50er Jahren relativ wenige Mitglieder. Erst ab den 60er Jahren kam Bewegung in die Mitgliederentwicklung. In den 70er Jahren (1970 bis 1977) verdoppelte sich die Zahl der Mitglieder, um dann 1983 mit einem Bestand von 734 555 einen vorläufigen Höhepunkt zu erreichen. Seitdem ist die Entwicklung permanent zurück gegangen.[21)]

Die CDU hatte vor der Vereinigung mit der Ost-CDU nach eigenen Angaben 657 780 Mitglieder,[22)] davon 77,2 % männlich, 22,8 % weiblich. Nach Alter und Beruf (Stand 30. 6. 89) ergibt sich folgendes Bild:

21) Vgl. dazu E. Wiesendahl, Der Marsch aus den Institutionen. Zur Organisationsschwäche politischer Parteien in den 80er Jahren, in: Aus Politik und Zeitgeschichte B 21/90 v. 18. 3. 1990, S. 3 ff. – H. Oberreuter/A. Mintzel, Parteien in der Bundesrepublik Deutschland, München 1990, S. 175 ff.

22) Mitteilung an die Verfasser im Juli 1990. – Im Osten sank laut Angaben von Generalsekretär Volker Rühe die Mitgliederzahl von 130 000 (Oktober 1990) auf 80 000 bis 90 000 (April 1991).

Berufsgruppen		*Altersgruppen*	
Selbständige	23,7 %	– 24 Jahre	2,6 %
Arbeiter	9,5 %	25 – 29 Jahre	3,8 %
Angestellte	28,2 %	30 – 39 Jahre	13,3 %
Beamte	12,7 %	40 – 49 Jahre	24,6 %
Rentner/Pens.	4,7 %	50 – 59 Jahre	26,6 %
Hausfrauen	11,2 %	60 – 69 Jahre	17,4 %
In Ausbildung	6,7 %	70 Jahre u. älter	3,0 %

Fast die Hälfte der Mitglieder der CDU sind also über 50 Jahre, zwischen 25 und 29 Jahre sind nur 3,8 %. Diese Struktur zeigt deutlich, daß es der CDU an jungen Mitgliedern fehlt.

Organisatorische Gliederung

Die Organisationsstufen der CDU sind: a) Die Bundespartei, b) die Landesverbände, c) die Kreisverbände und d) Stadt-/Gemeindeverbände bzw. Stadtbezirksverbände. Wo es zweckmäßig erscheint, können durch Satzung der Landesverbände mehrere Kreisverbände zu regionalen Arbeitsgemeinschaften oder zu Bezirksverbänden zusammengefaßt werden.

Der Landesverband ist die Organisation eines Landes oder einer Landschaft. Er ist zuständig für alle politischen und organisatorischen Fragen seines Bereiches. Nach Vereinigung mit der Ost-CDU hat die CDU nunmehr 17 Landesverbände.[23)]

Der Kreisverband ist die Organisation in den Grenzen eines Verwaltungskreises. Es ist die kleinste selbständige organisatorische Einheit der CDU mit Satzung und selbständiger Kassenführung gemäß Satzung des Landesverbandes. Der Stadt-/Gemeindeverband ist die Organisation in den kreisangehörigen Städten und Gemeinden; ihm entspricht in den Stadtbezirken der kreisfreien Städte der Stadtbezirksverband.

Die Organe

Organe der Bundespartei sind: a) der Bundesparteitag, b) der Bundesausschuß und c) der Bundesvorstand.

23) Die CDU in Niedersachsen besteht aus den Landesverbänden Braunschweig, Hannover und Oldenburg.

Mit dem Zusammenschluß zu einer gesamtdeutschen Partei hat die CDU nicht nur die Spitzengremien um Vertreter aus der ehemaligen DDR erweitert, sondern diese z.T. auch neu strukturiert. Die wichtigste Änderung: Der Parteivorsitzende hat nunmehr lediglich einen (statt sieben) Stellvertreter. Weiterhin wurde der 20-köpfige Bundesvorstand um sechs Mitglieder erweitert. Drei zusätzliche Präsidiumssitze wurden mit Vertretern aus der ehemaligen DDR besetzt.

Der *Bundesparteitag* setzt sich zusammen aus 1 000 Delegierten der Landesverbände, die von den Kreis-, Bezirks- oder Landesparteien gewählt werden, den Ehrenvorsitzenden und 30 Delegierten der Exil-CDU. Von den 1 000 Delegierten der Landesverbände werden 200 im Verhältnis der bei der letzten Wahl zum Deutschen Bundestag für die einzelnen Landeslisten der CDU abgegebenen Zweitstimmen, 800 im Verhältnis der Mitgliederzahlen der einzelnen Landesverbände entstandt. Er tritt mindestens alle zwei Jahre zusammen und wählt als Mitglieder des Bundesvorstandes in getrennten Wahlgängen: 1. den Vorsitzenden, 2. den Generalsekretär[24)] (auf Vorschlag des Vorsitzenden), 3. den stellvertretenden Vorsitzenden, 4. den Bundesschatzmeister, 5. weitere 10 Mitglieder des Präsidiums, 6. weitere 26 Mitglieder des Bundesvorstandes. Die unter 1. bis 5. genannten Mitglieder des Bundesvorstandes, die Ehrenvorsitzenden sowie der Bundeskanzler, der Präsident oder Vizepräsident des Deutschen Bundestages und der Vorsitzende der CDU/CSU-Fraktion des Deutschen Bundestages sowie der Präsident des Europäischen Parlaments, soweit sie der CDU angehören, bilden das Präsidium. Der Bundesparteitag tritt mindestens alle zwei Jahre zusammen. Ihm obliegt die Beschlußfassung über die Grundlinien der Politik, die Beschlußfassung über die Berichte des Bundesvorstandes und der Bundestagsfraktion sowie über das Statut, die Beitrags- und Finanzordnung. Er wählt zwei Kassenprüfer.

Der *Bundesausschuß* besteht aus Delegierten der Landesverbände und *der Exil-CDU*, dem Bundesvorstand, je einem Vertreter der Vereinigungen und den Vorsitzenden der Bundesfachausschüsse, letztere mit beratender Stimme. Dabei entsenden die Landesverbände für je angefangene 7500 Mitglieder einen Delegierten.

24) Die Position des Generalsekretärs gibt es in der CDU seit 1967. Es ist das einzige Amt in der CDU, für das man sich nicht bewerben kann.

Aufgaben: Zuständig für alle politischen und organisatorischen Fragen, soweit sie nicht dem Bundesparteitag vorbehalten sind. Interimistische Wahl eines Vorsitzenden oder sonstigen Mitglieds des Präsidiums bei Ausfall während der Amtszeit.

Der *Bundesvorstand* leitet die Bundespartei. Er führt die Beschlüsse des Bundesparteitages und des Bundesausschusses aus. Seine Amtszeit beträgt zwei Jahre. Die Bundespartei wird rechtlich durch den Vorsitzenden und den Generalsekretär vertreten. Im Einvernehmen mit dem Präsidium bestellt der *Generalsekretär* den Bundesgeschäftsführer, der die Bundesgeschäftsstelle leitet. Der Bundesvorstand kann zu seiner Unterstützung Fachausschüsse bilden. Der Bundesvorstand wirkt bei der Aufstellung der Kandidaten für die Wahlen zum Deutschen Bundestag mit.

Sonderorganisationen

Im § 38 des Statuts der CDU sind acht *Vereinigungen* der CDU aufgeführt. Die Satzungen dieser Vereinigungen bedürfen der Genehmigung des Bundesausschusses.

1. Die *Junge Union Deutschlands* der CDU/CSU hat es sich zur Aufgabe gemacht, die Idee der Christlich Demokratischen Union in der deutschen Jugend zu verbreiten und die Jugend zur aktiven politischen Mitarbeit für die Partei und den demokratischen Staat zu werben (Siehe auch: „Jugendorganisationen").

2. Die *Frauen-Union der CDU* hat zwei große Aufgabengebiete: die Frauen für die aktive politische Arbeit in der Partei zu gewinnen und sie für die Mitarbeit in den parlamentarischen Organen vorzubereiten. Die *Frauen-Union* kann für besondere politische Aufgaben entsprechende Frauenausschüsse berufen. Auf dem Bremer Parteitag kam es im September 1989 zu einer Diskussion über die zukünftige Organisationsform der *Frauen-Union*. Nur widerstrebend akzeptierte sie einen Beschluß, wonach die Mitgliedschaft künftig auf einer Willenserklärung beruhen müsse, nicht mehr automatisch mit dem Eintritt in die CDU erfolge, also die *Frauen-Union* auch Frauen aufnehmen könne, für die eine Mitgliedschaft in der CDU nicht mehr dringend vorgeschrieben ist. Bis 1994 will die *Frauen-Union* ein Konzept für eine neue Organisationsform entwickeln. Da-

bei geht es auch um eine eigenständige Finanzierung, also darum, die *Frauen-Union* in eine eigenständige Vereinigung umzuwandeln wie die *Sozialausschüsse* und die *Mittelstandsvereinigung*.

3. Die *Sozialausschüsse der Christlich-Demokratischen Arbeitnehmerschaft Deutschlands* (CDA) sind die Vereinigung der CDU, die sich in besonderer Weise den Arbeitnehmerinteressen verpflichtet fühlt. In ihrem Grundsatzprogramm haben die Sozialausschüsse das Leitbild einer modernen Gesellschaft entworfen. Die auf der christlichen Soziallehre basierenden Vorstellungen vertreten sie in Betrieben, Gewerkschaften und der Christlich Demokratischen Union.

4. Die *Kommunalpolitische Vereinigung der CDU und CSU Deutschlands* unterstützt die Arbeit der CDU/CSU in der Gemeindepolitik. Sie berät die kommunalen Fraktionen der CDU/CSU in allen Fragen der Verwaltungs- und Personalpolitik und den sachlichen Problemen der gemeindlichen Selbstverwaltung.

5. Die *Mittelstandsvereinigung der CDU/CSU* will innerhalb der Union die Anliegen der mittelständischen Unternehmen und Unternehmer, der Gewerbetreibenden sowie der freiberuflich Tätigen und der leitenden Angestellten wahren. Sie will Einfluß auf das politische Leben nach den Grundsätzen der Christlich Demokratischen Union nehmen und die freiheitliche Wirtschafts- und Gesellschaftsordnung entsprechend der Idee der Sozialen Marktwirtschaft auf der Grundlage der Eigeninitiative und Eigenverantwortung fortführen.

6. Die *Wirtschaftsvereinigung* der CDU ist eine bundesweite Organisation der CDU-nahen Unternehmer, die die unternehmerischen Interessen der Partei wahrnimmt.

7. Die *Ost- und mitteldeutsche Vereinigung* der *CDU – Union der Vertriebenen und Flüchtlinge* – ist der Zusammenschluß der Vertriebenen und Flüchtlinge. Darüber hinaus können auch andere an den Fragen der Ost- und Deutschlandpolitik Interessierte Mitglieder der Vereinigung werden. Auch Nichtmitgliedern der CDU steht diese Vereinigung offen.

8. Die *Senioren-Union* wurde am 9. November 1987 gegründet als Konsequenz aus einer Studie, nach der jeder 4. Wähler zu den mehr als 60jährigen gehört, mit steigender Tendenz.

Diese Vereinigungen haben einen Aufbau, der dem der Partei entspricht sowie eine eigene Satzung. In § 39 des CDU-Statuts heißt es, daß die Vereinigungen organisatorische Zusammenschlüsse mit dem Ziel sind, das Gedankengut der CDU in ihren jeweiligen Wirkungskreisen zu vertreten und zu verbreiten sowie die besonderen Anliegen der von ihnen repräsentierten Gruppen in der Politik der CDU zu wahren. Da sie „das Recht zu eigenen Verlautbarungen" haben, also in ihrem Bereich für die Union sprechen, kann es nicht zweifelhaft sein, daß sie trotz ihrer Eigenständigkeit in die Partei integriert sind. Die innerparteiliche Interessenvertretung wird durch Fachausschüsse (z.B. *Bundesausschuß für Agrarpolitik, Bundeskulturausschuß, Bundesfachausschuß Sport, Bundesarbeitskreis Christlich Demokratische Juristen – BACDJ)* ergänzt, die der Bundesvorstand einsetzt. Zu den der CDU nahestehenden Organisationen zählen der *Ring Christlich Demokratischer Studenten (RCDS),* die *Schülerunion*, der *Evangelische Arbeitskreis* und der *Wirtschaftsrat e.V.* Obwohl diese Organisationen nicht in die Partei eingegliedert sind, haben sie für die Politik der CDU große Bedeutung.

Jugendorganisation

Junge Union Deutschland (JU)[25)]

Die Jugendorganisation der CDU/CSU wurde 1947 gegründet. Sie umfaßt junge Menschen vom 14. bis zum 35. Lebensjahr. Die Mitgliedschaft bei der CDU bzw. CSU ist nicht Voraussetzung zu einer Mitgliedschaft in der JU. Die Tatsache, daß die JU den Nichtparteimitgliedern die Tür weit aufmacht und theoretisch nicht nur, sondern weithin auch praktisch in der Arbeit gleiche Rechte einräumt, hat mit dazu beigetragen, daß sie mit über 200 000 Mitgliedern bis zur Wiedervereinigung von den Jugendorganisationen die mitgliederstärkste war. Mitte September 1990 erfolgt dann die Vereinigung der *Jungen Union Deutschlands* mit der *Christlich-Demokratischen Jugend* der ehemaligen DDR, der Jugend der *Deutschen Sozialen Union* (DSU) und dem Jugendverband des *Demokratischen Aufbruchs* (DA) zur *Jungen Union Deutschlands.* Erster Vorsitzender der gesamtdeutschen Jugendorganisation der CDU wurde der bisherige JU-Chef *Hermann Gröhe*.

25) Vgl. Junge Union Deutschlands, Deutschlandtag 1991, Statistischer Geschäftsbericht 1. 9. 1990 – 30. 9. 1991.

In der Jungen Union ist der *Deutschlandtag* die oberste beschließende Vertretung. Er tritt mindestens einmal im Jahr zusammen, wählt den Bundesvorsitzenden, seine Stellvertreter und die weiteren Mitglieder des Bundesvorstandes.

Der *Deutschlandrat* ist das zweithöchste Organ des Bundesverbandes der Jungen Union. Ihm obliegt es, zwischen den Deutschlandtagen über grundsätzliche politische Fragen zu entscheiden. Er kann zu seiner Unterstützung Fachausschüsse bilden. Sitzungen des Deutschlandratges müssen viermal im Jahr stattfinden.

Der *Bundesvorstand* erledigt die laufenden Angelegenheiten bzw. auf dessen Weisung der vom Deutschlandrat bestellte Bundesgeschäftsführer (derzeit: *Axel Wallrabenstein*).

Die Junge Union Deutschlands hatte am 31. August 1991 195 829 Mitglieder, davon 75,5 % männlich, 25,5 % weiblich. Die Struktur nach Alters- und Berufsgruppen stellt sich wie folgt dar:[26)]

Altersklassen		*Berufsgruppen*	
14 – 17 Jahre	3,2 %	Schüler/Studenten	61,0 %
18 – 21 Jahre	13,7 %	Angestellte	10,2 %
22 – 24 Jahre	17,5 %	Arbeiter	4,9 %
25 – 30 Jahre	40,0 %	Beamte	3,2 %
31 – 35 Jahre	25,7 %	Auszubildende	14,5 %
		Selbständige	1,5 %

5.2 Christlich-Soziale Union (CSU)

5.2.1 Entwicklung

Im Mai 1945 übernahm der ehemalige preußische Ministerpräsident und Reichsminister *Adam Stegerwald*, ein gebürtiger Würzburger, in seiner Vaterstadt das Amt des Regierungspräsidenten von Unterfranken. Aus der gemeinsamen Arbeit in der christlichen Gewerk-

26) Die bayerischen JU-Mitglieder sind hier nicht berücksichtigt.

schaftsbewegung kannte er *Jakob Kaiser*, durch den er von der Berliner CDU-Gründung erfuhr, wie ihm auch bald Nachrichten über die Entwicklung in Westdeutschland zukamen. Er versuchte, die Entwicklung in Bayern in ähnlicher Richtung zu betreiben. Anfang Juli traf er sich mit dem Münchner Rechtsanwalt *Josef Müller* in Rothenburg o.d.T. Am 21. August hielt er in Würzburg ein Referat „*Wo stehen wir?*", das nicht nur auf die Zuhörer, sondern auch in seiner bald erfolgten Drucklegung tiefen Eindruck machte. *Stegerwald* forderte das deutsche Volk auf, „freiwillig eine geordnete Demokratie anzustreben". Die Demokratie, die ihm vorschwebte, lasse erkennen, wieviel sie gemeinsam habe „mit den Fundamentalsätzen des Christentums". Einheitliche Gewerkschaften, Verständigung zwischen Arbeiterschaft und Bauern sowie kirchliche Freiheit verlangten ein Programm für die „Neugestaltung des deutschen Lebens". Aus beiden Konfessionen und allen Ständen in Stadt und Land sollte eine „nationale christlich-kulturelle Staatspartei großen Stils" gebildet werden.[1)]

Zur gleichen Zeit, da Stegerwald aus Würzburg nicht nur ins bayerische Land, sondern auch nach Baden, Württemberg und Hessen seine Ideen zur Diskussion brachte, erreichte den Münchener Oberbürgermeister *Karl Scharnagl* ein Brief seines Kölner Amtskollegen, *Konrad Adenauer*, in dem er aufgefordert wurde, sich dafür einzusetzen, daß sich die Politiker der ehemaligen Bayerischen Volkspartei (der 1918 erfolgten Lösung des bayerischen Teils von der Zentrumspartei) „immer wieder bei ihren Überlegungen vergegenwärtigen, daß allein diese geplante Zusammenfassung aller auf christlich demokratischen Grundlagen stehenden Kräfte uns vor aus dem Osten drohenden Gefahren schützen kann".[2)] Dieser Appell war um so berechtigter, als sich in München Bestrebungen abzeichneten, die alte „Bayerische Volkspartei" unter ihrem letzten Vorsitzenden, dem von den Amerikanern als erster Ministerpräsident eingesetzten *Fritz Schäffer*, neu zu gründen.

Jene ehemaligen Bayerischen Volksparteiler, die den Weg zurück nicht gehen wollten, fanden in *Müller und Stegerwald* ihre Repräsentanten. Zwischen *Schäffer* und *Müller* wirkten die Vertreter der

1) Zur Forderung nach Gründung einer interkonfessionellen Partei nach 1918 vgl. S. 72.
2) Zitiert nach K. Buchheim, a.a.O., S. 443.

Bauernschaft *Michael Horlacher* und *Alois Schlögl*. Ohne die Gegensätze voll auszudiskutieren, entschloß man sich, den Unionsgedanken konsequent zu verwirklichen. Doch auch in Bayern spielte der Parteiname seine Rolle. *Stegerwald* dachte zunächst an eine ,,Christlich-Soziale Arbeiter- und Bauernpartei". Er ließ sich aber bereits im August zu der Bezeichnung *Christlich-Soziale Union* umstimmen. Dieser Name setzte sich dann von München und Würzburg aus im ganzen Land durch und verdrängte Formulierungen wie ,,Bayerische Volkspartei" in Straubing oder ,,Bayerischer Volksbund" in Dachau.

Die Gründung der Landespartei erfolgte am 8. Januar 1946 in München.[3)] Erster Vorsitzender wurde *Josef Müller*. Die CSU blieb selbständige Partei und bildete mit der CDU eine Arbeitsgemeinschaft sowie später im Bundestag eine Fraktionsgemeinschaft. In ihrer weiteren Entwicklung behielt sie ihr aus der bayerischen Geschichte und Eigentümlichkeit gewonnenes Kolorit. In *Alois Hundhammer* und *Josef Müller* fand sie Vertreter ihres konservativen und liberalen Flügels, im langjährigen Ministerpräsidenten *Hans Ehard* (Parteivorsitzender 1949 – 1955) einen Mann des Ausgleichs, der für das ganze Jahrzehnt der Parteientwicklung oft notwendig wurde.

Hans Ehard wurde 1955 in einer krisenhaften Situation durch den früheren Wirtschaftsminister *Hanns Seidel* abgelöst. Er übernahm das Amt des Parteivorsitzenden, als die CSU in die Opposition durch die ,,Viererkoalition" (SPD, FDP, BP und BHE) manövriert worden war, wozu die Abspaltung eines Flügels als ,,Bayernpartei" erheblich beigetragen hatte. Den Sieg der Bundestagswahl 1957 nützte *Seidel* und brachte die CSU unter seiner Ministerpräsidentschaft wieder an die Regierung.

Nach dem Tode *Seidels* 1961 wurde der damalige Bundesverteidigungsminister, *Franz Josef Strauß*, zum Parteivorsitzenden gewählt. Nach dem Rücktritt des Parteivorsitzenden vom Amt des Bundesministers für Verteidigung wählten am 7. Juli 1963 rund 80 % der Delegierten der in München tagenden Landesversammlung *Strauß* für weitere zwei Jahre zum Vorsitzenden und bestätigten ihn auf den folgenden Parteitagen mit eindrucksvollen Mehr-

3) Zur Gründung der CSU; vgl. die Memoiren von J. Müller, Bis zur letzten Konsequenz, München 1975, S. 305 ff.

heiten. Bei den Neuwahlen am 15./16. Juni 1983 wurde *Franz Josef Strauß* nur mit 662 von 859 Stimmen als Vorsitzender wiedergewählt, neben 163 Nein-Stimmen gab es 90 Enthaltungen. Dieses bislang schlechteste Ergebnis wurde auf den von *Strauß* eingefädelten Milliardenkredit an die DDR zurückgeführt, der kurz zuvor den Bundestagsabgeordneten *Handlos* zum Austritt aus der CSU veranlaßt hatte. Im November 1986 dagegen wählte der Parteitag *Strauß* mit 967 von 979 Stimmen erneut zum Vorsitzenden; das zweitbeste Ergebnis, das *Strauß* als Parteichef je erzielte (1985 hatten 98,8 % für ihn gestimmt). Zum 15. Mal wurde *Strauß* im November 1987 mit 90,0 % zum Vorsitzenden gewählt.

Der Versuch, die Union unter dem gemeinsamen Kanzlerkandidaten *Franz Josef Strauß* wieder in die Regierungsverantwortung im Bund zu überführen, scheiterte. Das von *Strauß* 1980 erzielte Ergebnis lag mit 44,5 % der Stimmen unter dem Ergebnis von *Helmut Kohl* aus dem Jahre 1976 (48,6 %).

Mit der CDU zusammen gelang der CSU unter dem gemeinsamen Kanzlerkandidaten *Helmut Kohl* im März 1983 mit 48,8 % der Stimmen das beste Unions-Wahlergebnis seit 1949; die CSU erreichte (auf Bundesebene umgerechnet) 10,6 %, was ihr nur einmal zuvor, nämlich 1976, gelungen war.

Die Ämter des Ministerpräsidenten und des Parteivorsitzenden waren in Bayern nur zweimal in einer Person vereinigt: bei *Hanns Seidel* in der Zeit von 1955 bis 1960 und bei *Franz Josef Strauß* von 1978 bis 1988 (siehe Tabelle).

CSU-Parteivorsitzende		**CSU-Ministerpräsidenten**	
Josef Müller	1946–1949	Hans Ehard	1946–1954
Hans Ehard	1949–1955	Hanns Seidel	1957–1960
Hanns Seidel	1955–1961	Hans Ehard	1960–1962
Franz Josef Strauß	1961–1988	Alfons Goppel	1962–1978
Theo Waigel	seit 1988	Franz Josef Strauß	1978–1988
		Max Streibl	seit 1988

Nach dem plötzlichen Tod von *Franz Josef Strauß* am 3. Oktober 1988 wurden die in seiner Person vereinten Ämter des Ministerpräsidenten und Parteichefs getrennt: Zum neuen Ministerpräsidenten wurde am 19. Oktober einstimmig *Max Streibl*, zum neuen CSU-Vorsitzenden am 19. November 1988 *Theodor Waigel* gewählt. Mit *Mathilde Berghofer-Weichner* wurde erstmals eine Frau stellvertretender Regierungschef. Generalsekretär der CSU ist *Erwin Huber*, der im Sommer 1988 *Gerold Tandler* in diesem Amt folgte.

Auf dem ersten Parteitag nach dem Tod von *Franz Josef Strauß* wurde *Theo Waigel* mit 77 % der Stimmen erneut zum Vorsitzenden gewählt, ein Ergebnis, das unter dem von 1988 blieb, als ihn die Delegierten mit 98,3 % zum ersten Mal zum Vorsitzenden gewählt hatten. Im November 1991 wählten ihn 92,6 %.

Die CSU ging mit einer Ausnahme (1950) aus allen bayerischen Landtagswahlen als die stärkste Partei hervor. 1974 erzielte sie 62,1 %, 1978 59,1 %, 1982 58,3 %, 1986 55,8 % und 1990 54,9 %. An den Landesregierungen war die CSU während aller Legislaturperioden seit 1946 (mit Ausnahme der Viererkoalition vom Dezember 1954 bis Oktober1957) beteiligt und stellte den Ministerpräsidenten. Seit 1966 trägt sie in der Landesregierung die Alleinverantwortung. An den Bundesregierungen war die CSU von 1949 bis 1969 beteiligt; weiterhin an der Regierung Kohl seit 1. Oktober 1982.

Die nach wie vor beachtlichen Stimmenanteile auch bei den Bundestagswahlen können jedoch nicht verdecken, daß die Wähler der CSU ihrer Partei in letzter Zeit bei verschiedenen Wahlen Denkzettel verabreicht haben. Bereits bei der Landtagswahl im Oktober 1986, als die *Republikaner* mit 3,1 % in Bayern debütierten, horchte man auf. Beim ersten Kräftemessen nach dem Tode von *Franz Josef Strauß*, bei der Europawahl vom 18. 6. 1989, rutschten CDU und CSU zusammen um 8,3 % auf 37,7 % ab. Die CSU, bis dahin gewohnt, in der Formel „55 + x %“ zu denken, brachte mit 45,5 % auf Landesebene ein Resultat deutlich unter der absoluten Mehrheit ein. Die *Republikaner* – bundesweit auf 7,1 % aufgerückt – brachten es in Bayern auf 14,6 %.

Bei der Kommunalwahl am 18. 3. 1990 setzte sich der Abwärtstrend für die CSU fort: Mit einem Verlust von 7,2 % sank der Stimmenanteil auf 41,9 % (1984 = 49,1 %). Allein in 13 Landkreisen büßte die CSU ihre absolute Mehrheit ein.

Die CSU versuchte, das Ergebnis nicht als negative Bilanz zu werten, wurde jedoch bei der Stichwahl vom 2. April 1990 in rund 150 Kommunen nochmals herb enttäuscht. Besonders schmerzlich traf die CSU der Wahlerfolg der SPD in *Regensburg, Passau* und *Kempten*, in Städten also, die bis dahin als sicheres Terrain für sie galt.

Aufwärts ging es dann in der 2. Hälfte des Jahres 1990: Bei den Landtagswahlen im Oktober behauptete die CSU ihre absolute Mehrheit; bei der Bundestagswahl verlor sie zwar in Bayern 3,8 %, blieb aber dennoch über 50 % und wurde mit CDU und FDP in der Koalition bestätigt. Mit der DSU im Osten Deutschlands hatte sie weniger Glück: Bei den Landtagswahlen in der ehemaligen DDR erreicht sie nur in Sachsen und Thüringen etwas mehr als 3 %, in den anderen Ländern blieb sie unter 2 %. Bei der ersten gesamtdeutschen Wahl sackte sie auf 0,2 % ab.

5.2.2 Strategie

Die Strategiedebatten in der CSU weisen zwei Stoßrichtungen auf: einmal in Richtung CDU, der sie mit bundesweiter Ausdehnung drohte, zum anderen in Richtung *Republikaner*, die der CSU am rechten Rand zu schaffen machten.

Seit dem Scheitern von *Helmut Kohl* als Bundeskanzlerkandidat bei der Bundestagswahl 1976 dachte *Franz Josef Strauß*, der mit 60 % der Zweitstimmen ein Rekordergebnis in Bayern erzielte, über eine *Vierte Partei* nach, mit der er die Parteienlandschaft auflockern wollte. Dabei blieb zunächst unklar, ob *Strauß* die *Vierte Partei* als bundesweite CSU sah oder ob er eine neue eigenständige Partei anstrebte. Konkrete Formen nahmen diese Überlegungen mit dem Beschluß an, den 30 von 53 der am 3. 10. 1976 neugewählten CSU-Bundestagsabgeordneten am 19. 11. 1976 in *Wildbad Kreuth* faßten: die seit 1949 bestehende Fraktionsgemeinschaft mit der CDU aufzukündigen. Nach massiven Drohungen der CDU, sich auch nach Bayern auszudehnen, lenkte *Franz Josef Strauß* ein. Am 12. 12. 1976 trafen CDU und CSU Vereinbarungen über die künftige Zusammenarbeit. U.a. wurde die Fraktionsgemeinschaft im Bundestag für die 8. Legislaturperiode erneuert.

Die CSU vermochte sich mit der für die Fraktionsgemeinschaft von CDU/CSU wohl folgenreichsten Forderung durchzusetzen, wonach sie ,,eine von der Mehrheit der Fraktion abweichende Meinung in einer Frage von grundsätzlicher Bedeutung im Bundestag selbständig vertreten" kann, ,,wenn sie nach der Erörterung der Frage in der Fraktion dieses Verlangen stellt".

In der Vereinbarung ,,über die Grundlagen der politischen Zusammenarbeit während der Legislaturperiode im 8. Deutschen Bundestag" wird festgehalten, daß beide Parteien jede für sich ,,einen *bundesweiten* Anspruch der von ihr vertretenen Politk" erheben. Beide Unionsparteien verpflichten sich, ,,die Ausweitung jeglicher direkter oder indirekter Aktivitäten auf den Bereich des jeweiligen Partners nur im Einvernehmen mit diesem durchzuführen". Die Ausdehnung der CSU auf das übrige Bundesgebiet sowie die Gründung eines CDU-Landesverbandes Bayern ist danach nur in gegenseitigem Einverständnis zulässig.

Auch der Nachfolger von *Franz Josef Strauß, Theo Waigel*, wandte sich gegen eine bundesweite Ausdehnung der CSU, die Anfang 1989 nach den Erfolgen der *Republikaner* in Berlin wieder ins Gespräch kam. Er schloß sich der Analyse von *Franz Josef Strauß* aus dem Jahre 1976 an, daß der gemeinsame Verlust zweier konkurrierender Parteien größer sei, als ein potentieller strategischer Trennungsgewinn.

Neue Nahrung erhielt die Idee einer *Vierten Partei* im Zusammenhang mit den Vorgängen in der DDR. Sie konfrontierten die CSU erneut mit der ,,historischen Frage": ,,Bleiben wir eine regionale Partei oder nicht?"[4] Konkretisiert wurde das Problem durch die Gründung der ,,Deutschen Sozialen Union" (DSU) als Schwesterpartei der CSU in der DDR.[5] Man fragte sich, ob die CSU auf dem Umweg über eine Niederlassung in der DDR zur Bundespartei würde. Nach dem guten Abschneiden der konservativen *Allianz für Deutschland* bei den Volkskammerwahlen am 18. März 1990 jedoch betonte *Theo Waigel*, er sehe keinen Grund mehr, darüber zu diskutieren, ob die CSU bei künftigen Wahlen auch außerhalb Bayerns antreten solle. Auf der Vorstandssitzung am 19. 3. 1990 äußerte sich *Waigel* dahingehend, daß sich die CSU bei der gesamtdeutschen Wahl auf den Freistaat Bayern und die DSU auf das heutige Gebiet der DDR beschränken werde.

Nach der Wahl, Ende Dezember 1990, äußerte die DSU überra-

4) Manfred Hausmann, CSU-Sprecher, auf der Klausurtagung in Wildbad Kreuth im Dezember 1989. Vgl. dazu auch: J. W. Falter/S. Schumann, Konsequenzen einer bundesweiten Kandidatur der CSU bei Wahlen, in: Aus Politik und Zeitgeschichte, B 11 – 12/91, 8. März 1991, S. 33 ff.

5) Vgl. das Kapitel: Die Bundesparteien und die DDR-Parteien.

schend die Absicht, sich, statt wie vor der Wahl angekündigt, im Osten der Bundesrepublik zu regionalisieren, auf das ganze Bundesgebiet auszudehnen. Diese Ankündigung veranlaßte Generalsekretär *Erwin Huber* zu der Äußerung, das könne die Zusammenarbeit beider Parteien in Frage stellen. Wenig später, im März 1991, kündigte Parteichef *Waigel* an, die CSU werde noch im Jahre 1991 mit der CDU über eine mögliche Ausweitung der bayerischen Partei auf Ostdeutschland reden. Es kam zu einer neuen Strategiedebatte, die jedoch in dem Veto von CDU-Chef *Helmut Kohl* bei den Irseer Gesprächen ein Ende fand.

Nicht weniger heftig als das Thema *Vierte Partei* beschäftigten die *Republikaner* mit ihren Wahlerfolgen die CSU. Anfangs sah man die Erfolge der Partei noch mehr als Problem der CDU, obwohl die *Republikaner* bei der Landtagswahl in Bayern 1986 bereits einen Schock ausgelöst hatten. Man versuchte immer wieder im CSU-Vorstand, das Problem dieser Partei herunterzuspielen. Erst kurz vor der Europawahl im Juni 1989 ging die CSU – ebenso wie die CDU – zum Frontalangriff gegen die *Republikaner* über mit einer achtseitigen Dokumentation „Republikaner auf Radikalkurs" und überlegte nach dem hohen Wahlsieg der Republikaner bei der Europawahl, ob eine neue Strategie vonnöten sei, um die Wähler vor den *Republikanern* zu schützen. Der bald einsetzende Rückgang der *Republikaner* bei Umfragen wie bei den Kommunalwahlen in Bayern entschärfte die Debatte weitgehend.

5.2.3 Programmatik

Die programmatischen Äußerungen der CSU zeichnen sich durch Stetigkeit aus. Seit dem Kriege sind vier *Grundsatzprogramme* (1946, 1957, 1968, 1976) und mehrere *Aktionsprogramme* beschlossen worden. Eine Zäsur in der programmatischen Entwicklung bildeten die Wahlen von 1969. „Die Bundestagswahlen 1969 offenbarten ein Dilemma. Die Unionsparteien konnten zwar auf eine erfolgreiche Politik verweisen, aber die Grundlagen ihres politischen Handelns waren nicht genügend sichtbar geworden. Der praktischen Politik fehlte die Zündkraft der politischen Ideen."[6] Als 2. Tagungspunkt der

6) Theo Waigel, Ideenpolitische Grundlagen einer christlich-sozialen Politik, in: „Die Grundsatzdiskussion der CSU", München 1977, S. 39.

Landesvorstandssitzung der CSU vom 29. Januar 1973 wurde daher auf Vorschlag des Parteivorsitzenden *Franz Josef Strauß* die Bildung eines Ausschusses für grundsätzliche und programmatische Fragen der Partei behandelt, mit der Absicht, das Programm von 1968 zu überprüfen und zu überarbeiten. Zum Vorsitzenden der „Kommission für Grundsatzfragen" ernannte der Vorstand *Theo Waigel*. Nach Diskussion eines ersten Entwurfes im Jahre 1975 wurde dieses vierte Grundsatzprogramm der CSU am 13. März 1976 verabschiedet.

Das Verbindende der vier CSU-Grundsatzprogramme sieht *Michael Zöller* so: „Programmatische Bestandsaufnahme bedeutet, Tatsachen und Absichten miteinander zu konfrontieren. Für die Unionsparteien ergibt sich daraus die ständige Aufgabe, einerseits Veränderungen zu analysieren und andererseits die Prinzipien eines christlichen Politikverständnisses auf neue Gegebenheiten anzuwenden."[7] Eine solche neue Gegebenheit war zum Beispiel das Vordringen des Sozialismus in Europa. Das 4. Grundsatzprogramm der CSU nannte *Theo Waigel* daher im Vorwort zum Entwurf „ein modernes Kontrastprogramm zum Sozialismus". Es geht dabei nicht um eine grundsätzliche Neuorientierung, da die Grundaussage aller CSU-Programme auf einer einheitlichen politisch-weltanschaulichen Basis beruht. Das *Vierte Grundsatzprogramm* sagt zum „Selbstverständnis und Auftrag" der Christlich-Sozialen Union u.a. folgendes:

„Die Christlich-Soziale Union ist eine Partei, in der Bürger aller sozialen Schichten und gesellschaftlichen Gruppen zusammenarbeiten . . .

Die Christlich-Soziale Union sieht die Grundlage ihrer politischen Arbeit in einem Menschenbild, das von christlichen Wertvorstellungen geprägt ist . . .

Die Christlich-Soziale Union ist eine konservative Partei, weil sie sich einer dauerhaften Wertordnung verpflichtet weiß. Sie anerkennt Fortschritt auf der Basis des Bestehenden. Sie ist eine liberale Partei, weil sie für die Grundrechte des Bürgers und seiner Freiheit eintritt. Sie ist eine soziale Partei, weil sie sich für alle Menschen, be-

7) Michael Zöller, Gesellschaftlicher Wandel, Freiheitsbegriff und christliches Politikverständnis, ebd. S. 27.

sonders die schwächsten, einsetzt. Sie tritt für eine gerechte Gesellschaftsordnung ein."

Auf dem CSU-Parteitag Ende November 1988 kündigte *Theo Waigel* eine Neufassung des Grundsatzprogramms der CSU von 1976 an. ,,Neue Fragen erfordern neue Antworten." *Edmund Stoiber*, bayerischer Innenminister, damit beauftragt, das CSU-Grundsatzprogramm in dieser Bedeutung fortzuentwickeln, sieht dafür vor allem zwei Notwendigkeiten: zum einen auf die Vorgänge im Ostblock zu reagieren, zum anderen die Soziale Marktwirtschaft ökologisch auszubauen.

Durch die Wiedervereinigung wurde die Diskussion um ein neues Grundsatzprogramm nochmals aktualisiert. Auf dem Deutschlandpolitischen Kongreß der CSU im Mai 1990 erklärte *Edmund Stoiber*, für die CSU bringe der deutsche Einigungsprozeß die Notwendigkeit mit sich, sich bis Anfang 1992 ein ganz neues Grundsatzprogramm zu geben.

Dem Ziel des ökologischen Umbaus der Marktwirtschaft diente das *Diskussionspapier* ,,Die Zukunft der Industriegesellschaft", dessen Entwicklung auf dem CSU-Parteitag 1984 beschlossen und dessen Entwurf im Dezember 1988 vorgestellt wurde. Ziel dieses Diskussionspapiers: die Schwerpunkte der CSU-Politik für die weitere Entwicklung der Industriegesellschaft zusammenzufassen und zu erläutern. In diesem Diskussionspapier wird der Standpunkt vertreten, daß die durch die Technik verursachten Umweltprobleme nur durch eine bessere Technik gelöst werden können. ,,Wirtschaftswachstum und Umweltbelastung stehen nicht in einem unauflösbaren Zusammenhang. Durch den Einsatz besserer Technik ist eine Entkoppelung von Wirtschaftswachstum und Umweltbelastung möglich."

Letztes Glied in der programmatischen Entwicklung der CSU ist ein neues *Umweltprogramm*, in dessen Entwurf erstmals ein Tempolimit und eine Umweltabgabe gefordert wurden. Das *Umweltprogramm* sollte auf dem kleinen CSU-Parteitag in Ansbach im Juli 1991 verabschiedet werden, was jedoch erst auf dem großen Parteitag in Nürnberg im November nach Verzicht auf die genannten Forderungen geschah.

5.2.4 Organisation und Struktur[8)]

Mitgliedschaft

Mitglied der CSU kann jeder Deutsche werden, der das 16. Lebensjahr vollendet hat und bereit ist, die Grundsätze der Partei anzuerkennen und die Ziele der Partei zu fördern. Er darf keiner anderen Partei angehören. Als Mitglied hat er das Recht, an der politischen Willensbildung der Partei durch Diskussion, Anträge, Abstimmungen und Wahlen mitzuwirken. Das aktive Wahlrecht innerhalb der Partei steht dem Mitglied erst zwei Monate nach Aufnahme in die Partei durch den zuständigen Vorstand zu; das passive Wahlrecht beginnt mit der Mitgliedschaft.

Im Ausland lebende Deutsche können Mitglieder der CSU werden; CSU-Mitglieder, die ins Ausland ziehen, behalten ihre Mitgliedschaft beim bisherigen Wohnsitzverband. Weiterhin können sich im Ausland lebende CSU-Mitglieder auch gebietsweise zu einer CSU-Gruppe zusammenschließen. Zur Gründung einer Auslandsgruppe sind mindestens sieben Mitglieder notwendig.

Der Mitgliedsbeitrag unterliegt der Selbsteinschätzung der Mitglieder nach ihrem Nettoeinkommen. Er soll nach dem Finanzstatut pro Monat betragen:

Bis 1000 DM	4,– DM
bis 2000 DM	5,– DM
bis 3000 DM	7,50 DM
bis 4000 DM	15,– DM
bis 5000 DM	30,– DM
je weitere 1000 DM	10,– DM mehr

Mitglieder mit sehr geringem oder keinem Einkommen zahlen monatlich 2,-- DM.

Die Beiträge verteilen sich nach folgendem Schlüssel:

1,50 DM an den Landesverband
0,25 DM an den Bezirksverband
0,25 DM an die Bundeswahlkreisgeschäftsstelle
1,– DM an den Kreisverband
1,– DM an den Ortsverband

8) Die folgenden Ausführungen stützen sich u.a. auf Satzung und Finanzstatut der CSU, Stand: Januar 1990.

Die Mitgliederzahl der CSU ist seit der Gründung fast permanent gestiegen, von 70 000 im Jahre 1946 auf 184 908 zum 31. 12. 1991. Die Mitgliederanalyse[9)] der CSU von 1990 weist folgende Struktur auf: 84,7 % der Mitglieder sind männlichen Geschlechts, 76,8 % bekennen sich zum röm.-kath. Glauben. Nur 7 % der Mitglieder sind unter 30 Jahre. Von den 149 585 berufstätigen Mitgliedern sind:

Arbeiter	18,3 %
Angestellte	30,2 %
Beamte	15,9 %
Landwirte	12,8 %
Selbständige	19,2 %
Freiberufler	2,7 %

Organisatorische Gliederung

Kurt Sontheimer stellte 1984 fest: „Die CSU ist heute die am wirksamsten organisierte, am stärksten mit der Gesellschaft verwachsene Landespartei in der Bundesrepublik Deutschland."[10)] Das gilt nach wie vor.

Organisationsformen der CSU sind: Ortsverbände (3000), Kreisverbände (100), Bezirksverbände (10) und der Landesverband.

Der *Orstverband* besteht in der Regel aus einer Gemeinde bzw. Gemeinde- oder Stadtteil. Zur Bildung eines Ortsverbandes sind mindestens sieben Mitglieder notwendig.

Der *Kreisverband* umfaßt in der Regel einen Landkreis, eine kreisfreie Stadt oder das Gebiet eines Landtagsstimmkreises in einer Großstadt.

Bezirksverbände sollen nach Möglichkeit das Gebiet eines Regierungsbezirks umfassen.

Die Organe des Landesverbandes

Die Organe des Landesverbandes sind a) der Parteitag, b) der Parteiausschuß, c) der Landesvorstand und d) das Präsidium.

9) Mitteilung der CSU-Landesgeschäftsstelle vom 20. Januar 1991.
10 Kurt Sontheimer, a.a.O., S. 143.

Der *Parteitag* setzt sich u.a. zusammen aus Mitgliedern des Landesvorstandes, den Bezirksvorsitzenden, Vertretern der Bezirks- und Kreisverbände; den Präsidenten und Vizepräsidenten des Europäischen Parlaments, des Deutschen Bundestages und des Bayerischen Landtages, den Mitgliedern der Bundesregierung und der Bayerischen Staatsregierung und den parlamentarischen Staatssekretären, sofern sie der CSU angehören. Der Parteitag beschließt über die Grundlinien der Politik der CSU, über das Parteiprogramm sowie über Satzung, Finanzstatut und Schiedsgerichtsordnung. Des weiteren nimmt er die Rechenschaftsberichte der Partei entgegen.

Den *Parteiausschuß*, der grundsätzliche politische Probleme behandelt, über Aktionsprogramme beschließt und die Berichte der Landesgruppen der CSU im Deutschen Bundestag und der CSU-Fraktion im Bayerischen Landtag entgegennimmt, bilden u.a.: die Mitglieder des Landesvorstandes, die Bezirksvorsitzenden und Vertreter der Bezirksverbände sowie Präsidenten und Vizepräsidenten des Europäischen Parlaments, des Deutschen Bundestages und des Bayerischen Landtages, wenn sie der CSU angehören.

Zum *Landesvorstand* zählen u.a.: Der Landesvorsitzende mit seinen vier Stellvertretern (unter ihnen eine Frau), der Generalsekretär und der Landesgeschäftsführer, der Bayerische Ministerpräsident (soweit er der CSU angehört), ein CSU-Mitglied der Bundesregierung sowie der Vorsitzende der CSU-Fraktion im Bayerischen Landtag und der Landesvorsitzende der Jungen Union. Zur Aufgabe des Landesvorstandes zählen in erster Linie die Vertretung der Partei in der Öffentlichkeit sowie die Berufung des Generalsekretärs wie des Landesgeschäftsführers.

Das *Präsidium* endlich besteht aus dem Landesvorsitzenden mit seinen vier Stellvertretern, den zwei Landesschatzmeistern und Landesschriftführern, dem Generalsekretär und dem Landesgeschäftsführer, dem Vorsitzenden der Finanzkommission und sieben weiteren Mitgliedern des Landesvorstandes. Es behandelt besonders dringliche Probleme und erledigt die laufenden Geschäfte der Partei.

Sonderorganisationen

Neben der Jugendorganisation Junge Union (siehe dort) nennt das Statut der CSU folgende Arbeitsgemeinschaften:

Frauen Union (FU)
Arbeitnehmer-Union (CSA)
Arbeitsgemeinschaft Landwirtschaft
Kommunalpolitische Vereinigung
Arbeitsgemeinschaft Mittelstand
Union der Vertriebenen

Eine rechtlich selbständige Sonderorganisation ist der 1948 gegründete Wirtschaftsbeirat der Union e.V. Außerdem gibt es neben den offiziellen Arbeitsgemeinschaften neuerdings die Schülerunion (SU).

Jugendorganisation

Junge Union Bayern: Wie die Arbeitnehmer-Union (CSA) arbeitet auch die Junge Union (JU) in Bayern mit der vergleichbaren Organisation in der CDU-Schwesterpartei eng zusammen. Als Nachwuchsorganisation der CSU hat die Junge Union die besondere Aufgabe, die junge Generation an das politische Leben heranzuführen und zur Mitarbeit in der praktischen politischen Arbeit zu gewinnen.

Die Junge Union Bayern zählte am 31. 12. 1991 44 481 Mitglieder. Landesvorsitzender ist seit April 1991 *Markus Sackmann.*

5.3 Freie Demokratische Partei (FDP)

5.3.1 Entwicklung

Nach 1945 entstand nicht auf einmal eine liberale Partei; sie erwuchs erst, ähnlich wie die CDU, aus einer Mehrzahl regionaler Traditionen und Vereinigungen.

Auch für die überlebenden Liberalen wurde die alte Reichshauptstadt der Ort, an dem sich zuerst neues parteipolitisches Wirken zeigte. Die früheren Reichsminister *Wilhelm Külz* und *Eugen Schiffer* ergriffen mit einigen Freunden die Initiative zur Gründung einer *Deutschen Demokratischen Partei* (16. Juni 1945)[1], die aber schon

1) Der Name „Deutsche Demokratische Partei" ist mit dem Namen der nach 1918 gegründeten liberalen Partei identisch, die die alte Nationalliberale- und die Fortschritts-Partei verschmelzen wollte. Vgl. W. Stephan, Aufstieg und Verfall des Linksliberalismus 1918 – 1933, Göttingen 1973; Th. Heuss, Erinnerungen, Tübingen 1963, S. 233 ff. (Heuss war von 1924 – 1928 und 1930 – 1933 Mitglied des

am 10. Juli 1945 in *Liberale Demokratische Partei Deutschlands (LDP)* umbenannt wurde. Den ersten Vorsitzenden *Waldemar Koch* löste *Külz* im November 1945 ab. Auf dem Delegiertentag von Weimar im Februar 1946 wurde durch zu großes Entgegenkommen gegenüber den sowjetischen Wünschen die eigene Freiheit geopfert. In Berlin selbst – jedenfalls in den westlichen Sektoren – führte die Entwicklung zur freiheitlichen Front mit den übrigen sich örtlich höchst unterschiedlich nach Gründungszeit, Name und politischer Zielsetzung im Westen bildenden liberalen Parteien. Eine Dachorganisation der liberalen Gesamtpartei mit *Wilhelm Külz* und *Theodor Heuss* als gleichberechtigten Vorsitzenden hatte nur zehn Monate Bestand. ,,Die Zonen-LDP wurde immer mehr für die Blockpolitik vereinnahmt, und als Ende 1947 die LDP an einem Volkskongreß teilnahm (*Jakob Kaiser* hatte für die CDU abgesagt), trennten sich die Wege.''[2] Erst 1990 kamen sie wieder zusammen.

In *Württemberg* wurde bereits am 18. September 1945 die *Demokratische Volkspartei* (DVP) gegründet, mit *Reinhold Maier* und *Theodor Heuss*, die die altliberal-demokratische Richtung verkörperten.[3] Im Gegensatz zu den Bestrebungen anderer bürgerlicher Kreise, das künftige politische Leben im Staate allein aus christlichem Geist erneuern zu wollen, betonte die DVP ihre traditionelle Bindung an den Humanismus und warnte vor einer Vermischung der Aufgabengebiete von Staat und Kirche.

In *Bayern* ließ die amerikanische Militärregierung bis 30. November 1945 62 Kreisparteien unterschiedlicher Benennung zu, die sich zur *Freien Demokratischen Partei (FDP)* zusammenschlossen, der die Militärregierung im Mai 1946 die Lizenz erteilte. *Thomas Dehler* wurde der erste Vorsitzende. Ihm ging es wie seinen württembergischen Freunden um die Wahrung des liberalen Erbes der ,,48er'', das sie nicht durch großzügige Aufnahme ehemaliger Deutschnationaler und Nationalsozialisten kompromittiert sehen wollten.

Reichstages und Mitglied der Deutschen Demokratischen Partei bzw. der Deutschen Staatspartei); S. Neumann, Die Parteien der Weimarer Republik, 2. Aufl., Stuttgart 1970, S. 48 ff.

2) Rolf Zündel, Die Legende von Heppenheim, Die Zeit Nr. 50 v. 9. Dezember 1988.

3) Zur Gründung der DVP: H. G. Wieck, Christliche und Freie Demokraten in Hessen, Rheinland-Pfalz, Baden und Württemberg, Düsseldorf 1956, S. 147 ff., 175 ff.

In *Hessen* bildete sich im Laufe des Sommers 1945 die *Liberal-Demokratische Partei (LDP)*, die im Juni 1946 in Gießen ihren ersten Parteitag abhielt. Zu ihren Gründern gehörte u.a. *August Martin Euler*, der 1946 zum Landesvorsitzenden der in kurzer Zeit erstarkten Landespartei gewählt wurde.

Wie in Nordrhein-Westfalen hatten in Hessen die unternehmerfreundlichen Nationalliberalen das Übergewicht.

In *Bremen*, das zur US-Zone gehörte, arbeiteten Liberale in der *Bremer Demokratischen Volkspartei*, die dann eine Spaltung erlebte, als ein Teil ihrer Anhänger zur CDU übergetreten war.

Innerhalb der *amerikanischen Zone* bildeten die DVP von Württemberg-Baden, die FDP von Bayern und die LDP von Hessen am 29. September 1946 eine Dachorganisation, die aber den einzelnen Landesparteien absolute Selbständigkeit beließ.

Im heutigen Bundesland *Nordrhein-Westfalen* entstanden aus einer Vielzahl von liberalen Parteien im Frühjahr 1946 die Landesverbände *Rheinland* unter dem Vorsitzenden *Friedrich Middelhauve*, dem *Erich Mende* als Organisationsleiter zur Seite stand, und *Westfalen* unter dem Vorsitzenden *Gustav Altenhain*. Diese beiden Landesverbände vereinigten sich im Mai 1947. Auf dem ersten gemeinsamen Landesparteitag im August 1947 wurde *Middelhauve* zum Vorsitzenden gewählt.

In *Niedersachsen* entstanden Landesverbände der FDP in Oldenburg, Braunschweig und Hannover, die sich im Mai 1947 unter Führung von *Franz Henkels* zum *Landesverband Niedersachsen der FDP* zusammenschlossen.

In *Hamburg* bildete sich am 20. September 1945 die *Partei Freier Demokraten*. Ein Vorläufer dieser Hamburger Partei war der Ende Mai 1945 gegründete *Bund Freies Hamburg*.

In *Schleswig-Holstein* gründeten alte Liberale die *Demokratische Union*. Als sich diese Partei im Februar 1946 der CDU anschloß, spalteten sich die liberalen Demokraten unter Führung von *Peter Chr. Asmussen* ab und gründeten einen eigenen Landesverband innerhalb der FDP der britischen Besatzungszone, der im Mai 1946 von der Besatzungsmacht anerkannt wurde.

Am 7./8. Januar 1946 fand in Opladen die Gründung der *Freien Demokratischen Partei der Britischen Zone (FDP)* statt. Diese zonale Parteigründung erfolgte also eher, als sich alle Verbände in den

Ländern der Zone konstituiert hatten. Auf dem ersten Parteitag am 18./20. Mai 1946 in Bad Pyrmont wurden *Wilhelm Heile* zum Präsidenten und *Franz Blücher* zum Vorsitzenden gewählt.

In der *französischen Besatzungszone* wurde bekanntlich die Bildung von Parteien stark verzögert. In *Südbaden* wurde am 12. Januar 1946 in Freiburg die *Demokratische Partei (DP)* gegründet, in *Württemberg-Hohenzollern* hielten die Liberalen Kontakt mit der DVP in Stuttgart, so daß auch hier eine *Demokratische Volkspartei (DVP)* zustande kam. Erster Vorsitzender wurde 1946 *Wilhelm Wirthle*. Der bekannteste Repräsentant dieser Landespartei war *Eberhard Wildermuth*.

In *Rheinland-Pfalz* wurde am 21. April 1947 die *Demokratische Partei (DP)* in Bad Kreuznach aus dem Zusammenschluß des im Mai 1946 zugelassenen *Sozialen Volksbundes* und der *Liberalen Partei (LP)* von Rheinhessen und Koblenz gebildet.

In *Heppenheim* an der Bergstraße trafen sich am 11. und 12. Dezember 1948 Delegierte aller liberalen Landesparteien in den drei westlichen Besatzungszonen und beschlossen den Zusammenschluß ihrer Landesparteien in der *Freien Demokratischen Partei (FDP)*. Zum ersten Parteivorsitzenden wählten sie Professor *Theodor Heuss*. „Die einzige Gemeinsamkeit dieser regionalen Parteiorganisationen . . . war der Grundkonsens, eine bürgerliche Partei zu sein.“[4)]

Die FDP war mit fünf stimmberechtigten Mitgliedern im *Parlamentarischen Rat* vertreten: *Max Becker* (Hessen), *Thomas Dehler* (Bayern), *Theodor Heuss* (Württbg.-Baden), *Hermann Höpker-Aschoff* (Nordrhein-Westfalen) und *Hermann Schäfer* (für die norddeutschen Länder). Die Nennung dieser Namen ruft in Erinnerung, daß sich diese relativ kleine Partei an der Arbeit am Grundgesetz einen wesentlichen Anteil zu sichern wußte. Bei der ersten Bundestagswahl am 14. August 1949 erhielt die FDP 11,9 %, so daß sie mit 52 Abgeordneten in den ersten Deutschen Bundestag einzog. Ihren Vorsitzenden gab sie an den Staat ab: *Theodor Heuss* wurde der erste Bundespräsident und blieb zehn Jahre in seinem Amt. Am 12. Dezember 1963 starb dieser große, weit über seine Partei hinweg verehrte Liberale.

4) W. Benz, a.a.O., S. 140.

In die erste Bundesregierung trat die FDP mit ein. Von insgesamt 14 Ministern stellte sie drei: *Franz Blücher* wurde Bundesminister für Angelegenheiten des Marshallplans, zugleich Vizekanzler, *Thomas Dehler* Justizminister und *Eberhard Wildermuth* Wohnungsbauminister. *Franz Blücher* führte als stellvertretender Bundesvorsitzender zunächst die Partei, die ihn 1950 zum Vorsitzenden wählte.

Während der ersten Regierungsjahre trug die FDP entscheidend mit dazu bei, daß *Ludwig Erhard*, der 1945/46 als Liberaler in Bayern Wirtschaftsminister gewesen war, seine Marktwirtschaftspolitik durchsetzen konnte. Auch auf außenpolitischem Gebiet zeigten FDP und CDU weitgehend Übereinstimmung. In der Kulturpolitik waren die Parteien häufig gegensätzlicher Auffassung. Da aber die Kulturpolitik der Zuständigkeit der Länder zugeordnet wurde, wirkte sich diese Gegensätzlichkeit in Bonn weniger aus.

Auf dem Parteitag in Wiesbaden am 5. bis 7. März 1954 wurde *Thomas Dehler* zum neuen Bundesvorsitzenden gewählt. Mit dieser Wahl kam der Wille zum Eigenleben der Partei gegenüber dem Koalitionspartner deutlich zum Ausdruck, was sich in recht erfolgreichen Ergebnissen bei den Landtagswahlen der Jahre 1954 bis 1956 niederschlug. In acht Landesregierungen war die FDP als Koalitionspartner. Zum ernsthaften Konflikt kam es, als die der FDP angehörenden Bundesminister im Oktober 1957 das deutsch-französische Saar-Abkommen im Gegensatz zu den Beschlüssen der Parteigremien akzeptierten. Der Konflikt konnte nur mühsam und nur vorübergehend überbrückt werden. Die *Demokratische Partei Saar (DPS)* führte einen energischen Kampf gegen das Saar-Statut, das am 23. 10. 1955 in der Volksabstimmung an der Saar abgelehnt wurde. Der FDP wurde von *Konrad Adenauer* am 22. November 1955 ein Ultimatum gestellt. Die Partei sollte sich als Koalitionspartner seinem außenpolitischen Kurs beugen und die Unabänderlichkeit der ,,Pariser Verträge“ anerkennen. Die FDP lehnte das Ultimatum am 29. November ab. Wenige Tage später publizierte die CDU einen Vorschlag zur Änderung des Wahlgesetzes, der für die FDP die Gefahr bedeutet hätte, daß sie die Hälfte der von ihr errungenen Bundestagssitze bei neuer Wahl verlieren würde. Dieses ,,Graben-Wahlsystem“ veranlaßte die FDP in *Nordrhein-Westfalen*, ihre Koalition mit der CDU zu lösen und am 20. 2.1956 mit der SPD unter *Fritz Steinhoff* eine Koalition einzugehen.

Am 23. Februar 1956 erreichte die Krise ihren Höhepunkt. Die FDP kündigte auch die Koalition im Bund. Ihre Minister *Blücher, Neumayer, Preusker* und *Schäfer* folgten dem Parteibeschluß nicht, traten vielmehr aus der FDP aus und behielten ihre Ministersitze bei. Mit 12 weiteren FDP-Bundestagsabgeordneten unter Führung von *August Martin Euler* bildeten sie im Bundestag zunächst die *Demokratische Arbeitsgemeinschaft* und gründeten dann die *Freie Volkspartei (FVP)*, die sich im September mit der *Deutschen Partei* arrangierte, um dann im Mai 1957 ganz in dieser aufzugehen. Diese Krise der FDP hatte aber auch eine positive Auswirkung. Kaum eine andere Organisation der Partei schloß sich dem sogenannten „Bundesministerflügel" an. Vielmehr zeigte sich der Wille der unteren Gliederungen, die Geschlossenheit der Partei zu erhalten.

Nach dem schlechten Ergebnis bei der Bundestagswahl 1957 (7,7 %) versuchten Kräfte innerhalb der FDP, die sich nun auf der Oppositionsbank wiederfanden, erstmals eine ideelle Lösung aus dem Bürgerblock, was jedoch nicht gelang.

Während der Oppositionszeit (1957 – 1961) mußte die FDP erkennen, daß man nicht mehr wie in der Weimarer Republik von der größeren Abnutzung in der Regierung sprechen kann, sondern eher von einer solchen auf den Oppositionsbänken. Dies vor allem dann, wenn die Regierung im allgemeinen mit Erfolgen vor die Wähler treten kann. Die FDP war folglich entschlossen, den Bundestagswahlkampf 1961 mit neuer Kraft zu führen, weshalb sie auf dem Stuttgarter Parteitag im Januar 1960 einen Generationswechsel vollzog. In Anwesenheit von Altbundespräsident *Heuss* wurde auf Vorschlag von *Reinhold Maier Erich Mende* zum 1. Vorsitzenden gewählt.

Die Bundestagswahl 1961 brachte für die FDP mit einem Stimmenanteil von 12,8 % ein hervorragendes Ergebnis und gleichzeitig die Rückkehr in den Bürgerblock: Mit 67 Abgeordneten kam die FDP in den Bundestag zurück und erneuerte die Koalition mit der CDU/CSU, die ihr fünf von den 21 Kabinettsposten einräumte. *Erich Mende* war in die Regierung nicht eingetreten, da er zuvor erklärt hatte, seine Partei werde sich nicht an einer Koalition unter Führung Adenauers beteiligen. Da *Erich Mende* während des Wahlkampfes die Parole ausgegeben hatte: „Mit der CDU, aber ohne *Adenauer*", dann jedoch wieder eine Koalition mit der CDU und

Adenauer einging, belastete er die FDP mit dem Stigma der ,,Umfallpartei'', von dem sie sich nie ganz zu lösen vermochte.

Es kam jedoch bald zu erneuten Differenzen zwischen den Koalitionspartnern.

Um den Rücktritt des damaligen Verteidigungsministers *Strauß* zu erzwingen, erklärten am 9. November 1962 die FDP-Minister ihren Rücktritt. Die CDU/CSU-Minister traten nach einigen Tagen ebenfalls zurück. Damit war der Weg für die von *Mende* angebotenen Verhandlungen über eine neue Regierungsbildung frei. *Adenauer* ließ jedoch zunächst durch den damaligen Bundeswohnungsbauminister *Lücke*, den Minister *Krone* und den *Freiherrn von Guttenberg* bei der SPD vorfühlen, ob sie zu einer Großen Koalition bereit sei. Die SPD verzichtete aber schließlich auf Fortsetzung der Koalitionsgespräche. Am 11. Dezember stellte Adenauer sein 5. Kabinett vor, in dem wiederum fünf von 21 Bundesministern der FDP angehörten. Als der Deutsche Bundestag am 16. Oktober 1963 Professor *Ludwig Erhard* zum Bundeskanzler wählte, verblieben die Minister *Bucher, Dahlgrün, Lenz* und *Scheel* im Kabinett. Der Bundesvertriebenenminister *Wolfgang Mischnick* gab sein Ministeramt auf, so daß *Erich Mende* der Regierung beitreten konnte. Er übernahm das Ministerium für gesamtdeutsche Fragen und das Amt des Vizekanzlers.

Auf dem Duisburger Parteitag 1964 und dem Nürnberger Parteitag 1966 wurde *Mende* jeweils in seinem Amt bestätigt. Nach der Bundestagswahl 1965, bei der die FDP von 12,8 % im Jahre 1961 auf 9,5 % absank und mit 49 Mandaten in den 5. Bundestag einzog, bildete sie mit der CDU/CSU eine neue Regierung, in der sie mit vier Ministern vertreten blieb. Im November 1966 kam es zum Koalitionsbruch, für den einmal der Konflikt über den Bundeshaushalt 1967 ausschlaggebend wurde, zum anderen aber auch die inneren Streitigkeiten in der CDU/CSU bezüglich der Führungsposition *Erhards.*

In eine Führungskrise, die zunächst mehr spektakulären Versuchsübungen im Hinblick auf den Freiburger Parteitag im Januar 1968 glich, kam die FDP Anfang September 1967, als *Mende* bekanntgab, nicht mehr für das Amt des Parteivorsitzenden kandidieren zu wollen. Zu seinem Nachfolger wählte man auf dem Parteitag in Freiburg (Brsg.) am 30. 1. 1968 mit 216 von 251 Stimmen *Walter Scheel*, der von Oktober 1961 bis Oktober 1966 Bundesminister für wirtschaftliche Zusammenarbeit gewesen war und am 8. 9. 1967 als Nachfolger des am 21. Juli 1967 verstorbenen *Thomas Dehler* zum Vizepräsidenten des Deutschen Bundestages gewählt wurde. Stellvertretende Vorsitzende wurden *Hans-Dietrich Genscher, Wolfgang Mischnick* und *Hermann Müller*.

Während der zweiten Oppositionszeit von 1966 bis 1971 arbeiteten Reformer innerhalb der Partei auf eine sozial-liberale Koalition hin. Schon bei der Neuwahl des Bundespräsidenten im März 1969 wurde der neue Kurs der (nun F. D. P. abgekürzten)[5] Partei deutlich. Man unterstützte den Sozialdemokraten *Gustav Heinemann* und trat mit der SPD sehr rasch nach der Bundestagswahl vom 28. 9. 1969 in eine Koalition ein, die bis 1982 währte. Programmatische Grundlagen dafür waren die *Freiburger Thesen* von 1971. Durch sie wurde ,,der vorwiegend ökonomisch definierte Liberalismus der fünfziger und sechziger Jahre durch einen gesellschaftspolitischen Reformliberalismus überwunden.''[6]

Auf dem Freiburger Parteitag im Herbst 1971 wurde der frühere Bundesgeschäftsführer *Karl-Hermann Flach* (verstorben 1973) mit 345 von 348 Stimmen zum Generalsekretär der FDP gewählt. Der neue Generalsekretär betonte auf diesem Parteitag die Eingenständigkeit der FDP, die sich von der SPD, ihrem Koalitionspartner auf Bundesebene, deutlich abgrenzt. Die gesellschaftspolitischen Vorstellungen, die in den ,,Freiburger Thesen der FDP zur Gesellschaftspolitik'' formuliert wurden, zielen auf eine Stärkung und auf eine Vermehrung der Rechte des einzelnen ab, ,,während die SPD institutionelle Lösungen bevorzugt, beispielsweise in der Vermögensbildung und der gewerkschaftlichen Mitbestimmung'' *(Flach)*. Der neue Kurs der FDP wird in den ,,Freiburger Thesen'' als ,,sozialer Liberalismus'' bezeichnet.

Scheel wurde Außenminister und Vizekanzler der ersten sozialliberalen Koalition, *Genscher* Innenminister und der bislang nur in Bayern bekannte, eher ,,rechts'' zugeordnete *Josef Ertl* Landwirtschaftsminister.

5) In diesem Taschenbuch bleiben wir bei der in der Literatur allgemein üblichen Schreibweise FDP.

6) Hans Vorländer, Die FDP zwischen Erfolg und Existenzgefährdung, in: H. Oberreuter/A. Mintzel, Parteien in der Bundesrepublik Deutschland, a.a.O., S. 262.

Schuf die FDP in den fünfziger Jahren zusammen mit der FDP/CSU unter Führung *Konrad Adenauers* gegen den erbitterten Widerstand der SPD das Bündnis mit den Westmächten, so leitete sie zusammen mit der SPD gegen den Widerstand der CDU/CSU die neue Ostpolitik ein, die zum Abschluß der Verträge mit Moskau und Warschau führte.

Nach der Bundestagswahl 1972 setzte sie die Koalition mit der SPD fort. Im Kabinett war sie auf Grund des für sie günstigen Wahlausganges – die FDP erhielt 8,4 % aller Zweitstimmen – mit fünf Ministern vertreten. *Scheel, Genscher* und *Ertl* behielten ihre Ressorts, *Hans Friderichs* wurde Bundesminister für Wirtschaft und der Vater der Freiburger Thesen der FDP zur Gesellschaftspolitik, *Werner Maihofer*, Minister für besondere Aufgaben.

Nach dem Kanzlerwechsel im Mai 1974 wurde die sozial-liberale Koalition durch diese Veränderung der politischen Landschaft nicht in Frage gestellt. Nach der Wahl *Walter Scheels*, des damaligen Bundesministers des Auswärtigen zum vierten Bundespräsidenten in der Geschichte der Bundesrepublik Deutschland – zum zweiten Male bekleidete nunmehr nach *Theodor Heuss* ein FDP-Politiker dieses höchste Staatsamt – verblieben vier FDP-Minister in ihrem Amt: *Hans-Dietrich Genscher* (Außenminister), *Werner Maihofer* (Innenminister), *Hans Friderichs* (Wirtschaftsminister), *Josef Ertl* (Minister für Ernährung, Landwirtschaft und Forsten).

Durch die Übernahme des Amtes des Bundespräsidenten am 1. Juli 1974 durch *Walter Scheel*, der als langjähriger FDP-Parteivorsitzender durch seine Persönlichkeit die alt- und linksliberalen Flügel seiner Partei integrierte, wurde auch die Änderung der Führungsspitze dieser Partei erforderlich. Der 25. Bundesparteitag in Hamburg wählte *Genscher* am 1. Oktober 1974 mit 176 Stimmen (bei 58 Nein-Stimmen und 24 Enthaltungen) zum siebten Parteivorsitzenden der FDP.

Genscher wurde auf dem 27. Ordentlichen Bundesparteitag in Frankfurt/M. am 19./20. November 1976 mit 322 Stimmen wiedergewählt und auf dem FDP-Parteitag in Mainz am 12. November 1978 mit 336 von 383 Stimmen in seinem Amt bestätigt, also mit 14 Stimmen mehr als zwei Jahre zuvor. Bundesgeschäftsführer *Günter Verheugen* wurde auf diesem Kongreß auf Vorschlag *Genschers* mit 201 von 383 Stimmen zum *Generalsekretär* ernannt.

Der Freiburger Parteitag 1980, ganz im Zeichen der bevorstehenden Bundestagswahl, brachte noch einmal ein eindeutiges Bekenntnis zur Fortsetzung der sozial-liberalen Koalition, die die FDP auf Bundesebene und in vier Bundesländern eingegangen war. Nur in *Niedersachsen* und *Berlin* wich sie von dieser Linie ab (vgl. Strategie).

Durch das Scheitern der FDP an der Fünf-Prozent-Klausel in Hamburg (4,8 %) und Niedersachsen (4,2 %) im Jahre 1978 und 1980 in Nordrhein-Westfalen (4,98 %) geriet die FDP in eine politische Krise, die auch als Identitätskrise gedeutet wurde. Eine Krise, die durch das bessere Abschneiden bei den Wahlen in Hessen (6,6 %) und Bayern (6,2 %) nicht gemildert wurde.

So wurde die Bundestagswahl vom 5. Oktober 1980 zu einer Nagelprobe; wie die Wahlplakate verkündeten, ging es ,,ums Ganze". Das Ergebnis fiel mit 10,6 % der Zweitstimmen, 2,7 % mehr als 1976, so gut aus, daß die FDP als eigentlicher Sieger aus dieser Bundestagswahl hervorging und damit auch den Fortbestand der Koalition sicherte. Bei den Berliner Wahlen am 10. Mai 1981 verlor die FDP vier von 11 Mandaten und ging mit der SPD in die Opposition.

Bei den vier Landtagswahlen 1982 konnte die FDP nur in Niedersachsen mit 10 Mandaten wieder in den Landtag einziehen, in Hessen und Bayern verlor sie ihre Mandate; bei den beiden Hamburger Wahlen kam sie ebenfalls nicht über die Fünf-Prozent-Hürde.

Diese Ergebnisse spiegeln die innere Krise der FDP wider, die im Jahre 1982 parallel zur Krise der sozial-liberalen Koalition verlief. Der Bundeshaushalt 1983, den das FDP-Präsidium eine Bewährungsprobe für die Koalition nannte, wurde auch zu einer Bewährungsprobe für die FDP selbst. In der Partei gewann der Wirtschaftsflügel um *Lambsdorff* einen stärkeren Einfluß. Die Rechten förderten den Konfliktstoff innerhalb der Regierungskoalition, nicht zuletzt Wirtschaftsminister *Graf Lambsdorff* mit seinem 34 Seiten starken Papier, in dem er drastische Sparvorschläge in der Wirtschafts-, Finanz- und Sozialpolitik machte. *Schmidt* und *Brandt* forderten daraufhin am 14. September 1982 – wenn auch indirekt – den Rücktritt Lambsdorffs; drei Tage später erklärte Schmidt die sozial-liberale Koalition für beendet, nachdem die vier FDP-Minister des Kabinetts *Schmidt (Genscher, Lambsdorff, Ertl* und *Baum)* zurückgetreten waren. Die FDP-Bundestagsfraktion und der Parteivorstand sprachen sich daraufhin für Koalitionsverhandlungen mit der Union aus. Das führte auf dem linken Parteiflügel zu einem erheblichen Widerstand gegen den Kurs *Genschers.* Trotzdem wurden schon am 20. September 1982 Koalitionsverhandlungen mit der CDU/CSU aufgenommen, worauf der linke Parteiflügel auf einem Kongreß in Nordenstadt den Rücktritt *Genschers* forderte. Wenige Tage später, am 29. September, trat der zum linken Parteiflügel zählende FDP-Generalsekretär *Günter Verheugen* zurück. Er begründete seinen Rücktritt mit der Koalitionsentscheidung. Nachfolgerin als Generalsekretär wurde *Irmgard Adam-Schwaetzer*, die am 1. Juni 1984 von *Helmut Haussmann* abgelöst wurde.

Vor *Verheugen* hatten bereits andere prominente FDP-Bundespolitiker die Partei verlassen und eine Weiterarbeit in der SPD angekündigt: *Irmgard Matthäus-Maier, Andreas von Schoeler, Helga Schuchardt, Friedrich Hölscher.* Nach intensiven Gesprächen von *Brandt* und *Glotz* mit den ehemaligen FDP-Mitgliedern gründete die SPD im Juli 1983 einen ,,Sozial-liberalen Kreis", gedacht für ,,alle fortschrittlichen Liberalen" innerhalb und außerhalb der SPD.

Weiterhin beschlossen die Jungdemokraten ihre Trennung von der Mutterpartei. Der Freiburger Parteitag im Januar 1983 befürwortete eine Streichung der *Judos* aus der Satzung; die *Jungen Liberalen (Julis)* setzten ihre offizielle Anerkennung als FDP-Jugendorganisation nach einer zweiten Abstimmung durch. – Und endlich beschlossen über 1 000 Teilnehmer auf einer Konferenz in Bochum die Bildung einer neuen Partei ,,Liberale Demokraten", die sich in ihrer programmatischen Aussage vor allem auf die *Freiburger Thesen* von 1971 stützen sollte.

Mit diesen Vorgängen, begleitet von vielen Austritten aus der Partei, geriet auch der Parteivorsitzende *Genscher* immer wieder in die Schußlinie. Zu wiederholten Malen wurde sein Rücktritt gefordert. Auf dem Berliner Parteitag im November 1982 konnte sich *Genscher* jedoch erneut durchsetzen. Nach harten Auseinandersetzungen um den künftigen Kurs der Partei billigte der Parteitag den Koalitionswechsel zur CDU/CSU und bestätigte *Genscher* mit 222 von 398 gültigen Stimmen erneut im Amt. Sein Gegenspieler *Uwe Ronneburger* erhielt nur 169 Stimmen. Die Neubesetzungen im Präsidium und Vorstand kamen überwiegend dem rechten Parteiflügel zugute. Zahlreiche Repräsentanten der ,,Sozialliberalen" schieden aus den Spitzengremien aus.

Trotz der wider Erwarten positiven Ergebnisse des Berliner Parteitages ging die FDP mehr oder weniger ,,zerrissen" in die Bundestagswahl vom 6. März 1983, die sie jedoch mit 7 % der Zweitstimmen in die Lage versetzte, die Koalition mit der CDU/CSU weiterzuführen. Der positive Trend bei der Bundestagswahl setzte sich allerdings bei den Landtagswahlen zunächst nicht fort. Bei der gleichzeitig mit der Bundestagswahl stattfindenden Landtagswahl in Rheinland-Pfalz (3,5 %), wie eine Woche später in Schleswig-Holstein (2,2 %), schied sie aus dem Parlament aus.

Auch in Bremen war die FDP seit der Bürgerschaftswahl am 25. 9. 1983 nicht mehr im Parlament (der Bremischen Bürgerschaft) vertreten; vier Jahre zuvor hatten die Liberalen hier noch 10,8 % und 11 Mandate errungen; dafür gelang ihnen bei den Landtagswahlen in Hessen am gleichen Tage der Wiedereinzug ins Parlament. Mit 7,6 % erzielten sie hier einen beachtlichen Erfolg. Dieser positive Trend setzte sich bei den Landtagswahlen ab 1984 fort: In Baden-Württemberg verlor die FDP im März 1984 zwar an Stimmen, konnte aber mit 7,2 % noch ein beachtliches Ergebnis erzielen. In Berlin legte sie am 10. 3. 1985 gegenüber 1981 (5,6 %) auf 7,9 % zu, im Saarland verbesserte sie am gleichen Tag ihr Ergebnis von 6,9 % (1981) auf 10,0 %, in Nordrhein-Westfalen, wo sie 1980 an der Fünf-Prozent-Klausel gescheitert war, zog sie am 12. 5. 1985 wieder mit 6 % in den Landtag ein.

Inzwischen war, und das mag auf die Ergebnisse in Berlin und im Saarland eingewirkt haben, ein Wechsel an der Parteispitze erfolgt. Bereits bei seiner Wiederwahl auf dem Parteitag in Münster am 1. Juli 1984 erhielt *Genscher* einen Denkzettel: Von 390 Delegierten stimmten 127 gegen *Genscher*, 22 enthielten sich der Stimme. Seine Ankündigung, er werde die Partei nicht mehr als Vorsitzender in den Bundestagswahlkampf 1987 führen, löste auf dem Bundesparteitag in Saarbrücken am 24. 2. 1985 den Wechsel an der Parteispitze aus: *Martin Bangemann*, der bereits am 28. Juni 1984 den im Zusammenhang mit der Flick-Affäre zurückgetretenen *Graf Lambsdorff* als Bundeswirtschaftsminister abgelöst hatte, wurde mit 89 % der Stimmen zum neuen Vorsitzenden der FDP gwählt. Im Mai 1986 erfolgte die Wiederwahl *Bangemanns* mit 315 von 367 Stimmen.

Der Aufwärtstrend, der bei der FDP seit Ende 1984 einsetzte und auch bei der Bundestagswahl 1987 mit 2,1 % Zuwachs (9,1 % der Zweitstimmen) fortwirkte, brachte auch bei den Landtagswahlen 1987 die Rückkehr der FDP in vier Landtage, aus denen sie zuvor wegen Nichterreichen der Fünf-Prozent-Klausel ausgeschieden war: in Hamburg mit 6,5 %, Rheinland-Pfalz mit 7,3 %, Bremen mit 10 % und Schleswig-Holstein mit 5,2 %. Dabei muß man das Abschneiden der FDP bei den Landtagswahlen jeweils unter der gültigen Koalitionsperspektive sehen. ,,Dort, wo die Liberalen Koalitionen mit der CDU bilden wollten und eine alleinige CDU-Mehrheit nicht mehr gewährleistet war, so in Rheinland-Pfalz und Schleswig-Holstein, gingen Stimmengewinne der FDP ebenso zu Lasten der CDU wie in Hamburg, wo schließlich die gemeinsame Mehrheit mit der CDU doch nicht zustande kam; dies gilt bedingt auch in Hessen, wo beide Parteien gemeinsam einen knappen Sieg errangen. Jedenfalls sind – ganz im Sinne der mancherorts so in Mißkredit geratenen Lagertheorie – die Gewinne der Liberalen in den Landtagswahlen bis zur ersten Wahl in Schleswig-Holstein sicherlich überwiegend im Zusammenhang mit den Verlusten der CDU zu sehen.''[7)]

1988 schlug der positive Trend bei den Landtagswahlen um. Die FDP hatte in den sechs Landtagswahlen von März 1988 bis Mai 1990 mit Ausnahme von Niedersachsen (0,0 %) nur Verluste einzustecken, von −0,2 % in Nordrhein-Westfalen bis zu −4,5 % in Berlin.

Nicht zuletzt unter dem Eindruck der beiden Wahlniederlagen in Baden-Württemberg und vor allem Schleswig-Holstein verzichtete *Martin Bangemann* im Mai 1988 auf seine beiden Ämter als Wirtschaftsminister und Parteivorsitzender. Zum neuen Parteivorsitzenden wählte der Parteitag in Wiesbaden am 9. Oktober 1988 *Otto Graf Lambsdorff*, der sich mit 211 zu 187 Stimmen gegen *Irmgard Adam-Schwaetzer* durchgesetzt hatte. Auf dem 42. Bundesparteitag wurde er am 1. November 1991 wiedergewählt. Als Wirtschaftsminister folgten *Helmut Haussmann* und ab 1991 *Jürgen Möllemann*. Zum neuen Generalsekretär wurde als Nachfolger von *Cornelia Schmalz-Jacobsen*, die in dieser Position *Helmut Haussmann* im Oktober 1988 gefolgt war, *Uwe-Bernd Lühr* gewählt.

7) M. Kaase/W. G. Gibowski, a.a.O., S. 15 f.

Trotz des negativen Trends bei den Landtagswahlen Ende der 80er Jahre im Westen der Bundesrepublik, gelang es der FDP jedoch, mit Ausnahme von Schleswig-Holstein (4,4 %), sich in allen übrigen Landtagen der westlichen Bundesrepublik zu etablieren: 1990 in Bayern (5,2 %) und Berlin (7,1 %), 1991 in Hessen (7,4 %), wo die schwarz-gelbe Koalition von einer rot-grünen abgelöst wurde; in Rheinland-Pfalz (6,9 %), wo sie von der schwarz-gelben zur rot-gelben Koalition wechselte; in Hamburg (5,4 %) und Bremen (9,4 %), wo nach dem zweiten Anlauf eine Ampelkoalition zustande kam. Da die FDP auch in allen neuen Bundesländern bei der Wahl am 14. Oktober 1990 erfolgreich war, ist sie nunmehr in Deutschland in 15 von 16 Landtagen vertreten; sechsmal ist sie an der Regierung beteiligt: in Mecklenburg-Vorpommern, Sachsen-Anhalt und Thüringen zusammen mit der CDU, in Rheinland-Pfalz mit der SPD und in Brandenburg und Bremen in Ampelkoalition mit SPD und Bündnis 90 bzw. den GRÜNEN. Auf Bundesebene stellt sie im 12. Deutschen Bundestag fünf von 20 Ministern.

5.3.2 Strategie

Die FDP hat sich von Anfang an neben den beiden großen Parteien CDU/CSU und SPD als „Dritte Kraft“ in der politischen Landschaft der Nachkriegsjahre verstanden. Ihre liberale Strategie wie ihre Programmatik standen ganz im Zeichen dieser „Zünglein-an-der-Waage-Politik“ zwischen sozialistischer und konservativer Politik. In ihrer Stellung zwischen den beiden Großen hatte es die FDP allerdings immer schwer, ihre ideologische Position zu behaupten, da sich auch CDU/CSU und SPD als liberal bezeichneten und liberales Gedankengut in ihren Programmen verarbeiteten. So blieb der FDP „im wesentlichen nur die Frontstellung gegen eine mögliche Konfessionalisierung der Politik durch die CDU oder gegen kollektivistische oder planwirtschaftliche Tendenzen in der SPD“.[8] Nach dem Scheitern des ersten Versuchs in der Oppositionszeit von 1957 – 1961, sich aus dem Bürgerblock zu lösen, führte die Zeit während der Großen Koalition von 1966 bis 1969 zu einem Wandlungsprozeß, der letztendlich über die Wahl des Sozialdemokraten *Gu-*

8) K. Sontheimer, a.a.O., S. 149.

stav Heinemann zum Bundespräsidenten in die sozial-liberale Koalition einmündete. Den Ruck nach links korrigierte *Genscher* dann in den 80er Jahren mit einem gelinden Ruck nach rechts. Dabei basierte der Ausstieg aus der sozial-liberalen Koalition, wie *Sontheimer* feststellte, weniger, wie die Partei vorgab, auf Differenzen in der Regierungspolitik als auf einer Überlebensstrategie zwischen den beiden großen Parteien. ,,Der FDP-Vorsitzende *Genscher* und seine wichtigsten Parteifreunde (Sontheimer spricht hier von Parteigenossen) befürchteten angesichts des deutlichen Trends der Wählerschaft zugunsten der CDU/CSU-Opposition für die Wahl von 1984 das Herabfallen des Damoklesschwertes. Darum leiteten sie die Wende ein.''[9]

Die Strategie der FDP bewegte sich in zwei Richtungen. Zum einen ging es ihr darum, ihre Existenz gegenüber den großen Parteien durch die richtigen Koalitionen und Koalitionsaussagen sowohl auf Bundes- wie auf Landesebene zu wahren. Dabei verfuhr sie auf beiden Ebenen nicht immer gleich:

Von der sozial-liberalen Koalition, die die FDP seit 1969 auf Bundesebene und in vier Bundesländern eingegangen war, wurde auf Landesebene in zwei Fällen abgewichen: In Niedersachsen und im Saarland ging die FDP 1976 eine Regierungskoalition mit der CDU ein. In Niedersachsen wurde eine Fortsetzung der Koalition durch den Ausgang der Wahlen vom 4. Juni 1978 vereitelt. In Berlin hatten seit der letzten Wahl zum Berliner Abgeordnetenhaus (10. 5. 1981) fünf der sieben FDP-Abgeordneten den CDU-Senat unterstützt.

Andererseits gab es z.B. in Nordrhein-Westfalen bereits 1958 und in Hamburg 1987 zur Zeit der konservativ-liberalen Koalition eine Zusammenarbeit zwischen FDP und SPD. In Nordrhein-Westfalen setzte sich im März 1989 vor den Landtagswahlen der Vorsitzende der FDP-Fraktion im Landtag von Nordrhein-Westfalen, *Achim Rohde*, deutlich von der CDU ab und vermied eine Koalitionsaussage zugunsten dieser Partei.

Zum anderen ging es der FDP, vor allem seit dem Aufkommen der GRÜNEN, darum, ihre Rolle als Mehrheitsbeschaffer und damit als ,,Dritte Kraft'' im politischen System der Bundesrepublik

9) ebd. S. 152.

zu verteidigen. Diese Position machten ihr zeitweilig die GRÜNEN streitig, die sich vor allem bei den Landtagswahlen erfolgreich zeigten und nicht selten der FDP den Rang abliefen, sie auf den vierten Platz verwiesen und damit auf dem besten Wege waren, zur eigentlichen „Dritten Kraft" in der Bundesrepublik zu werden.

Als „Fünfte Kraft" etablierten sich dann im Januar 1989 in Berlin die Republikaner. Inzwischen sind sie jedoch, nach einem kurzen Gastspiel, mehr oder weniger unbedeutend geworden, nachdem sie selbst in ihrem Stammland Bayern am 14. Oktober 1990 bei der Landtagswahl an der Fünf-Prozent-Klausel scheiterten und bei der Bundestagswahl am 2. Dezember 1990 ihr Ziel, den Einzug ins Parlament, weit verfehlten. Die GRÜNEN andererseits machten sich durch interne Flügelkämpfe in letzter Zeit ihre Position als „Dritte Kraft" selber streitig. Nach ihrem Scheitern und dem zweistelligen Abschneiden der Freidemokraten bei der ersten gesamtdeutschen Wahl sind diese nun wieder unangefochten die einzige „Dritte Kraft" auf Bundesebene, nicht zuletzt nach Vereinigung mit den Ost-Liberalen zu einer gesamtdeutschen FDP (vgl. dazu „Die Bundesparteien und die DDR-Parteien").

5.3.3 Programmatik

Die ersten wichtigen politischen Standortbestimmungen versuchen der *Aufruf der LDPD* vom 5. Juli 1945, die *Heppenheimer Beschlüsse* vom 12. Dezember 1948 und das *Berliner Programm* von 1957. Bestimmend für diese programmatische Periode ist, vor allem für das *Berliner Programm*, die Koalition mit der CDU/CSU. Geprägt ist das *Berliner Programm* von dem uneingeschränkten Bekenntnis zur Sozialen Marktwirtschaft als liberaler Wirtschaftsauffassung; Sozialisierungsversuche werden strikt abgelehnt. Die Sozialpolitik soll sozial, nicht sozialistisch sein.

Ein entscheidender Wandel in der programmatischen Aussage vollzog sich dann in der Zeit der größten Krise der FDP: in der Opposition von 1966 bis 1969 und in den weiteren Jahren bis 1972, in einer Zeit also, als sich die Lösung der FDP aus dem bürgerlichen Block der CDU/CSU auswirkte und in ihrer letzten Konsequenz vollzog. In diesem Wandlungsprozeß setzten sich die Linksliberalen innerhalb der Partei durch. Über die Wahl des liberalen Sozialdemokraten *Heinemann* zum Bundespräsidenten fand die FDP dann zur sozial-liberalen Koalition. Mit den *Freiburger Thesen* von 1971 vollzog die FDP die programmatische Wende dieser Entwicklung. Dieses Programm spiegelt das neue Profil der FDP wieder: eine Partei des sozialen Liberalismus als Pendant zur Partei des demokratischen Sozialismus, als die sich die SPD seit Godesberg interpretierte. Kennzeichnender Ausdruck dieses neuen liberalen Verständnisses ist die in den *Freiburger Thesen* erhobene Forderung nach einer weiteren Demokratisierung unserer Gesellschaft. In der Vorbemerkung zu den *Freiburger Thesen* heißt es: ,,Diese neue Phase der Demokratisierung und Liberalisierung, im ursprünglichen und nicht dem heute oft mißbrauchten Sinne dieser Worte, entspringt aus einem gewandelten Verständnis der Freiheit, das dem modernen Liberalismus die neue Dimension eines nicht mehr nur demokratischen, sondern zugleich sozialen Liberalismus erschließt.“ Die *Freiburger Thesen* dehnen damit die Demokratisierung vom Staat auf die Gesellschaft aus. Das bedeutet auch eine ,,soziale Ausfüllung des Freiheitsbegriffs“, der stets im Mittelpunkt liberalen Denkens stand.

Die *Freiburger Thesen* blieben politisches Leitbild der FDP, trotz der Beschlüsse des Kieler Parteitages 1977. Bereits auf dem Parteitag in Mainz im Jahre 1975 jedoch, auf dem es zu heftigen Debatten über die Investitionslenkung kam, ohne daß dazu Beschlüsse gefaßt wurden, stellte man fest, daß die FDP darunter leide, daß an ihrem politischen Profil seit Freiburg kaum weitergearbeitet wurde. Auf dem Dreikönigstreffen in Stuttgart im Januar 1976 grenzte sich die Partei, im Zeichen des Wahlkampfes, erstmals in aller Deutlichkeit nicht nur gegenüber den Unionsparteien ab, sondern auch gegenüber dem demokratischen Sozialismus. Einer endgültigen programmatischen Neubesinnung diente dann der Parteitag in Kiel im November 1977 mit den hier verabschiedeten *Kieler Thesen*.

Ausgangspunkt für die *Kieler Thesen* bildeten zwei in sich verschiedene Papiere: ,,Aktuelle Perspektiven des sozialen Liberalismus“, erarbeitet von der sogenannten Perspektivenkommission der FDP und: ,,Grundzüge liberaler Wirtschaftspolitik“, erarbeitet von der Wirtschaftskommission der FDP. Nach Erscheinen beider Berichte setzte eine heftige Programmdiskussion ein. In den *Kieler The-*

sen, die auf dem Wege über einen gemeinsamen Behandlungsvorschlag zustande kamen, setzte sich überwiegend die Anschauung der Wirtschaftskommission durch. Lediglich die vier einleitenden Thesen „Sozialstaat als Auftrag", die von der Perspektivkommission formuliert wurden, fanden Eingang in das neue Programm; Thesen, die nach Meinung von *Rudolf Baum*, Leiter der Perspektivkommission, den Bogen zu Freiburg schlagen. Dennoch sprach man von einer Niederlage der Linken in der FDP, von einem Rutsch nach rechts. Dazu *Günter Verheugen*: „Von einer Annäherung an die Programmatik der CDU kann überhaupt nicht gesprochen werden. Nur wer auf den uns (auch von einigen bei uns selbst) aufgeschwatzten Gegensatz zwischen Pro-Marktwirtschaftlern und Anti-Marktwirtschaftlern hereingefallen ist, kann zu dem Fehlschluß kommen, das liberale Bekenntnis der FDP zur Marktwirtschaft sei eine Annäherung an die CDU."[10)]

Hauptanliegen der *Kieler Thesen* war es, das Profil der FDP als Wirtschaftspartei stärker herauszuarbeiten, die bis dahin in verschiedenen Positionspapieren vorliegenden Ansätze zu einem gültigen und aussagekräftigen Programm zu vereinigen. „Die Kieler Thesen kann man daher mit Recht als die wirtschaftspolitische Positionsbestimmung der FDP ansehen."[11)]

Die Programmdiskussion, die nach den *Freiburger Thesen* so lange ruhte, sollte nach dem gefundenen Kompromiß der *Kieler Thesen* so schnell nicht zur Ruhe kommen; ein durchaus normaler Vorgang übrigens für eine Partei, die sich aus ihrem Selbstverständnis heraus als „Programmpartei" versteht. Das schlechte Abschneiden der FDP bei den Landtagswahlen in Hamburg und Niedersachsen im Jahre 1978 wurde dann auch der Anlaß, erneut programmatische Probleme aufzuwerfen. Insbesondere der Berliner *William Born*, Mitglied des Bundesvorstandes der FDP, warf seiner Partei fehlendes politisches Profil und Orientierungslosigkeit vor. Nach der Wahlniederlage forderte er daher eine Rückkehr der FDP zu den programmatischen Forderungen der *Freiburger Thesen*. „Mit den *Freiburger Thesen* von 1971 hatte die FDP sich selbst und dem sozialen

10) Günter Verheugen, „Liberales Programm – liberale Praxis", Vorwort zu den Kieler Thesen.

11) K. Schröder, in H. Kaack/R. Roth (Hrsg.), Handbuch des deutschen Parteiensystems, Opladen 1980, Bd. 2.

Liberalismus die Zukunft gewiesen und eine überzeugende Trennungsschärfe sowohl zum demokratischen Sozialismus wie auch zum Konservatismus gewonnen. In ihrer praktischen Politik und in späteren Programmen ist sie inzwischen nach Meinung des rechten Parteiflügels hinter Freiburg zurückgefallen. Dies gilt auch für die *Kieler Thesen.*"[12] In seiner Erklärung zur ,,Erneuerung des liberalen Anspruchs der FDP"[13] wird eine umfassende programmatische Initiative verlangt: ,,Die unverwirklichten Teile des *Freiburger Programms* (z.B. Vermögenspolitik, Nachlaßabgabe) müssen durch liberale Praxis in Angriff genommen werden . . . Die seit 1974 bestehende krisenhafte Wirtschaftslage mit verringerten Wachstumsraten und hoher Arbeitslosigkeit markiert ein gesellschaftspolitisches Grundsatzproblem, das eine den *Freiburger Thesen* entsprechende zweite umfassende programmatische Initiative des sozialen Liberalismus verlangt."

Das war bereits ein Vorgriff auf die neue Welle der programmatischen Standortbestimmung, die bei den im Bundestag vertretenen Parteien im Jahre 1983 begann; eine Ausnahme machte dabei lediglich die CSU. So beschloß auch die FDP, sich ein neues Programm zu geben. Am 8. Juli 1983 trat erstmals eine Programmkommission zusammen. Nach Ansicht der damaligen FDP-Generalsekretärin *Adam-Schwaetzer* habe die FDP seit den *Freiburger Thesen* wohl zahlreiche programmatische Texte veröffentlicht, ein umfassendes Grundsatzprogramm habe sie jedoch nicht vorgelegt. Das freilich hat sich auch durch die neue Programmkommission nicht geändert. So sind die *Freiburger Thesen* von 1971 nach wie vor das gültige Grundsatzprogramm der Liberalen und sie sollen es auch, nach den Worten des damaligen Generalsekretärs *Helmut Haussmann*, vorerst noch bleiben, trotz der neuen Standortbestimmung dieses Grundsatzprogramms auf dem Saarbrücker Parteitag im Februar 1985. Diese erfolgte mit dem auf dem gleichen Parteitag einstimmig verabschiedeten Papier: *Zukunftschance Freiheit. Liberales Manifest für eine Gesellschaft im Umbruch*, in dem erste Antworten auf neue Herausforderungen wie beispielsweise die Gentechnik versucht werden.

12) William Borm, ,,Noch immer eine Chance für die Liberalen", Frankfurter Rundschau vom 7. Juli 1978.

13) Veröffentlicht in Frankfurter Rundschau vom 27. Oktober 1978.

Im Vorwort zum *Liberalen Manifest* schreibt *Haussmann*: „Die *Freiburger Thesen* bleiben das Grundsatzprogramm des modernen Liberalismus. Das *Liberale Manifest* baut darauf auf und gibt Antworten auf die neuen Herausforderungen, die durch die gesellschaftliche Entwicklung inzwischen entstanden sind.“[14]

Das Manifest blieb in der Partei nicht ohne Kritik. Schon vor dem Parteitag hatte *Hildegard Hamm-Brücher* in einem Brief an die Delegierten heftige Kritik am Zustand der Partei geübt und die mit dem Manifest beabsichtigte Therapie an diesem Zustand für falsch gehalten. Die FDP müsse nach ihrer Meinung endgültig klären, wie sie zu ihren *Freiburger Thesen* stehe.

Dazu ist es trotz erneuter Anstöße in den letzten drei Jahren noch nicht gekommen. Dagegen bemüht sich die FDP, die sich mit den *Kieler Thesen* das Profil einer Wirtschaftspartei gab, von diesem einseitigen Wirtschaftsimage wieder wegzukommen. Dazu diente das Papier: „Handlungsprinzipien liberaler Gesellschafts- und Sozialpolitik“, das sich mit zwei Bereichen befaßt, in denen die FDP ein Defizit erkannt hatte.

Wie bei den anderen großen Parteien auch, arbeitet die FDP derzeit an einem neuen zukunftsorientierten Grundsatzprogramm mit dem Motto „liberal 2000“.[15]

5.3.4 Organisation[16] und Struktur

Mitgliedschaft

FDP-Mitglied können nicht nur Deutsche werden, sondern (seit 1972) auch Ausländer. Voraussetzung ist, daß die zum Beitritt bereiten Personen 16 Jahre alt sind, im Geltungsbereich des Parteiengesetzes leben (im Regelfall 2 Jahre), Grundsätze und Satzungen der Partei anerkennen und ihnen nicht durch Gerichtsurteil die bürgerlichen Ehrenrechte oder das Wahlrecht aberkannt worden sind. Im übrigen wird die Mitgliedschaft in der FDP nach den Satzungen der Landesebene erworben.

14) Das Liberale Manifest, Hrsg. Liberal-Verlag, Köln 1985, S. 3.

15) Vgl. J. Schmid/H. Tiemann, Die Zukunftsdiskussionen und -programme der Parteien und Verbände, in: Aus Politik und Zeitgeschichte B44/91, S. 38 ff.

16) Zugrunde liegt die Bundessatzung von 1987 in der letztmalig geänderten Fassung vom 11. August 1990, Die auf dem Bundesparteitag Anfang November in Suhl verabschiedete neue Satzung der FDP lag bei Redaktionsschluß noch nicht vor.

Die Höhe der Mitgliedsbeiträge ist nicht in der Satzung geregelt. Laut der auf dem 35. Ordentlichen Bundesparteitag am 2. Juni 1984 beschlossenen Beitragsordnung[17] nehmen die Mitglieder die Berechnung der Höhe der zu entrichtenden Mitgliedsbeiträge im Wege der Selbsteinschätzung nach folgender Tabelle vor:

Netto-Einkommen	Beitrag je Monat
bis DM 1500,–	DM 10,–
DM 1501,– bis DM 2000,–	DM 15,–
DM 2001,– bis DM 2500,–	DM 20,–
DM 2501,– bis DM 3000,–	DM 25,–
DM 3001,– bis DM 4000,–	DM 35,–
DM 4001,– bis DM 5000,–	DM 45,–

Oberhalb eines monatlichen Einkommens von DM 5000,– erhöht sich der Monatsbetrag je DM 500,– Mehreinkommen um DM 10,–.

Der Regelbeitrag für Schüler, Studenten, Auszubildende, Wehr- und Ersatzdienstleistende beträgt DM 3,– je Monat.

Rechte und Pflichten wie bei der CDU und – wenn auch nicht wörtlich so umschrieben – ähnlich wie bei der SPD.

Die Mitgliedschaft in der FDP endet durch 1. Tod, 2. Austritt, 3. Beitritt zu einer anderen Partei oder Wählergruppe, 4. rechtskräftigen Verlust oder Aberkennung der Amtsfähigkeit, Wählbarkeit oder des Stimmrechts, 5. Aufgabe des Wohnsitzes im Geltungsbereich des Parteiengesetzes bei Ausländern, 6. Ausschluß nach § 6 (Ordnungsmaßnahmen): Ein Mitglied kann nur dann aus der Partei ausgeschlossen werden, wenn es vorsätzlich gegen die Satzung oder erheblich gegen Grundsätze oder Ordnung der Partei verstößt und ihr damit schweren Schaden zufügt. Ein Verstoß liegt insbesondere vor bei Verletzung der richterlichen Schweigepflicht, bei Doppelmitgliedschaft, bei Verweigerung des Beitritts zur oder Austritt aus der parlamentarischen Gruppe oder Partei sowie bei schuldhaft unterlassener Beitragszahlung. Das Verfahren ist in der Bundesschiedsordnung und in den Landessatzungen festgelegt.

17) Vgl. Anlage 1 zur Bundessatzung: Beitragsordnung.

Die FDP hat im Vergleich zur SPD und den Unionsparteien von Anfang an die geringste Mitgliederdichte (Korrelation zwischen Mitgliederzahl und Wählerstimmen). Von Mitte der 50er bis Mitte der 60er Jahre lag die Mitgliederzahl nach Schätzungen *Vorländers*[18] bei 50 bis 70 000. Seit Daten über die Mitgliedschaft veröffentlicht werden, ist die Zahl der Mitglieder – mit Ausnahme der Jahre 1970/71 – zunächst permanent gestiegen bis auf 87 000 im Jahre 1981. Seitdem ist zum zweiten Mal ein starker Rückgang zu verzeichnen.

Diese Wellenbewegung im Mitgliederbestand ist im Zusammenhang mit der Koalitionspolitik der FDP zu sehen. ,,Anfang der 70er Jahre verliert sie einen Teil ihrer alt- und nationalliberalen Klientel, die das Bündnis mit der SPD nicht akzeptieren. Dies wird aber deutlich wettgemacht durch eine Eintrittswelle zwischen 1973 und 1976.''[19] In dieser Zeitspanne stieg die Mitgliederzahl um rund 16 000 von 63 205 auf 79 163. Nach dem Ende der sozial-liberalen Koalition 1982 verliert die FDP fast ein Viertel ihrer Mitglieder. Obwohl die Partei von 1969 bis 1983 mehr als 50 000 neue Mitglieder gewonnen hat, stieg der Gesamtmitgliederstand in diesem Zeitraum nur um 25 000. Fast 25 000 Mitglieder haben demnach die Partei im gleichen Zeitraum wieder verlassen; nach Schätzung der Partei[20] allein 10 % (6 900 Mitglieder) als unmittelbare Folge des Koalitionswechsels. Davon gingen etwa 1 500 zur SPD, 2 500 zu den neu gegründeten *Liberalen Demokraten*. Nach eigenen Angaben hatte die FDP zum 31.12.1989, also vor der Vereinigung mit den Ost-Liberalen, 65 485 Mitglieder, die *Jungen Liberalen* 7 200.[21] Von den Mitgliedern der Bundespartei sind, wie *Irmgard Adam-Schwaetzer* mitteilte, 28 % Frauen.[22]

Die letzte Erhebung über die Berufsstruktur der FDP-Mitglieder liegt zehn Jahre zurück. Danach gehörten zur FDP:

18) H. Vorländer, Die FDP zwischen Erfolg und Existenzgefährdung, in: H. Oberreuter/A. Mintzel, a.a.O., S. 267.

19) Vgl. E. Wiesendahl, a.a.O., S. 6 f.

20) Die Mitgliederzahlen der Parteien: ,,Ein trügerisches Auf und Ab'', FAZ vom 2. 8. 1983.

21) Schreiben der FDP an die Verfasser vom 11. 7. 1990. – Eine Person, die Mitglied bei den Jungen Liberalen ist, ist nicht automatisch Mitglied der FDP. Die FDP in der ehemaligen DDR zählte im März 1991 87 000 eingetragene Mitglieder (Der Spiegel vom 25. 3. 1991).

22) SZ vom 26. 9. 1990.

Arbeiter/Facharbeiter	5 %
Angestellte	30 %
Beamte	14 %
Selbständige/Freie Berufe	19 %
Rentner	12 %
Hausfrauen	11 %
In Ausbildung	9 %

Die Altersstruktur setzte sich 1983 wie folgt zusammen:

16–20 Jahre	2 %	36–40 Jahre	15 %
21–25 Jahre	7 %	41–50 Jahre	18 %
26–30 Jahre	10 %	51–60 Jahre	14 %
31–35 Jahre	15 %	61 Jahre und älter	19 %

66 % der Parteimitglieder sind demnach älter als 35 Jahre, ein ähnliches Problem, mit dem auch der Koalitionspartner CDU zu kämpfen hat.

Nach Vereinigung der FDP mit den Liberalen der ehemaligen DDR hat die FDP nunmehr rund 151 300 Mitglieder[23]; etwa zwei Drittel davon kommen aus den neuen Bundesländern.

Organisatorische Gliederung

Die FDP gliedert sich nach der Vereinigung mit den Ost-Liberalen in 16 Landesverbände, die nach ihren örtlichen Bedürfnissen Untergliederungen in verschiedener Form schaffen können. Innerhalb der staatsrechtlichen Grenzen eines Landes gibt es nur einen Landesverband. In der Regel kennt die FDP als Untergliederung die Bezirksverbände (etwa einem Regierungsbezirk geographisch folgend), die Kreis- und Ortsverbände.

Die Organe

Die Organe der Bundespartei sind: a) Der Bundesparteitag, b) der Bundeshauptausschuß und c) der Bundesvorstand.

Der *Bundesparteitag* ist das oberste Organ der Partei. Er ist als ordentlicher oder außerordentlicher Bundesparteitag einzuberufen. Grundsätzlich darf jedes Mitglied der Partei am Bundesparteitag

23) Schreiben an die Verfasser vom 5. 12. 1991.

teilnehmen. Rederecht haben nur die stimmberechtigten Delegierten und weiterhin: die Mitglieder des Bundesvorstandes, der Bundestagsfraktion und die der FDP angehörenden Mitglieder des Europaparlaments; der Vorsitzende des Bundessatzungsausschusses und die Vorsitzenden der Bundesfachausschüsse und die von ihnen benannten Vertreter; die Rechnungsprüfer; die Vertreter der Auslandsgruppen; die Mitglieder des Exekutivkomitees der ELD; die Mitglieder des Bundesvorstandes der Jungen Liberalen, sofern sie Mitglied der FDP sind. Der Bundesparteitag besteht aus 662 Delegierten. Davon werden 330 Delegierte nach der Mitgliederzahl der Landesverbände und 330 Delegierte nach der in einem Land bei der letzten Bundestagswahl abgegebenen Wählerstimmenzahl aufgeschlüsselt. Für den Landesverband Berlin tritt an die Stelle der Bundestagswahl die letzte Wahl zum Berliner Abgeordnetenhaus. Dazu treten 2 Delegierte der Auslandsgruppe Europa. Die übrigen Auslandsgruppen entsenden je 2 gewählte Vertreter, die jedoch nicht stimmberechtigt sind. Der Bundesparteitag findet als ordentlicher Parteitag alljährlich statt.

Aufgaben: Beratung und Beschlußfassung über grundsätzliche politische und organisatorische Fragen der Partei, die Wahl des Parteipräsidiums, die Beschlußfassung über den Bericht des Wahlprüfungsausschusses, den Bericht des Bundesvorstandes und den Rechnungsprüfungsbericht, die Entlastung des Bundesvorstandes und die Neuwahl des Bundesvorstandes, die Wahl der Mitglieder des Bundesschiedsgerichtes und des Kongresses der ELD und ihrer Stellvertreter.

Dem *Bundeshauptausschuß* gehören als stimmberechtigte Mitglieder an: 1. 200 gewählte Mitglieder. Davon werden 100 nach der Mitgliederzahl der Landesverbände und 99 nach den in einem Land bei der letzten Bundestagswahl abgegebenen Wählerstimmen aufgeschlüsselt. Dazu tritt ein Mitglied der Auslandsgruppe Europa. – 2. Kraft Amtes: Die Mitglieder des Präsidiums; bis zu sieben Mitglieder des Vorstandes der Bundestagsfraktion; der Vorsitzende des Bundessatzungsausschusses oder sein Stellvertreter; für den Europatag: Die Europabeauftragten der Landesvorstände und des Vorstandes der Landesgruppe Europa.

Aufgaben: Beschlußfassung über alle im Laufe eines Geschäftsjahres auftretenden politischen und organisatorischen Fragen, die vom Bundesparteitag nicht entschieden werden; Wahl der Mitglieder des Wahlprüfungsausschusses auf die Dauer von zwei Jahren; Berufung des Vorsitzenden und stellvertretenden Vorsitzenden des Bundessatzungsausschusses; Erlaß von Rahmenrichtlinien für Beitragsordnung der Landesverbände und Auslandsgruppen; Erlaß einer vorläufigen Verfahrensregelung für die Aufstellung der Bewerber für die Wahl zum Europäischen Parlament.

Der *Bundesvorstand* besteht 1. aus dem Präsidium, und zwar dem Bundesvorsitzenden, den fünf stellvertretenden Vorsitzenden, dem Bundesschatzmeister, dem Vorsitzenden der Bundestagsfraktion oder seinem von der Bundestagsfraktion zu bestimmenden ständigen Vertreter, fünf Beisitzern des Präsidiums, einem von den FDP-Mitgliedern in der Liberalen Fraktion des Europäischen Parlaments aus ihrer Mitte zu bestimmenden Vertreter, dem Generalsekretär, der vom Bundesparteitag auf Vorschlag des Bundesvorsitzenden gewählt wird; 2. aus 34 weiteren Beisitzern; 3. aus den der Partei angehörenden Bundesministern und Regierungschefs der Länder sowie den der FDP angehörenden Mitgliedern der Kommission der EG.

Aufgaben: Der Bundesvorstand beschließt über alle organisatorischen und politischen Fragen im Sinne der Beschlüsse des Bundesparteitages und des Bundeshauptausschusses sowie des Kongresses der ELD (Europäische Liberale Demokraten). Zu seinen Aufgaben gehört die Anstellung und Entlassung des Bundesgeschäftsführers.

Das *Präsidium* erledigt entsprechend § 11 Abs. 4 des Parteiengesetzes die laufenden politischen und organisatorischen Aufgaben des Bundesvorstandes.

Der Bundesvorsitzende oder einer seiner Stellvertreter ist der gesetzliche Vertreter der Bundespartei im Sinne des § 26 des Bürgerlichen Gesetzbuches.

Die Amtsdauer der gewählten Organe beträgt zwei Jahre. Sie gilt in jedem Fall jedoch bis zu dem dem Ablauf der Amtsdauer folgenden ordentlichen Bundesparteitag. Lediglich die Amtsdauer des Schiedsgerichts beträgt vier Jahre.

Sonderorganisationen

Auch die Satzung der FDP kennt die Bildung von *Fachausschüssen* und *Arbeitsgruppen* (§ 24) „nach Bedarf zur Bearbeitung von politischen oder organisatorischen Parteiaufgaben". Die Vorsitzenden der Ausschüsse werden vom Bundesvorstand berufen. Hier handelt es sich im wesentlichen nur um solche Ausschüsse, die die Arbeit des Vorstandes und der Bundestagsfraktion auf einem bestimmten Gebiet sachverständig zu unterstützen haben, während andere Organisationen nach eigener Satzung tätig sind, z.B.: „Junge Liberale", „Liberaler Hochschulverband".

Eine neue Vereinigung hat sich im September 1990 etabliert: die „Bundesvereinigung Liberale Frauen". Gründungsvorsitzende ist *Irmgard Adam-Schwaetzer*. Die Bundesvereinigung, die sich als „Vorfeldorganisation" der FDP versteht, steht auch Frauen außerhalb der FDP offen.

Jugendorganisation

Junge Liberale

Seit 1945 entstanden in den Ländern örtliche Organisationen der Jungdemokraten, die sich am 27. April 1947 auf „Bundesebene" zusammenschlossen. Im November 1982 beschloß der *Bundesvorstand* der Jungdemokraten die formelle Trennung von der Mutterpartei, um die neue liberale Partei *Liberale Demokraten* zu unterstützen, deren Gründung für den Bochumer Parteitag geplant war und dort am 28. November 1982 auch erfolgte. Der außerordentliche Bundesparteitag im Januar 1983 in Freiburg befürwortete dann eine Streichung der linksliberalen Judos aus der Satzung. Die (rechtsliberalen) Jungen Liberalen konnten ihre offizielle Anerkennung als FDP-Jugendorganisation jedoch erst in einer wiederholten Abstimmung durchsetzen.

Mitglied im Bundesverband der Jungen Liberalen kann werden, wer als Mitglied der FDP angehört, mindestens 14 Jahre alt ist, das 35. Lebensjahr noch nicht vollendet hat und nicht Mitglied einer konkurrierenden Jugendorganisation ist.[24)]

24) Vgl. Satzung der Jungen Liberalen von 1968, in der vom Gesamtkongreß von Jungen Liberalen und Jungliberaler Aktion der DDR im Herbst 1990 verabschiedeten Neufassung.

Seine Aufwendungen deckt der Bundesverband durch Mitgliedsbeiträge, Spenden und sonstige Einnahmen. Die Landesorganisationen führen einen Teil ihrer Mitgliedsbeiträge an den Bundesverband ab; über die Höhe entscheidet der *Bundeskongreß*.

Der Bundesverband der Jungen Liberalen wird von einem dreizehnköpfigen *Bundesvorstand* geleitet, der jeweils vom *Bundeskongreß* für ein Jahr gewählt wird. Dieser setzt sich aus 200 Delegierten zusammen, die von den jeweiligen Landesorganisationen für die Dauer eines Jahres gewählt werden. Der *Bundeskongreß* findet mindestens einmal jährlich statt. Ferner kennen die Jungen Liberalen einen *erweiterten Bundesvorstand*, der aus den Mitgliedern des Bundesvorstandes und je einem Vertreter der Landesorganisationen besteht, die von diesen nach Landessatzung gewählt werden. Der *erweiterte Bundesvorstand* tritt nach Bedarf zusammen: Er entscheidet über politische und organisatorische Fragen.

Bundesvorsitzender der Jungen Liberalen ist *Hermann-Josef Brem*. Nach Vereinigung mit der im Februar 1990 gegründeten DDR-Schwesterpartei Jungliberale Aktion in der DDR („Julia") zählt die gesamte Jugendorganisation nunmehr rund 10 000 Mitglieder, davon etwa ein Fünftel aus den neuen Bundesländern.

5.4 Sozialdemokratische Partei Deutschlands (SPD)

5.4.1 Entwicklung

Die älteste deutsche Partei ist die Sozialdemokratische Partei. Sie führt ihre Geschichte auf den am 23. Mai 1863 in Leipzig gegründeten *Allgemeinen Deutschen Arbeiterverein*, dessen Begründer und erster Vorsitzender *Ferdinand Lassalle* war, zurück.[1)]

Nach der Kapitulation ging es bei den Sozialdemokraten nicht um die Schaffung einer neuen Partei, sondern um deren *Wiedergrün-*

1) Wir beschränken uns in diesem Taschenbuch auf die Entwicklung der Parteien in der Bundesrepublik nach 1945. Die Geschichte der SPD von der Gründung bis zu diesem Zeitpunkt behandeln u.a.: Georg Eckert, 1863 – 1963. Hundert Jahre deutsche Sozialdemokratie, Hannover 1963; Susanne Miller, Die SPD vor und nach Godesberg, Bonn-Bad Godesberg 1974; Heinrich Potthoff, Die Sozialdemokratie von ihren Anfängen bis 1945, Kleine Geschichte der SPD, Bd. I, Bonn-Bad Godesberg 1975.

dung und organisatorische Wiederbelebung. Organisatorisch trat die SPD zuerst in Berlin wieder auf, wo am 17. Juni 1945 eine große Funktionärsversammlung stattfand. Entscheidend blieb aber die Parteientwicklung, wie sie nun unter Vorsitz des aus dem KZ befreiten *Kurt Schumacher* vom Westen aus betrieben wurde. Zum 5. Oktober 1945 berief er eine Konferenz nach *Wennigsen* bei Hannover ein, auf der er seinen Parteifreunden seine Konsequenz aus den Lehren der Weimarer Zeit vortrug. Dazu gehörte die Forderung, über die ,,Klasse der Industriearbeiter" hinaus den Mittelstand zu erreichen, denn ,,der demokratisch orientierte Mittelstand ist die Voraussetzung für die Stabilität der neuen Ordnung".[2] *Schumacher* vertrat nun – das war in der SPD ungewohnt – betont die Weckung und Festigung eines deutschen Nationalbewußtseins und wehrte sich energisch gegen die kritiklose Hinnahme alliierter Thesen. Auf kulturellem Gebiet mußte man sich neu orientieren, wollte man sein Ziel, Volkspartei zu werden, erreichen.

So sehr auch *Schumacher* über die zeitbedingten Notwendigkeiten und Konsequenzen aus dem Erlebten Klarheit besaß, der Parteiapparat beharrte noch lange in den Traditionen und Bewußtseinsüberlieferungen der alten Partei, in der das stolze Alter zur Minderung ihrer Beweglichkeit beitrug. Die starre Oppositionshaltung, die *Schumacher* im Bundestag bis zu seinem Tode 1952 einnahm und die noch etliche Jahre unter dessen Nachfolger *Erich Ollenhauer* weitergepflegt wurde, hat die Partei nicht attraktiver gemacht. Wohl aber vermochte sie in der Kommunalpolitik und in einigen Bundesländern (u.a. mit *Wilhelm Kaisen* in Bremen oder *Georg August Zinn* in Hessen) durch die praktische Arbeit zu überzeugen und die Gefahr der Erstarrung zu bannen. Einen entscheidenden Durchbruch in Richtung Volkspartei, zu der die CDU erfolgreich angetreten war, bahnte erst das ,,Godesberger Programm" von 1959, bei dem man die Einflüsse *von Knoeringens, Erlers, Eichlers, Carlo Schmids* und anderer inzwischen zu Ansehen gelangter Politiker spürte. *Herbert Wehner* als der Mann, der sich seit *Schumachers* Tod besonders um die Partei in ihrer inneren Struktur gekümmert hatte, setzte sich nicht nur für das Programm innerhalb der Partei ein, sondern unterzog

2) Zitiert nach H. Grebing, Geschichte der deutschen Parteien, Wiesbaden 1962, S. 161.

auch im Sommer 1960 die bisherige außen- und wehrpolitische Haltung der Partei einer gründlichen Revision. Nach dem Tode *Erich Ollenhauers* am 14. Dezember 1963 wählte der außerordentliche Parteitag in Bad Godesberg am 16. Februar 1964 *Willy Brandt*, der 1961 als Bundeskanzlerkandidat in die Bundestagswahl geschickt worden war, zum neuen Vorsitzenden, *Fritz Erler* und *Herbert Wehner* zu stellvertretenden Vorsitzenden. Als Nachfolger für den am 22. 2. 1967 verstorbenen *Fritz Erler* wählte der Parteitag in Nürnberg am 21. 3. 1968, auf dem *Willy Brandt* mit 325 von 333 Stimmen wiedergewählt wurde, *Helmut Schmidt*, den damaligen Fraktionsvorsitzenden der SPD-Bundestagsfraktion.

Seit dem 31. 5. 1968 hat die SPD einen *Bundesgeschäftsführer: Hans Jürgen Wischnewski* (1968 – 1972), *Holger Börner* (1972 – 1976), *Egon Bahr* (1976 – 1980), *Peter Glotz* (1981 – 1987), *Anke Fuchs* (seit 1987).

Auf dem Karlsruher Parteitag vom November 1964 wurde *Willy Brandt* erneut zum Kanzlerkandidaten bestimmt. Zwei Jahre später wurde aus dem Kanzlerkandidaten ein amtierender Vizekanzler, als die FDP dem Bundeskanzler *Erhard* die Treue kündigte und die CDU/CSU mit der SPD eine Große Koalition bildete, an deren Spitze am 1. 12. 1966 *Kurt Georg Kiesinger* (CDU) trat. *Brandt* übernahm das Auswärtige Amt und wurde Vizekanzler.

Der entscheidende Durchbruch der SPD nach Godesberg, wo sie mit dem *Godesberger Programm* und dem Bekenntnis zur Sozialen Marktwirtschaft koalitionsfähig wurde, gelang ihr dann 1969. Nachdem die *Freien Demokraten* sich entschlossen hatten, mit der SPD zusammenzugehen, wurde die SPD am 22. 10. 1969 Regierungspartei in der sozial-liberalen Koalition von SPD und FDP unter *Willy Brandt* als Bundeskanzler. Drei Jahre später, zum ersten Male in der Geschichte der Bundesrepublik Deutschland, stellte ein Bundeskanzler im Parlament die Vertrauensfrage nach Artikel 68 des Grundgesetzes, um den Weg für Neuwahlen freizumachen. Die namentliche Abstimmung fand im Deutschen Bundestag am 22. September 1972 statt. Von 482 abgegebenen Stimmen votierten 233 Abgeordnete mit Ja, 248 mit Nein und ein Abgeordneter enthielt sich der Stimme. Daraufhin löste der Bundespräsident noch am selben Tage auf Vorschlag des Bundeskanzlers das Parlament auf und bestimmte als Termin für die Neuwahl des Deutschen Bundestags den

19. November 1972. Die Wähler haben in einem nicht erwarteten Ausmaß die Zusammenarbeit der Koalitionsparteien SPD und FDP bestätigt. Die SPD, die erstmals die CDU/CSU auf den zweiten Platz verweisen konnte, verdankt diesen Sieg nicht zuletzt der Popularität des Bundeskanzlers *Willy Brandt*, der 1971 den Friedensnobelpreis erhalten hatte.

Für die Öffentlichkeit völlig überraschend trat *Willy Brandt* am 6. Mai 1974 von seinem Amt als Bundeskanzler zurück. In seinem Schreiben an den Bundespräsidenten begründete er seinen Rücktritt mit den Worten: ,,Ich übernehme die politische Verantwortung für Fahrlässigkeiten im Zusammenhang mit der Agentenaffäre Guillaume . . .“ *Helmut Schmidt*, der 1972 *Karl Schiller* als Finanzminister abgelöst hatte, wurde am 16. Mai 1974 mit 267 Ja-Stimmen gegen 225 Nein-Stimmen zum fünften Bundeskanzler gewählt. Außenminister und Vizekanzler *Hans-Dietrich Genscher* löste *Walter Scheel* ab, der am 15. Mai 1974, einen Tag vor der Kanzlerwahl, zum vierten Bundespräsidenten in der 25jährigen Geschichte der Bundesrepublik Deutschland gewählt worden war.

Bei der Wahl zum 8. Deutschen Bundestag am 3. Oktober 1976 konnte sich die sozial-liberale Koalition trotz Stimmenverlusten behaupten; sie stützte sich – ohne die Berliner Bundestagsabgeordneten – auf eine Mehrheit von 253 Mandatsträgern und verfügte damit gegenüber der Opposition über einen Vorsprung von 10 Parlamentssitzen. *Helmut Schmidt* wurde am 15. Dezember 1976 als Bundeskanzler mit 250 Ja-Stimmen wiedergewählt.

Die Bundestagswahl 1980 bedeutete mit einem Stimmenzuwachs von 0,3 % gegenüber 1976 praktisch eine Stagnation. Die Koalition konnte jedoch dank des guten Abschneidens der FDP mit einer Mehrheit von 45 Mandaten in der 9. Legislaturperiode regieren.

Im Januar 1981 geriet die SPD, nach dem Rücktritt des Regierenden Bürgermeisters von Berlin (West) *Dietrich Stobbe*, in eine Identitätskrise, die der Parteivorsitzende *Brandt* durch ein 5-Punkte-Programm zu beheben versuchte. Es folgte die Wahlniederlage in Berlin (10. Mai 1981), die auch der Nachfolger *Stobbes, Hans-Jochen Vogel*, nicht verhindern konnte. *Vogel* entschied sich eindeutig für die Opposition. – Kurz danach der Rücktritt *Kloses* in Hamburg, der an Brokdorf scheiterte; ihm folgte *Klaus von Dohnanyi* als Bürgermeister. – In Hessen stellte Ministerpräsident *Hol-*

ger Börner die Vertrauensfrage, womit er Erfolg hatte. Die Krise der SPD – und damit auch der Regierungskoalition – schwelte jedoch weiter. Nach dem Debakel in Niedersachsen (Kommunalwahlen vom 27. Sept. 1981) – Verlust rund 8 % – sprach auch die SPD-Führung von einem „Tief" der Partei.

Der Niedergang der SPD äußerte sich in verschiedenen Symptomen: Das Geld der Partei wurde (wie übrigens bei anderen Parteien auch) knapper; Kanzler *Schmidt* resignierte zusehends; die Richtungskämpfe in der Partei verschärften sich; immer mehr junge Sozialdemokraten kehrten der Partei den Rücken. Das alles wirkte sich dann auch bei den Landtagswahlen 1982 in Niedersachsen (63 statt 72 Mandate) und in Hessen (49 statt 50 Mandate) aus; nur in Bayern (71 statt 65 Mandate) und Hamburg (64 statt 55 Mandate) konnte die Partei als unmittelbare Folge des Koalitionswechsels in Bonn Stimmen gewinnen.

Meinungsumfragen ergaben, daß die SPD Anfang 1982 ihren Endpunkt seit Ende der fünfziger Jahre erreicht hatte. Das überschattete auch den Münchener Parteitag im April 1982. Er bestätigte mit großer Mehrheit *Willy Brandt* als Vorsitzenden und *Helmut Schmidt* als stellvertretenden Vorsitzenden.

Dem „Tief in der Partei" folgte seit Anfang 1982 das „Tief in der Koalition": Am 29. 1. 1982 wurde *Helmut Schmidt*, nachdem er mit dem Rücktritt gedroht hatte, noch einmal vom Bundestag das Vertrauen ausgesprochen, was seine Position jedoch nur für kurze Zeit stärkte. Mit den Beratungen für den Haushalt 1983 begann das letzte Kapitel der 13jährigen sozial-liberalen Koalition. Auch eine Umbildung des Kabinetts (*Manfred Lahnstein* wurde Finanzminister, *Klaus Bölling* kehrte als Regierungssprecher zurück) hielt die Koalitionskrise nicht auf. Im Mai fanden Krisengespräche zwischen *Schmidt* und *Genscher* statt. Im Juni machte die FDP in Hessen eine eindeutige Koalitionsaussage für die CDU. Damit standen die Zeichen auf Sturm. *Wehner* forderte alle SPD-Abgeordneten zu einer eindeutigen Aussage über die Zukunft der Koalition auf.

Im Juni kam eine Einigung über den Haushalt 1983 zustande; ihr folgten im Herbst neue Spannungen. *Schmidt* tadelte *Graf Lambsdorff* wegen eines Interviews, in dem dieser einen Koalitionswechsel der FDP (mit oder ohne Neuwahlen) für denkbar gehalten hatte. Schließlich forderte Kanzler *Schmidt* in seiner Rede zur Lage der

Nation die CDU/CSU zu einem eindeutigen Mißtrauensvotum auf. Dann überschlugen sich die Ereignisse: 12. 9.: *Lambsdorff* legte im Alleingang sein umstrittenes Wirtschaftspapier vor. 14. 9.: *Schmidt* und *Brandt* forderten indirekt *Lambsdorffs* Rücktritt. 16. 9.: Die Haushaltsdebatte deckte neue Risse zwischen SPD und FDP auf. 17. 9.: Die vier FDP-Minister (*Genscher, Lambsdorff, Baum, Ertl*) traten zurück; Bundeskanzler *Schmidt* erklärte die Koalition für beendet. 20. 9.: CDU/CSU und FDP nahmen Koalitionsgespräche auf; sie beschlossen, den Kanzler am 1. Oktober durch ein konstruktives Mißtrauensvotum zu stürzen, *Kohl* zum Kanzler zu wählen und für den 6. 3. 1983 Neuwahlen festzulegen. 1. 10. 1982: Kanzler *Schmidt* gestürzt; *Kohl* ist neuer Bundeskanzler.

Mit diesen Vorgängen erreichte die Krise der SPD ihren Höhepunkt. Man sprach innerhalb der Partei von völliger Orientierungslosigkeit.

Im Oktober 1982 verzichtete *Helmut Schmidt* aus gesundheitlichen und politischen Gründen auf eine erneute Kanzlerkandidatur. Die SPD-Führungsgremien nominierten einstimmig den Berliner Oppositionsführer *Hans-Jochen Vogel* zum Kanzlerkandidaten. Ihm gelang es, die Identitätskrise der SPD zu überwinden. Vor allem durch eine eindeutige Aussage zu den GRÜNEN. Hatte noch *Willy Brandt* nach der Hessenwahl von einer „Mehrheit diesseits der Union" orakelt, welchem Gedanken auch *Vogel* anfangs zustimmte, bezog die SPD bald eine andere Position: Um „Hamburger" oder „Hessische Verhältnisse" gar nicht erst aufkommen zu lassen, erteilte die SPD den GRÜNEN auf Bundesebene eine klare Koalitionsabsage.

Erwartungsgemäß gelang es *Hans-Jochen Vogel* nicht, bei der Bundestagswahl am 6. März 1983 einen Druchbruch zugunsten der SPD zu schaffen. Gegenüber der Wahl von 1980 (42,9 %) verlor sie sogar erheblich an Stimmen (38,2 %) und ging damit in die Opposition. Hier gelang es Oppositionsführer *Hans-Jochen Vogel* in kurzer Zeit, die Fraktion zu straffen und sein Personalkonzept durchzusetzen.

Aus den Landtagswahlen in Hessen und den Bürgerschaftswahlen in Bremen am 25. 9. 1983 ging die SPD eindeutig als Sieger hervor: In Hessen wurde die SPD mit 46,2 % wieder stärkste Fraktion im Landtag, erreichte aber ihr gestecktes Ziel, die absolute Mehrheit, nicht, um die „Hessischen Verhältnisse“ beenden und eine eindeutige politische Lage schaffen zu können. In Bremen konnte sie ihre Position von bis dahin 49,4 % weiter ausbauen (51,4 %). In Baden-Württemberg konnte sich die SPD bei den Landtagswahlen im März 1984 – während CDU und FDP Verluste hinnehmen mußten – mit 32,4 % knapp behaupten (1980 = 32,5 %). Weniger gut sah es für die SPD bei den Wahlen zum Abgeordnetenhaus am 10. 3. 1985 in Berlin aus: Hier mußte sie starke Einbußen hinnehmen (32,6 % gegenüber 38,3 % 1981). Dagegen brachten die Landtagswahlen im Saarland am gleichen Tage einen erstaunlichen Durchbruch: Erstmals in der Geschichte der Bundesrepublik gelang es einer Oppositionspartei, in einem Bundesland bei Wahlen die absolute Mandatsmehrheit zu erreichen (49,2 % Stimmen). *Oskar Lafontaine* erzielte damit gleichzeitig für die SPD den ersten Machtwechsel seit 1966 (Nordrhein-Westfalen) in einem Bundesland. Dieser Wahlsieg *Lafontaines* sollte innerhalb der Partei nicht ohne Folgen bleiben.

Bedeutsam an der saarländischen Wahl ist vor allem auch, daß die GRÜNEN mit 2,5 % eine Schlappe erlitten, nicht zuletzt weil *Lafontaine* es verstanden hatte, in seinem Wahlkampf die „grünen“ Positionen glaubwürdig zu besetzen, ebenso wie *Johannes Rau* in Nordrhein-Westfalen, gegen den die GRÜNEN bei den Landtagswahlen am 12. Mai 1985 keine Chance hatten. *Rau* verteidigte die absolute Mehrheit der SPD mit erstaunlichen 52,1 % und fügte der CDU, die 6,7 % ihrer Stimmen verlor, eine empfindliche Niederlage zu.

Mit den Wahlsiegen von *Oskar Lafontaine* und *Johannes Rau* ist die SPD, schneller als erwartet, aus ihrem Tief herausgetreten.

Im Hinblick auf die Bundestagswahl 1987 wählte der Parteitag in Nürnberg am 26. 8. 1986 *Johannes Rau* zum Kanzlerkandidaten. Er trat mit dem Anspruch der absoluten Mehrheit an, konnte jedoch eine erneute Regierungskoalition von CDU/CSU und FDP nicht verhindern. – Dieser Enttäuschung folgte bei der Hessenwahl ein Patt der Blöcke rot/grün und schwarz/gelb, aus dem die CDU mit knapper Mehrheit – zusammen mit der FDP – als Sieger hervorging. *Walter Wallmann* führte nach 40jähriger SPD-Herrschaft die erste CDU-Regierung in Hessen in Koalition mit der FDP. Die SPD erzielte bei dieser Wahl ihr schlechtestes Ergebnis seit 1946.

Kurz vor dem schmerzlichen Verlust der SPD-Hochburg Hessen traf die SPD mit dem Rücktritt *Brandts* am 23. März 1987 ein weiterer Schlag. *Brandt* hatte damit die Konsequenz aus heftigen innerparteilichen Führungsdiskussionen gezogen. Noch am gleichen Tage nominierte die SPD-Führung *Hans-Jochen Vogel* als *Brandts* Nachfolger. Der Führungswechsel wurde auf einem außerordentlichen Parteitag am 14. Juni in Bonn vollzogen: Neben *Hans-Jochen Vogel* als neuem Vorsitzenden wurden *Oskar Lafontaine* und *Johannes Rau* zu stellvertretenden Vorsitzenden gewählt. Den scheidenden *Peter Glotz* (1981 – 1987) löste *Anke Fuchs* als Bundesgeschäftsführerin ab. Schatzmeister der SPD wurde *Hans-Ulrich Klose*.

Mit der Behauptung der absoluten Mehrheit in Bremen im September 1987 begann für die SPD ein Aufwärtstrend, der im Januar 1989 in Berlin und im Januar 1990 im Saarland zwei Höhepunkte erreichte, sich aber auch bei den verschiedenen Kommunalwahlen 1989 auswirkte. In Berlin legte die SPD fast 5 % zu und regierte dort, mit *Walter Momper* an der Spitze, von März 1989 bis Dezember 1990 in rot-grüner Koalition, die kurz vor der ersten Wahl in Gesamtberlin am 2. 12. 1990 von der *Alternativen Liste* aufgekündigt worden war. Im Saarland baute *Oskar Lafontaine* seine absolute Mehrheit auf 54,4 % aus. Nach diesem Sieg schlug der Parteivorsitzende, *Hans-Jochen Vogel, Oskar Lafontaine* als Kanzlerkandidaten für die Bundestagswahl 1990 vor. Die offizielle Nominierung erfolgte am 27. März 1990.

Im Vorfeld dieser Wahl erlebte die SPD ein Wechselbad von Erfolgen und Niederlagen. Die letzten drei Landtagswahlen in diesem Jahr im Westen der Bundsrepublik brachten der SPD zwei glänzende Erfolge und eine große Enttäuschung. Am gleichen Tage, am 13. Mai 1990, konnte *Johannes Rau* mit 50 % seine absolute Mehrheit in Nordrhein-Westfalen erfolgreich verteidigen; in Niedersachsen führte die SPD unter *Gerhard Schröder* nach 14 Jahren CDU-Herrschaft einen Machtwechsel herbei und bildete zusammen mit den GRÜNEN eine rot-grüne Koalitionsregierung.

Zusammen mit dieser Wachablösung in Niedersachsen änderten sich auch die Mehrheitsverhältnisse im Bundesrat zugunsten der SPD. Des weiteren teilte diese Wahl die Bundesrepublik in einen roten Norden und einen schwarzen Süden. Beides wurde durch die Wiedervereinigung schnell relativiert.

In Bayern hatte die SPD bei der Landtagswahl am 14. Oktober einen schwarzen Tag: Mit 26 % schnitt die Partei hier so schlecht wie nie zuvor ab. Dafür gelang es ihr bei der Landtagswahl in Hessen am 20. Januar 1991, die schwarz-gelbe Koalition wieder abzulösen und mit den GRÜNEN erneut eine rot-grüne Koalition einzugehen. Den größten Erfolg jedoch erzielte sie am 21. April 1991 in Rheinland-Pfalz. Mit 44,8 % wurde sie stärkste Partei und führte damit nach 44jähriger CDU-Herrschaft einen Machtwechsel in diesem Bundesland sowie einen erneuten Mehrheitswechsel im Bundesrat herbei. In Hamburg holte die SPD im Juni 1991 die absolute Mehrheit der Sitze zurück (48,0 %); in Bremen verlor sie diese dann im September 1991 mit einem Rückgang von 50,5 auf 38,8 %.

Im östlichen Teil Deutschlands konnte die dortige SPD[3] sich – mit Ausnahme von Brandenburg – bei keiner Wahl als stärkste Partei durchsetzen. Bei der Volkskammerwahl erreichte sie, obwohl sie von den Prognostikern als eindeutiger Favorit gesehen wurde, nur 21,76 %. Der negative Trend setzte sich bei den Kommunalwahlen fort (21,27 %), führte bei den Landtagswahlen in den neuen fünf Bundesländern bis auf Brandenburg (38,3 %) in allen übrigen Ländern zu Ergebnissen weit unter 30 %.

Bei der ersten Gesamtberliner Wahl am 2. Dezember 1990 fiel die SPD von 37,3 % auf 30,4 % zurück, ihr Koalitionspartner AL von 11,8 auf 5 %. Die CDU unter *Diepgen* wurde wieder stärkste Partei. Der Abwahl der rot-grünen Koalition durch die Berliner war der politische Zerfall vorausgegangen: Zwei Wochen vor der Wahl verließ die AL die Koalition mit der SPD. Diese erlitt am 2. Dezember ihre zweite Schlappe bei der ersten gesamtdeutschen Wahl: Mit 33,5 % erzielte sie das schlechteste Ergebnis seit 1957.

Die innerparteiliche Krise war damit programmiert. *Lafontaine* lehnte den ihm angebotenen Parteivorsitz als Nachfolger von *Hans-Jochen Vogel* ab. Dem Parteivorstand gelang es jedoch, die Krise innerhalb einer Woche zu beheben: Am 5. Dezember wurde *Hans-Jochen Vogel* als Fraktionsvorsitzender wiedergewählt, am 10. Dezember sprach sich die Parteispitze einstimmig für die Kandidatur *Björn Engholms* als Vorsitzender der SPD aus, dessen Wahl am

3) Zur Entwicklung der SPD in der ehemaligen DDR sowie dem Verhältnis von SPD-West und SPD-Ost vergleiche das Kapitel: „Die Bundesparteien und die DDR-Parteien".

30. Mai 1991 erfolgte. Neuer Bundesgeschäftsführer wurde *Karlheinz Blessing*, *Hans Ulrich Klose* als Bundeschatzmeister bestätigt. Nach dem Verzicht von *Hans-Jochen Vogel* wechselte er im Oktober 1991 in den Fraktionsvorsitz. Das Amt des Schatzmeisters übertrug der Parteivorstand am 16. Dezember 1991 dem Vorsitzenden der Arbeitsgemeinschaft sozialdemokratischer Frauen *Inge Wettig-Danielmeier*.

In Bremen hat die SPD den lange fälligen Generationswechsel vollzogen. Das spiegelt sich auch in den vier Stellvertretern *Engholms* wider, die auf dem Bremer Parteitag in den Vorstand gewählt bzw. in diesem Amt bestätigt wurden: *Herta Däubler-Gmelin, Oskar Lafontaine, Johannes Rau* und *Wolfgang Thierse*.

Die SPD regiert derzeit in 10 von 16 Bundesländern. Allein in Hamburg, Schleswig-Holstein, Nordrhein-Westfalen und im Saarland. Koalitionen ist die SPD in Rheinland-Pfalz mit der FDP, in Niedersachsen und Hessen mit den GRÜNEN und in Berlin mit der CDU eingegangen. In der ehemaligen DDR ist sie nur in Brandenburg in der Regierung, zusammen mit der FDP und dem Bündnis 90, also in einer ,,Ampelkoalition'', die am 11. Dezember 1991 auch in Bremen besiegelt wurde.

5.4.2 Strategie

Mit dem *Godesberger Programm* löste sich die SPD von dem Image der reinen Arbeiterpartei. Sie verstand sich nun als Volkspartei der linken Mitte. Diese Position verlor jedoch ihre Tragfähigkeit mit den Erfolgen der GRÜNEN, die auch in der SPD den alten Richtungsstreit zwischen rechts, links und Mitte wieder aufkeimen ließ. Vor allem die Jungsozialisten wurden durch diese Entwicklung aufgerieben. Sie verloren ihre Rolle als ,,politischer Motor'', die sie Ende der 60er, Anfang der 70er Jahre innehatte, an die GRÜNEN und Grün-Alternativen. Während die Jungsozialisten noch über Stamokap theoretisierten, besetzten die Grün-Alternativen die bis heute relevanten politischen Themen des Öko-Zeitalters. Im Zuge dieser Umschichtung schrumpften die SPD-Junioren um rund 70 000 auf 278 000 – und das innerhalb von zwei Jahren. Auch die Mutterpartei erlebte in dieser Zeit einen Einbruch bei der Mitgliederentwicklung: 1981 verlor sie über 30 000 Mitglieder.

„*Bad Godesberg*" trägt heute nicht mehr wie zur Entstehungszeit des Programms. Das alte Muster der Richtungspartei kommt in den 80er Jahren wieder durch; Richtungsstreit in der Partei zwischen den „Alt-Ideologen sozialistischer Provenienz mit jenen, die den Charakter der Volkspartei aufrechterhalten wollten, sowie mit jenen, die – deutlich auf dem Vormarsch – den Grünen/Alternativen nachzueifern suchen und damit deren Meinungsführerschaft stillschweigend akzeptieren".[4)]

Das rot-grüne Experiment begann für die SPD in Hessen, wo Ministerpräsident *Holger Börner* nach zweijährigem Gerangel mit dem grünen Koalitionspartner 1987 das Handtuch warf. Das bestärkte die Bundespartei in ihrer Abneigung gegen rot-grüne Experimente. Auf Landesebene jedoch wurden in Hamburg zur gleichen Zeit die GRÜNEN als Gesprächspartner akzeptiert: SPD und GAL traten nach der Bürgerschaftswahl in Verhandlungen zur Duldung eines SPD-Minderheitssenates an.

Rot-grüne Koalitionen folgten in Berlin unter *Momper* bis Dezember 1990, in Niedersachsen unter *Schröder* und nach der Wahl vom 20. Januar 1991 in Hessen unter *Hans Eichel*. Auf kommunaler Ebene florieren rot-grüne Bündnisse u.a. in den Großstädten Frankfurt und München. Die Bundespartei folgte diesem Trend zunächst mit dem Versuch, das Terrain ganz allgemein zu sondieren, die Möglichkeit rot-grüner Zusammenarbeit durch Annäherungsgespräche zu ergründen. Ende Juni 1989 trafen sich zu diesem Zweck rote und grüne Spitzenpolitiker auf Schloß Crottorf im Bergischen Land zu einer Diskussion über ein gemeinsames Regierungsprogramm im Hinblick auf die Bundestagswahl 1990. Die Sozialdemokraten, das wurde bei dem Gespräch deutlich, wollten keine Überraschung wie in Berlin erleben. Nach dem unerwarteten Wahlsieg dort hatte sich eine rot-grüne Mehrheit Hals über Kopf auf ein Koalitionsprogramm einigen müssen. Bis zum Wahljahr 1990 sollten daher, so der Wunsch der Sozialdemokraten, die Grundlinien für eine rot-grüne Zusammenarbeit auf allen wichtigen Feldern möglichst wirklichkeitsnah abgesteckt sein, damit nicht in letzter Minute noch ideologische Grundsatzdiskussionen geführt werden müssen.

In der Sommerpause 1989 kam es dann unter dem Eindruck der

4) Rupert Scholz, in: Die Welt vom 10. 8. 1989.

Wahlen in Hessen (SPD abgelöst, schwarz-gelbe Koalition) und Berlin (CDU abgelöst, rot-grüne Koalition) zu Planspielen über mögliche Koalitionen nach der Bundestagswahl 1990. Denn nach Berlin und Hessen, so glaubte man, hätte weder eine gelb-schwarze noch eine rot-grüne oder rot-gelbe Koalition eine Chance in Bonn. Am meisten von sich reden machte in diesem Zusammenhang die „Ampelkoalition" rot-gelb-grün, die zeitweilig auch bei der FDP Anhänger fand, dann aber von dieser wie von den GRÜNEN abgelehnt wurde. Das verhinderte allerdings nicht, daß gut ein Jahr später in Brandenburg nach der Wahl vom 14. Oktober 1990 eine „Ampelkoalition" zwischen SPD, FDP und B 90 zustande kam.

Im Oktober 1989 veröffentlichte die SPD eine Studie „Die Friedenspolitik der GRÜNEN", mit deren Hilfe die Möglichkeit einer Zusammenarbeit erneut geprüft werden sollte. Das Ergebnis: Eine Zusammenarbeit der SPD mit den GRÜNEN ist solange nicht denkbar, wie die grüne Partei ihre Außen- und Sicherheitspolitik nicht ändert.

Die Strategie der SPD zielte im Vorfeld der ersten gesamtdeutschen Wahlen eindeutig auf die von den GRÜNEN lange Zeit besetzten ökologischen Themen ab. Und das aus Überzeugung, aber auch aus wahltaktischen Gründen. *Robert Leicht* stellte fest: „Wie der typische sozialdemokratische Wähler aussieht, können auch die Demoskopen nicht mehr sagen. Die Wahlsoziologen stehen staunend vor der Aufsplitterung des Wählermilieus. Der gute alte SPD-Wähler mit seinen guten alten Sekundärtugenden reicht zur Mehrheitsbildung in einer sich rapide ändernden Industriegesellschaft längst nicht mehr aus. Auch die herkömmlichen Muster der Gewerkschaftsarbeit sind zerschlissen worden. Wer die SPD aus ihrer Minderheitsposition herausführen will, muß sich vor Augen führen, daß die traditionellen Bindungen inzwischen zu Fesseln werden." Für *Oskar Lafontaine*, so Leicht weiter, der das klar erkannt habe, sei „der Konflikt zwischen Kapital und Arbeit geschichtlich längst abgelöst worden durch den Gegensatz zwischen Produktion und Umwelt".[5] Das erklärt den Wunsch der SPD, sich vom Image einer reinen Gewerkschaftspartei zu befreien. Die Wahl *Oskar Lafontaines* zum Kanzlerkandidaten der SPD war aber auch eine Ent-

5) Robert Leicht, Für den Anstoß durch die Anstößigkeit, in: Die Zeit, Nr. 51 vom 15. 12. 1989.

scheidung für die Ökologie als Wahlkampfthema, verbunden mit einschneidenden Änderungen des Steuer- und Abgabensystems zur Drosselung des Energieverbrauchs. Für die Erarbeitung eines Regierungsprogramms auf dieser Basis wurde die Arbeitsgruppe ,,Fortschritt '90" eingesetzt, die ihre Ergebnisse im August 1989 vorlegte.

Diese eindeutige Strategie der SPD, die nicht zuletzt den GRÜNEN den Wind aus den Segeln nehmen sollte, wurde durchkreuzt von dem Sog der Wiedervereinigung, der politisch allein der Kanzlerpartei zugute kam. *Oskar Lafontaines* skeptische Haltung gegenüber den Entwicklungen in der ehemaligen DDR brachte ihm vor allem nach dem schlechten Abschneiden bei der ersten gesamtdeutschen Wahl den Vorwurf einer falschen Strategie ein.

Für die Bundestagswahl 1994 sieht der neue SPD-Vorsitzende *Björn Engholm* in einer Ampelkoalition mit FDP und GRÜNEN eine denkbare Möglichkeit, die bisherige Regierungskoalition abzulösen.

5.4.3 Programmatik

Die Programme der Sozialdemokratischen Partei Deutschlands vom *Erfurter Programm* 1891 bis zum 30 Jahre gültigen *Godesberger Grundsatzprogramm* von 1959 zeigen die Entwicklung von einer marxistisch geprägten Klassenkampfpartei zu einer demokratisch geöffneten Volkspartei. Das *Heidelberger Programm*, das von 1933 bis 1945 außer Kraft gesetzt war, blieb nach dem Kriege das zunächst gültige Grundsatzprogramm der SPD. 1946 wurde es durch die *Politischen Leitsätze der SPD* abgelöst, in denen die marxistische Grundhaltung zwar noch vorhanden, aber bereits wesentlich abgeschwächt ist. Im Mittelpunkt dieser programmatischen Schrift steht das Bekenntnis zum demokratischen Staat: ,,Es gibt keinen Sozialismus ohne Demokratie." Die mit diesem Programm beginnende Lösung vom orthodoxen Marxismus wird 1949 vom Wähler nicht erkannt; die SPD blieb hinter den Unionsparteien zurück, die sich mit den ,,Düsseldorfer Leitsätzen" durchsetzen konnten.

Noch im gleichen Jahr versuchte daher die SPD einen neuen programmatischen Ansatz mit der *Dürkheimer Entschließung*. Als weitere Aktionsprogramme folgen: 1952 das *Dortmunder Aktionsprogramm*, ergänzt 1954 durch das *Berliner Programm*. Beide Programme lassen eine immer weitere Lösung vom marxistischen Ausgangspunkt und damit verbunden ein immer stärkeres Betonen des Charakters der SPD als einer Volkspartei erkennen. So heißt es zum Beispiel in der Präambel des *Berliner Programms*: ,,Die Sozialdemokratie ist aus der Partei der Arbeiterklasse, als die sie entstand, zur Partei des Volkes geworden.'' Aber auch in der wichtigen Frage der Einstellung zum Wirtschaftssystem ist – unter dem Eindruck der Erfolge der Sozialen Marktwirtschaft – ein Bekenntnis zum Leistungswettbewerb zu erkennen.

In Berlin wurde auch eine Kommission gebildet, die ein neues, der Zeit angemessenes Grundsatzprogramm entwickeln sollte. Das *Godesberger Programm* wurde als neues Grundsatzprogramm im November 1959 nach heftigen internen Diskussionen des von *Willi Eichler*, dem Vorsitzenden der Programmkommission vorgelegten Entwurfs, verabschiedet. Erst dieses Programm brachte den eigentlichen Umschwung und setzte das *Heidelberger Programm* von 1925 endgültig außer Kraft.

Das *Godesberger Programm*, das auch heute noch in seinen Grundprinzipien Gültigkeit hat, ist politisch gesehen, die ,,Verfassung'' des demokratischen Sozialismus in Deutschland.

Im Mittelpunkt des *Godesberger Programms* steht das Bekenntnis zum freiheitlichen Rechtsstaat, zur Sozialen Marktwirtschaft und zur freien Entfaltung des Menschen. Das Programm beginnt mit dem Satz: ,,Die Sozialisten erstreben eine Gemeinschaft, in der jeder Mensch seine Persönlichkeit in Freiheit entfalten und als dienendes Glied der Gemeinschaft verantwortlich am politischen, wirtschaftlichen und kulturellen Leben der Menschheit mitwirken kann.'' Und zum Selbstverständnis der SPD heißt es: ,,Die Sozialdemokratische Partei Deutschlands ist die Partei der Freiheit des Geistes. Sie ist eine Gemeinschaft von Menschen, die aus verschiedenen Glaubens- und Denkrichtungen kommen. Ihre Übereinstimmung beruht auf gemeinsamen sittlichen Grundwerten und gleichen politischen Zielen. Die Sozialdemokratische Partei erstrebt eine Lebensordnung im Geiste dieser Grundwerte. Der Sozialismus ist eine dauernde Aufgabe – Freiheit und Gerechtigkeit zu erkämpfen, sie zu bewahren und sich in ihnen zu bewähren.''

Mit dem *Godesberger Programm* wurden endgültig alle marxistischen Forderungen durch demokratische ersetzt: die Abschaffung der bürgerlichen Klassenherrschaft durch die freie Unternehmerinitiative, die Vergesellschaftung der wichtigsten Produktionsmittel durch Förderung des privaten Eigentums an den Produktionsmitteln und nicht zuletzt die planwirtschaftlichen Gedanken durch das Bekenntnis zur Marktwirtschaft.

Eine weitere Phase der programmatischen Entwicklung der SPD wird bestimmt durch den *Ökonomisch-politischen Orientierungsrahmen* für die Jahre 1975 bis 1985 (OR 85), das von der Grundsatzkommission der SPD im Oktober 1977 vorgelegte Diskussionspapier ,,Grundwerte in einer gefährdeten Welt" sowie den ,,Wirtschaftlichen Leitantrag" zum Hamburger Parteitag vom November 1977. – Der OR 85, der am 14. November 1975 nach heftiger Diskussion zweier Vorentwürfe auf dem Mannheimer Parteitag verabschiedet wurde, ist kein Ersatz für das *Godesberger Programm*, sondern eine Fortschreibung. *Willy Brandt* schrieb im Vorwort: ,,Er bestätigt die grundsätzliche Position von Godesberg nicht nur, er ergänzt sie in wesentlichen Bereichen . . . Hier hat die größte Partei in der Bundesrepublik den Versuch unternommen, das Zwischenstück zwischen Tagespolitik und Grundsatzprogramm zu schaffen und damit die in das kommende Jahrzehnt hinausreichenden Aufgaben zu beschreiben." In ähnlicher Weise wird auch der programmatische Standort der ,,Grundwerte in einer gefährdeten Welt" gedeutet: Zum einen ist das Papier eine Fortschreibung des *Godesberger Programms*, der Versuch also, Antwort auf grundsätzlich neue Fragestellungen nach Godesberg zu geben; zum anderen steht es im engen Zusammenhang mit dem Langzeitprogramm (OR 85), denn, so *Willy Brandt* im Vorwort: ,,Wer über Grundwerte nachdenkt, muß sich dessen bewußt sein, daß man auf die Darstellung der entsprechenden ökonomisch-politischen Rahmenbedingungen nicht verzichten kann."

Diese ökonomisch-politischen Rahmenbedingungen haben sich seit 1959, also seit Verabschiedung des *Godesberger Programms,* verändert: Das Wirtschaftswachstum wird heute anders gesehen als früher; die ökologische Dimension der wirtschaftlichen Entwicklung war 1959 noch nicht relevant; die Nord-Süd-Problematik der Dritte-Welt-Politik begann erst Anfang der 70er Jahre. Kein Wunder also, daß die SPD 25 Jahre nach Godesberg über ein neues Grundsatzprogramm nachzudenken begann.

Den ersten Schritt machte die SPD mit dem Ende 1983 bekanntgewordenen Papier: „*Arbeit für alle – die Zukunft gestalten.* Sozialdemokratische Antworten auf die wirtschaftlichen und sozialen Herausforderungen der Gegenwart". Hier werden sechs Schwerpunkte zur Krisenbewältigung gesetzt: 1. Industriepolitik und Modernisierung der Volkswirtschaft, 2. Strukturpolitik für neue Arbeitsplätze, 3. Arbeit und Umwelt, 4. Qualifizierungsoffensive für bessere Chancen, 5. Finanzpolitik zwischen Konsolidierung und Zukunftsaufgaben. 6. Weltwirtschaftspolitik, Europa und die Entwicklung der Welt.

Dieses Programm wurde dem Essener Parteitag 1984 mit folgendem Antrag empfohlen: „Der Bundesparteitag möge beschließen: In der SPD ist die Diskussion über gesellschafts- und wirtschaftspolitische Grundpositionen erneut in Gang gekommen. Die Grundwertekommission hat hierzu erste Vorschläge erarbeitet. Diese Diskussion muß in den nächsten Jahren fortgesetzt und vertieft werden. Der folgende Antrag enthält Ausgangspositionen aus heutiger Sicht für die Fortsetzung der Arbeit an den wirtschaftspolitischen Vorstellungen der SPD. Der Parteitag beauftragt den Parteivorstand, auf dieser Basis bis 1986 eine weiterführende wirtschaftspolitische Konzeption zu erarbeiten."[6)]

Willy Brandt hatte noch 1971 erklärt, die SPD brauche für einen überschaubaren Zeitraum kein neues Grundsatzprogramm. 13 Jahre später stellte er fest: „Unterdessen hat uns die Entwicklung aufs neue nachdrücklich klargemacht, daß die Hoffnung auf eine im wesentlichen krisenfrei funktionierende Wirtschaft eine Illusion war. Das *Godesberger Programm*, auf das sich die SPD bis heute noch stützt, ignoriert fast vollständig die Nord-Süd-Gemeinschaft."[7)] In dieser Bedeutung sollte Godesberg nicht „ausgelöscht werden", wie *Brandt* erklärte. „Wir wollen es der Zeit gemäß weiterentwikkeln."[8)]

Auch *Erhard Eppler* versicherte auf dem Essener Parteitag, niemand in der Grundwertekommission denke daran, an den Grundentscheidungen des *Godesberger Programms* von 1959 zu rütteln.

6) SPD-Parteitag Essen, Anträge S. 6.
7) Willy Brandt im Deutschen Allgemeinen Sonntagsblatt vom 18. 10. 1984.
8) Willy Brandt auf einer Veranstaltung anläßlich des 25. Jahrestages der Verabschiedung des Godesberger Programms im Erich-Ollenhauer-Haus.

„Jedes Zurück hinter Bad Godesberg wäre ein Schildbürgerstreich.“[9)]

Nach dem Rücktritt *Willy Brandts* übernahm *Hans-Jochen Vogel* als neuer Parteivorsitzender auch den Vorsitz über die Programmkommission. Die eigentliche Programmarbeit oblag *Oskar Lafontaine* als geschäftsführendem Vorsitzenden der Programmkommission.

Aus seiner Sicht bietet das *Godesberger Programm* keine Grundlage für die Bewältigung der heutigen Probleme. Das gilt vor allem für die Bereiche Umwelt, Technik, Arbeit, Gleichstellung von Mann und Frau, aber auch Frieden und Demokratie.[10)]

Die Arbeit an *„Godesberg 2“*, wie das neue Grundsatzprogramm der SPD auch genannt wurde, erstreckte sich über Jahre. Nach intensiver Diskussion des *Irseer Entwurfs* im Jahre 1986, die nicht nur innerhalb der Partei, sondern in aller Öffentlichkeit stattfand, wurde das Programm endgültig auf dem Berliner Parteitag am 20. Dezember 1989 verabschiedet. Es hält in seinen Kernpunkten an den Grundsätzen des *Godesberger Programms* von 1959 fest, d.h. die Sozialdemokraten treten als „linke Volkspartei“ weiterhin für einen demokratischen Sozialismus ein, orientieren sich, wie in Godesberg beschlossen, an den Grundwerten „Freiheit, Gerechtigkeit und Solidarität“. Auch der wirtschaftspolitische Kernsatz des *Godesberger Programms* findet sich im neuen Grundsatzprogramm wieder: „Wettbewerb so weit wie möglich – Planung so weit wie nötig“. Eine wesentliche Änderung gegenüber Godesberg ist jedoch der ökologische Ansatz, der in der Forderung gipfelt, die Industriegesellschaft ökologisch zu erneuern. Weiterhin unterscheiden sich beide Programme in den Grundsätzen über die Zukunft der Arbeit. Der Begriff der Arbeit wird neu definiert: Unter Arbeit versteht die SPD nicht nur Produktion und Verwaltung, sondern jede gesellschaftlich nützliche Tätigkeit.

Brachte das *Godesberger Programm* eine Hinwendung zur Sozialen Marktwirtschaft, steht im Mittelpunkt des neuen Grundsatzprogramms die ökologische Umgestaltung der Marktwirtschaft. Diesem Ziel diente auch die Arbeit an einem Regierungsprogramm, das

9) SPD-Parteitag Essen, Anträge S. 6.

10) Vgl. Vorwort zu „Die Zukunft des Fortschritts. Beiträge zur sozialdemokratischen Programmdiskussion“, Hrsg. Vorstand der SPD, Bonn.

die Arbeitsgruppe „Fortschritt '90" des SPD-Vorstandes, ebenfalls unter der Leitung von *Oskar Lafontaine*, zum SPD-Wahlparteitag im September 1990 in Berlin vorlegte. Die Schwerpunkte legt dieses Programm auf die Bereiche Umweltschutz und soziale Gerechtigkeit. Im Falle einer Übernahme, so das Programm, plane die SPD einen ökologischen Umbau der Industriegesellschaft. „Der ökologische Umbau ist eines der herausragenden politischen Ziele. Das gilt für die Bundesrepublik und die DDR in gleichem Maße", so heißt es in dem Arbeitsbericht der Gruppe „Fortschritt '90".[11)]

Mit dem *Berliner Grundsatzprogramm*, das über das Jahr 2000 hinausreichen soll, und dem Regierungsprogramm „Fortschritt '90", das die Richtlinien für die unmittelbar vor uns liegenden Jahre enthält, ist die Programmdiskussion innerhalb der SPD vorerst abgeschlossen, wenn dieses auch unter dem Titel „Deutschland 2000" fortgeschrieben werden soll.

5.4.4 Organisation[12)] und Struktur

Mitgliedschaft

Mitglied kann jede Person werden, die sich zu den Grundsätzen der Partei bekennt. Daraus ergibt sich, daß auch Ausländer Parteimitglied werden können. Die untere Grenze für den Eintritt ist das vollendete 16. Lebensjahr. Über die Aufnahme entscheidet der Vorstand des Ortsvereins. Wird innerhalb eines Jahres kein Einspruch erhoben, so gilt die Aufnahme als endgültig. Einspruchsberechtigt ist jedes Mitglied.

Jedes Parteimitglied muß der für seinen Wohnort zuständigen Organisation angehören. Doppelmitgliedschaften sind unzulässig.

Wer Mitglied der SPD werden will, hat ein Eintrittsgeld zu entrichten, dessen Höhe der jeweilige Bezirksvorstand bestimmt. Die monatlichen Beiträge sind in der Finanzordnung (§ 1) des Organisationsstatuts nach dem monatlichen Nettoeinkommen festgelegt. Sie betragen:

11) Materialien: Offensive für ein modernes Deutschland. Arbeitsbericht der Arbeitsgruppe Fortschritt '90: Die Ökologische Marktwirtschaft, Hrsg. Vorstand der SPD, Bonn.

12) Zugrunde liegt das Organisationsstatut der SPD mit Wahl-, Schieds- und Finanzordnung, Stand: 29. Mai 1991.

Beiträge bei Monatseinkommen in DM						
600 bis 1 200	1 200 bis 1 500	1 500 bis 2 000	2 000 bis 3 000	3 000 bis 4 000	4 000 bis 7 000	über 7 000
5,–	6,–	8,–	12,–	50,–	120,–	400,–
	7,–	9,–	15,–	60,–	150,–	
		10,–	20,–	70,–	200,–	
		11,–	25,–	80,–	250,–	
			30,–	100,–		
			35,–			
			45,–			

Jedes Mitglied stuft sich im Rahmen der für ihn zutreffenden Gruppe selbst ein. Der jeweils erstgenannte Beitragswert stellt den erwarteten Mindestbeitrag dar.

Für Mitglieder ohne Einnahmen oder mit geringfügigem Einkommen beträgt der monatliche Beitrag 3,– DM.

Wer länger als drei Monate mit seinen Beiträgen im Rückstand ist, kann nach wiederholten, ergebnislosen Aufforderungen zur Beitragszahlung nach § 1 Abs. 5 der Finanzordnung als Mitglied gestrichen werden. Für den Auf- und Ausbau der Partei in der bisherigen DDR entrichten die Mitglieder einen Sonderbeitrag, der für den Zeitraum vom 1. 1. 1991 bis 31. 12. 1994 erhoben wird. Er wird auf 10 % des Mitgliedsbeitrages, mindestens jedoch auf 2,– DM festgelegt.

Das ,,Parteiordnungsverfahren'' gegen ein Mitglied, ,,das durch beharrliches Zuwiderhandeln gegen die Beschlüsse des Parteitages oder der Parteiorganisation das Parteiinteresse schädigt oder sich einer ehrlosen Handlung oder eines groben Verstoßes gegen die Grundsätze der Partei schuldig macht'', kennt als Ahndung 1. die Erteilung einer Rüge, 2. die zeitweilige Aberkennung des Rechts zur Bekleidung einzelner oder aller Funktionen bis zur Dauer von drei Jahren, 3. das zeitweilige Ruhen einzelner oder aller Rechte aus der Mitgliedschaft bis zur Dauer von drei Jahren und 4. den Ausschluß aus der Partei. Der Antrag auf Durchführung eines Parteiordnungsverfahrens kann von jeder Organisationsgliederung bei der Schiedskommission des Unterbezirks, dem das betroffene Mitglied angehört, gestellt werden, unabhängig davon, ob der Beschuldigte ihr angehört. Die Verfahren werden von Schiedskommissionen bei den Unterbezirken als niedrigsten Instanzen geführt. Das Verfahren richtet sich nach der am 18. Dezember 1971 in Kraft getretenen Schiedsordnung, die Bestandteil des Organisationsstatuts ist.

Die SPD war von Anfang an in der Bundesrepublik die mitgliederstärkste Partei. Von 1968 (Bestand 732 446) bis 1976 stieg die Mitgliederzahl ständig an. Allein in der Zeit von 1968 bis 1972 vermehrte sich der Bestand um 220 000 Mitglieder. 1976 überschritt die SPD zum ersten Male die Millionengrenze (1 022 191 Mitglieder), die sie aber nur zwei Jahre halten konnte. ,,Dann beginnt eine lang anhaltende Talfahrt, die nur für das Wahljahr 1980 mit einem kleinen Plus in der Bilanz aufgehalten wird. Ende der 80er Jahre scheint die Talsohle nun endgültig erreicht. Für 1988 und 1989 gibt es wieder schwarze Zahlen mit einem kleinen hoffnungsvollen Sprung nach oben.“[13)]

Derzeit hat die SPD nach eigenen Angaben 928 273 Mitglieder[14)], davon schätzungsweise 33 000 aus der SPD-Ost. Die Struktur der Mitglieder stellte sich nach einer Analyse der SPD zum 30. 6. 1991 so dar:

Berufsgruppen		*Altersgruppen*	
Angestellte	26,64 %	bis 21 Jahre	1,53 %
Arbeiter/Facharbeiter	25,52 %	22 – 25 Jahre	3,00 %
Beamte	10,58 %	26 – 30 Jahre	5,67 %
Soldat/Wehrdienst	0,59 %	31 – 35 Jahre	7,81 %
Hausfrau/-mann	11,82 %	36 – 40 Jahre	10,72 %
Landwirt/in	0,16 %	41 – 50 Jahre	24,77 %
Auszubildende	1,80 %	51 – 60 Jahre	21,56 %
Rentner/Pens.	9,04 %	61 – 70 Jahre	15,24 %
Schüler/in, Studenten	6,59 %	71 und mehr	9,70 %
Selbständige	4,04 %		

Die SPD ist die Partei in der Bundesrepublik, in der mit Abstand

13) Elmar Wiesendahl, Der Marsch aus den Institutionen, a.a.O., S. 5.
14) Stand: 30. 6. 1991

die meisten Frauen organisiert sind. Nach der neuesten Strukturerhebung[15]) hat die SPD 252 841 (= 27,24 %) Frauen als Mitglieder, mehr als alle anderen im Bundestag vertretenen Parteien. Die Tendenz ist steigend: 1989 traten über 10 000 Frauen in die SPD ein, das sind rund 36 % der Neueintritte.

Organisatorische Gliederung

Der Organisationsstufe der Landesverbände bei der CDU entspricht in der Bedeutung bei der SPD der aus den Ortsvereinen und Unterbezirken zusammengesetzte Bezirk, der vom Parteivorstand nach politischer und wirtschaftlicher Zweckmäßigkeit abgegrenzt wird. In dieser Gliederung vollzieht sich die politische Willensbildung der Partei von unten nach oben. In Ländern mit mehreren Bezirken können nach politischer Zweckmäßigkeit Landesverbände als weitere Organisationsgliederungen (Dachverbände) gebildet werden, sofern alle Bezirke des Landes zustimmen. Die Landesverbände haben vor allem die landespolitischen Aufgaben zu erfüllen. Die Bezirke, deren Eigenschaft als Grundlage der Parteiorganisation durch die Bildung eines Landesverbandes nicht berührt wird, sind verpflichtet, dem Landesverband die für die Erfüllung seiner Aufgaben erforderlichen finanziellen, organisatorischen und personellen Voraussetzungen zu schaffen. Bezirksstruktur haben Nordrhein-Westfalen, Niedersachsen, Hessen und Rheinland-Pfalz. In Bayern wurden die drei SPD-Bezirke Franken, Südbayern und Niederbayern/Oberpfalz durch einen Landesverband ersetzt und sieben Bezirksverbände neu gegründet. Alle übrigen alten wie neuen Bundesländer haben nur einen SPD-Landesverband.

Die Organe

Die Organe der SPD auf Bundesebene sind: a) der Parteitag, b) die Kontrollkommission, c) der Parteirat und d) der Parteivorstand.

Der *Parteitag* ist das oberste Organ der Partei. Er setzt sich aus 400 in den Bezirken gewählten Delegierten zusammen. Dabei ist sicherzustellen, daß Frauen und Männer in der Delegation eines jeden Bezirkes mindestens zu 40 % vertreten sind. Hinzu kommen

15) Gesamtstatistik der SPD Ost-West vom 30. 6. 1991.

die Mitglieder des Parteivorstandes. Die Verteilung der Mandate erfolgt nach der Mitgliederzahl, für die im vorausgegangenen Geschäftsjahr Pflichtbeiträge an den Parteivorstand der einzelnen Länder abgeführt worden sind. Ferner gehören dem Parteitag die Mitglieder des Parteivorstandes an.

Mit beratender Stimme nehmen am Parteitag teil: die Mitglieder der Kontrollkommission, die Mitglieder des Parteirats, ein Zehntel der Bundestagsfraktion und ein Zehntel der Gruppe der SPD-Abgeordneten im Europäischen Parlament sowie die vom Parteivorstand bestellten Parteitagsreferenten und die Vertreter von Parteiinstitutionen. Zusammentritt alle zwei Jahre.

Aufgaben: Entgegennahme der Berichte über die Tätigkeit des Parteivorstandes, der Kontrollkommission; die Beschlußfassung über die dem Parteitag erstatteten Berichte und alle das Parteileben berührenden Fragen; die Beschlußfassung über die eingegangenen Anträge, die in der politischen Praxis der SPD eine bedeutende Rolle einnehmen. Sie mußten bisher drei Wochen vor dem Parteitag in der sozialdemokratischen Wochenzeitung ,,Vorwärts" veröffentlicht werden. Nunmehr bestimmt § 18 Abs. 2 Satz 2 des Organisationsstatuts, daß die Anträge von Organisationsgliederungen den Delegierten und den antragsberechtigten Organisationsgliederungen mit einer Stellungnahme der Antragskommission zwei Wochen vor dem Parteitag zuzustellen sind. *Außerordentliche Parteitage* sind einzuberufen: 1. auf Beschluß des Parteitages, 2. auf mit Dreiviertelmehrheit geforderten Beschluß des Parteivorstandes, 3. auf einstimmigen Beschluß der Kontrollkommission, 4. auf Antrag von mindestens zwei Fünfteln der Bezirksvorstände. Einberufungsfrist: vier Wochen, Veröffentlichungsfrist für Anträge: fünf Tage vor Abhaltung des Parteitages.

Der mit Dreimonatsfrist einberufene Parteitag ist beschlußfähig, wenn mehr als die Hälfte der Stimmberechtigten anwesend sind.

Die *Kontrollkommission* besteht aus neun vom Parteitag gewählten Mitgliedern, die nicht hauptamtlich in der Partei tätig sein dürfen. Sie tagt mindestens vierteljährlich einmal. Alle Einsendungen sind an den Vorsitzenden zu richten, ,,der seine Adresse in geeigneter Weise bekanntzugeben hat".

Aufgaben: Kontrolle des Parteivorstandes sowie Berufsinstanz für Beschwerden über den Parteivorstand.

Der *Parteirat* setzt sich zusammen aus Mitgliedern und beratenden Mitgliedern.

1. Mitglieder: 90 von den Parteitagen der Bezirke/Landesverbände in den westlichen Ländern der Bundesrepublik zu wählende Vertreter. Dabei erhält jeder Bezirk/Landesverband vorab ein Grundmandat. Die weiteren Mandate werden nach dem Schlüssel für die Errechnung der Delegiertenzahlen auf den Bundesparteitagen auf die Bezirke/Landesverbände verteilt.

2. Beratende Mitglieder: die Mitglieder der Kontrollkommission; je ein Vertreter der Landesverbände in Ländern mit mehr als einem Bezirk; die Vorsitzenden der Landtagsfraktionen; der Vorsitzende der Bundestagsfraktion; der Obmann der Gruppe der SPD-Abgeordneten im Europäischen Parlament; die sozialdemokratischen Ministerpräsidenten bzw. stellvertretenden Ministerpräsidenten der Länder; die sozialdemokratischen Mitglieder der Bundesregierung; der Vorsitzende des Seniorenrats; der Vorsitzende des Gewerkschaftsrats; je ein Vertreter des Gesamtbetriebsrats der SPD; je ein Geschäftsführer der Landesverbände und Bezirke.

Aufgaben: Der Parteirat ist anzuhören vor Beschlüssen des Parteivorstandes über grundlegende außen- und innenpolitische Entscheidungen, grundsätzliche organisatorische Fragen, Einrichtung von Parteiinstitutionen, die die Partei finanziell dauernd belasten, die Vorbereitung der Bundestagswahlen. – Der Parteirat hat außerdem die Politik in Bund, Ländern und Gemeinden aufeinander abzustimmen.

Der *Parteivorstand*, dem die Leitung der Partei obliegt, besteht aus dem Vorsitzenden, vier stellvertretenden Vorsitzenden, dem Bundesgeschäftsführer, dem Kassierer (Schatzmeister) und einer vom Parteitag festzusetzenden Zahl weiterer Mitglieder. Zur Durchführung der Parteivorstandsbeschlüsse und zur laufenden Geschäftsführung wählt der Parteivorstand aus seiner Mitte den geschäftsführenden Vorstand (Parteipräsidium, ähnlich dem Präsidium der CDU). Im Parteivorstand wie im Parteipräsidium müssen Männer und Frauen zu mindestens 40 % vertreten sein.

Aufgaben: Der Parteivorstand führt die Geschäfte der Partei und kontrolliert die grundsätzliche Haltung der Parteiorgane. Er vertritt die Partei und ist Eigentümer aller vorhandenen Gelder und sonstigen Vermögensstücke.

Sonderorganisationen

Im § 10 des Organisationsstatuts der SPD sind *Arbeitsgemeinschaften* zur Durchführung besonderer Aufgaben vorgesehen. Die Arbeitsgemeinschaften geben sich Arbeitsrichtlinien, die der Genehmigung des Parteivorstandes bedürfen. Solche Richtlinien liegen für folgende Arbeitsgemeinschaften vor: *Arbeitsgemeinschaft der Jungsozialisten und Jungsozialistinnen in der SPD – Arbeitsgemeinschaft Sozialdemokratischer Frauen – Arbeitsgemeinschaft Selbständige in der SPD (AGS) – Arbeitsgemeinschaft sozialdemokratischer Juristen (ASJ) – Arbeitsgemeinschaft der Sozialdemokraten im Gesundheitswesen (ASG) – Arbeitsgemeinschaft für Sozialdemokraten im Bildungsbereich (AfB) – Arbeitsgemeinschaft für Arbeitnehmerfragen.* – Daneben gibt es noch die *Bundesarbeitsgemeinschaft für Städtebau- und Wohnungspolitik der SPD*, die ebenfalls den Grundsätzen für die Tätigkeiten der Arbeitsgemeinschaften der SPD unterliegt.

Jugendorganisation

Jungsozialisten und Jungsozialistinnen in der SPD

Wie der Name schon vermuten läßt, handelt es sich bei den Jungsozialisten zunächst um eine Organisation junger Parteimitglieder. Ziff. 1 der ,,Arbeits- und Organisationsrichtlinien" besagt, daß in den Ortsvereinen der SPD Arbeitsgemeinschaften gebildet werden, die die jungen Mitglieder in der Partei bis zu 35 Jahren zusammenfassen sollen. Aber: ,,Zur Mitarbeit können auch junge Menschen herangezogen werden, die nicht Mitglied der Partei sind, ihr aber nahestehen. Diese können jedoch keine Funktionen in den Arbeitsgemeinschaften bekleiden." Da die Jungsozialisten keine eigene Organisation sind, sondern ein fester Bestandteil der SPD, gibt es keine Mitgliedschaft bei den Jungsozialisten, vielmehr nur in der SPD. Demgemäß erheben die Jungsozialisten auch keine eigenen Beiträge. Von den 928 273 SPD-Mitgliedern zählen 167 217 zu den Jungsozialisten.[16)] Auf dem Bundeskongreß im Sept. 1987 haben sich die Jungsozialisten, dem Trend der Zeit folgend, umbenannt in ,,Arbeitsgemeinschaft der Jungsozialisten und Jungsozialistinnen".

16) Vgl. Gesamtstatistik SPD Ost-West vom 30. 6. 1991.

Die Vereinigung mit den ehemaligen ,,Jungen Sozialdemokraten" der DDR-SPD erfolgte auf dem Potsdamer Vereinigungsparteitag am 10. März 1991. Zum neuen Vorsitzenden wurde *Ralf Ludwig,* ein Vertreter des gemäßigten Flügels gewählt. Er setzte sich mit 182 Stimmen gegen *Claudia Walter* vom marxistisch orientierten Flügel durch, die 161 Stimmen erhielt.

Der Organisationsaufbau der Jungsozialisten folgt dem der Partei.[17] Organe sind: der Bundeskongreß, der Bundesvorstand und der Bundesausschuß.

Der *Bundeskongreß* ist das oberste Beschlußgremium; er tritt alle zwei Jahre zusammen und wählt u.a. den *Bundesvorstand* und dessen sechs Stellvertreter. Dieser führt die Beschlüsse des Bundeskongresses aus; er nimmt die Geschäftsführung wahr und vertritt die Jungsozialisten in der Öffentlichkeit. Beraten wird er vom *Bundesausschuß*, der vor allen Beschlüssen über grundlegende politische und organisatorische Entscheidungen angehört werden muß. Der Bundesausschuß, der sich jeweils aus einem gewählten Vertreter der Bezirke zusammensetzt, tagt mindestens sechsmal im Jahr.

5.5 DIE GRÜNEN (GRÜ)

5.5.1 Entwicklung

VORAUSSETZUNGEN UND VORLÄUFER

Die heutigen GRÜNEN speisen sich aus drei politischen Strömungen:

- APO der 60er Jahre (Studentische Protestbewegung, die über die SPD zu den GRÜNEN kam)
- Bürgerinitiativen aller Art
- Friedensbewegung

Der Unterschied der Parteien zu diesen wie allen übrigen Interessengruppen liegt darin, daß die Parteien nicht nur ein bestimmtes Interesse vertreten, sondern das Gesamtinteresse der Gesellschaft

17) Vgl. dazu ,,Richtlinien der Arbeitsgemeinschaft der Jungsozialisten in der SPD. Beschlossen vom Parteivorstand am 10. Juni 1974."

bzw. des Staates; daß es ihre Aufgabe ist, als staatstragende Parteien zwischen den verschiedenen Interessengruppen zu vermitteln und einen Ordnungsrahmen zu schaffen, in dem der berechtigte Konflikt der Eigeninteressen zu einem notwendigen Konsens im Sinne des Gemeinwohls finden kann.

Daß die Parteien diese ordnungspolitische Funktion nicht immer voll erfüllt haben, wird ihnen z.B. von den Bürgerinitiativen vorgeworfen. Mit den Vorgängen in Wyhl im Jahre 1975 drängt das an konkreten Problemen aktualisierte bürgerliche Bewußtsein mit Macht an die politische Oberfläche. Das Erwachen dieses politischen Bewußtseins der Bürger verlief in drei Stufen:

1. Entstehung von Bürgerinitiativen;
2. Auftreten von Wählergemeinschaften bei den Landtagswahlen;
3. Gründung von Protestparteien.

Die Tausende zählenden Bürgerinitiativen haben seit ihrem massierten Auftreten in Wyhl folgendes erreicht:

- Die Politiker nehmen in ihren programmatischen Äußerungen wie in ihren politischen Entscheidungen auf Bundes- und Landesebene mehr Rücksicht auf die speziellen Belange der Bürger.
- Die Politiker suchen in stärkerem Maße die Bürgernähe, was zu einer Demokratisierung der politischen Willensbildung beiträgt.

Dennoch: Das Gefühl, daß die Parteien noch zu wenig, teilweise zu spät, in vielen Fällen zu langsam auf die Sorgen der Bürger reagieren, hat schließlich zur Gründung von Protestparteien geführt.

Die Bürgerinitiativen erstarkten Mitte der siebziger Jahre. Sie schlossen sich zu einem *Bundesverband der Bürgerinitiativen* (BBU) zusammen. Mit dem BBU verfügten die GRÜNEN über das „gesellschaftliche Vorfeld von rund tausend Bürgerinitiativen, den Umweltschützern ähnlich zugetan wie die Gewerkschaften der SPD".[1)]

Ihre Legitimation leiteten die Bürgerinitiativen dabei zunächst aus ihrer selbstbehaupteten und zumeist sachlich auch unbestrittenen Berechtigung ab. Es konnte im Zuge der Entwicklung jedoch nicht ausbleiben, daß der Wunsch erwachte, mit dem ökologischen Protest nicht vor den Toren des Parlaments halt zu machen, sondern

1) Wolfram Bickerich (Hrsg.), SPD und Grüne. Das neue Bündnis?, Reinbeck 1985, S. 15.

durch Einzug ins Parlament den eigenen Forderungen mehr Nachdruck zu verleihen. So entwickelten sich die Grünen zu einer parlamentarischen Alternativbewegung gegenüber den „etablierten" Parteien, die erstmals bei den Landtagswahlen in Hamburg und Niedersachsen beachtliche Erfolge erzielten, in Bremen und Hamburg erstmals den Sprung in ein Landesparlament schafften und schließlich im März 1983 in den Bundestag einzogen.

Diese Entwicklung der GRÜNEN bis zur Gründung der Bundespartei 1980[2)] kann man in vier Phasen einteilen:[3)]

1. Phase: Bürgerinitiativen beteiligen sich als Wählergruppen an Kommunalwahlen. So zum Beispiel die *Bürgerinitiative Umweltschutz Unterelbe* (BUU) in Hamburg, *Wählergemeinschaft zur Erhaltung der Wilster Marsch* in Schleswig-Holstein.

2. Phase: Örtliche Wählergruppen schließen sich landesweit zusammen; wobei z.T. landesweit eine, teils mehrere Landesparteien miteinander konkurrieren. Die erste landesweite grüne Liste der Bundesrepublik entstand in Niedersachsen im Mai 1977 mit der *Umweltschutzpartei Niedersachsen* (USP), die noch im gleichen Jahr mit der ebenfalls landesweiten *Grünen Liste Umweltschutz* (GLU) fusionierte. In einigen Ländern blieb es so bei einer grünen Partei, die sich aus verschiedenen grünen Listen bildete, in anderen Ländern konkurrierten grüne und bunte Listen gegeneinander.

3. Phase: Auf Landesebene wird der Versuch unternommen, konkurrierende Listen und Parteien zusammenzuführen. Dieser Versuch gelingt in der Zeit vor 1980 z.B. in Niedersachsen, wie oben unter 2. erwähnt, in Hamburg mit dem Zusammenschluß von *Grüne Liste Umweltschutz Hamburg* (GLU/HH) und *Bunte Liste – wehrt Euch* (BLW) zur *Grün-Alternativen Liste* (GAL).

4. Phase: Im Vorfeld der bundesweit stattfindenden Europawahl 1979 gelingt der Versuch, eine bundesweite Dachorganisation der Grünen als Vorläufer einer Bundespartei zu gründen: *Die Grüne Liste Umweltschutz* (GLU), *Grüne Liste Schleswig-Holstein* (GLSH), *Aktionsgemeinschaft Unabhängiger Deutscher* (AUD), *Grüne Aktion Zukunft* (GAZ), *Freie Internationale Universität* (FIU) und der

2) Zur Entstehung der GRÜNEN in den einzelnen Bundesländern vgl. u.a.: F. Müller-Rommel/Th. Poguntke, Die GRÜNEN, in: Oberreuter/Mintzel, a.a.O., S. 276 ff.
3) Vgl. Klaus G. Troitsch in: H. Kaack/R. Roth (Hrsg.), Handbuch des Deutschen Parteiensystems, 2 Bd. Opladen 1980, Bd. 1, S. 260 ff.

Arbeitskreis 3. Weg (A3W) schlossen sich zur ,,Sonstigen politischen Vereinigung (SPV) ,Die Grünen' " zusammen und führten einen gemeinsamen Wahlkampf.

Erste Wahlerfolge

1978 erfolgten die ersten Schritte bei den Teil-Kreiswahlen in Niedersachsen und den Kommunalwahlen in Schleswig-Holstein. Hier zogen grüne Kandidaten in alle vier Kreistage, wo sie zur Wahl angetreten waren, in den Kreistag ein.

Erste Erfolge auf Landesebene erzielten die Grünen und Bunten im gleichen Jahr in Hamburg (Bunte Liste 3,5 %, GLU 1,0 %), Niedersachsen (GLU 3,9 %), Berlin (AL 3,7 %) und Schleswig-Holstein (Grüne Liste 2,4 %).

Erstmals in ein Landesparlament zogen die Grünen nach der Wahl vom 7. Oktober 1979 in Bremen ein (6,5 %, davon AL 1,4 %).

Das Jahr 1979 brachte das erste bundesweite Auftreten der Grünen bei der Europawahl: die ,,Sonstige Politische Vereinigung – ,Die Grünen' " erreichte 3,2 %.

Ein halbes Jahr später wurde dann die Bundespartei DIE GRÜNEN gegründet, da zu einer Bundestagswahl nur Parteien antreten können. Nur drei Monate später zogen Grüne erstmals auch in Baden-Württemberg in das Parlament eines Flächenstaates ein.

Die Bundespartei der Grünen

Am 13. Januar 1980 konstituierten sich DIE GRÜNEN in Karlsruhe als Bundespartei.

Wolf-Dieter Hasenclever interpretierte in seiner Eigenschaft als baden-württembergischer Landtagsabgeordneter, ,,daß sich das herkömmliche eindimensionale Links-Rechts-Schema der gewohnten Parteienordnung durch die ökonomisch-ökologische Frage (und mit ihr zusammenhängend die Friedensfrage) ins Zweidimensionale ausgeweitet hat".[4)] Die übrigen Parteien haben, wie *Hasenclever* feststellt, in der Mehrheit diese ökonomische Dimension noch nicht aufgenommen, die sich vor allem bei der Jugend entwickelt hatte. So

4) Wolf-Dieter Hasenclever: Die GRÜNEN: Signal für das Ende des herkömmlichen Parteiensystems, in: Christian Graf von Krockow (Hrsg.): Brauchen wir ein neues Parteiensystem?, Frankfurt 1983, S. 146 ff.

wurden die grün/alternativen Parteien aller Schattierungen zum Ausdruck des Protestes der jungen Generation, die auch das Hauptreservoir ihrer Wähler stellt.

Von Anfang an gärte jedoch in diesem Zusammenschluß der Spaltpilz, der insbesondere auf den Programmparteitagen in Saarbrücken (Bundesprogramm) und Dortmund (Wahlprogramm) zu Zerwürfnissen, Austritten *(Springmann)* und Abspaltungen führte. Unter anderem kam es zur Gründung der *Grünen Föderation* durch GAZ, GLU, GLSH *(Grüne Liste Schleswig-Holstein)*, die *Bremer Grüne Liste* sowie die *Arbeitsgemeinschaft Ökologische Politik*, aus der dann die ÖDP hervorging.

So gingen die GRÜNEN, die zuvor bereits beachtliche Erfolge erzielt hatten, gespalten in den Bundestagswahlkampf 1980. Gelang es ihnen noch bei der Europawahl („Sonstige Politische Vereinigung (SPV) ‚Die Grünen' ") 3,2 % der Stimmen zu erzielen, konnten sie in Hamburg und Niedersachsen die FDP aus dem Parlament verdrängen und in Bremen und Baden-Württemberg (5,3 %) ins Parlament einziehen, so war das Ergebnis der Bundestagswahl mit 1,5 % enttäuschend.

Bei den darauf folgenden Landtagswahlen des Jahres 1982 konnten die Grünen dann teilweise wieder beachtliche Erfolge erzielen: In Hessen 8 % der Zweitstimmen (9 Mandate), in Niedersachsen 6,5 % (11 Mandate, also 1 Mandat mehr als die FDP), in Bayern 4,6 %, in Hamburg, wo die GRÜNEN als GAL Grün Alternative Liste auftreten, 7,7 % im Juni und 6,8 % bei der vorgezogenen Wahl im Dezember (das sind 9 bzw. 8 Mandate).

Bei der Bundestagswahl am 6. März 1983 gelang den GRÜNEN dann als erster aller seit 1949 neu gegründeten Parteien in den Bundestag einzuziehen. Sie erhielten 5,6 % der Zweitstimmen, was ihnen 27 Mandate einbrachte. Das war weniger, als sie erhofft hatten, genügte aber, um sie als vierte Kraft im Staate zu verankern. Angeführt wurde die Fraktion der GRÜNEN zunächst von drei Abgeordneten: *Petra Kelly, Marie-Luise Beck-Oberdorf* und *Otto Schily*. Im April 1984, also bereits nach einem Jahr, wurden diese Sprecher „entmachtet" und ein weiblicher Fraktionsvorstand etabliert: *Waltraud Schoppe, Antje Vollmer* und *Annemarie Bergmann*. Damit wollten die GRÜNEN ein Signal für alle Frauen setzen, sich mehr in der Politik einzusetzen. Hauptgrund war aber wohl der Verdacht, der alte Vorstand habe ein Bündnis mit der SPD angestrebt. – In der Mitte der Legislaturperiode wurden dann gemäß dem Rotationsprinzip die Abgeordneten der GRÜNEN ausgewechselt und damit auch der Fraktionsvorstand neu bestimmt, der nun wieder paritätisch mit Frauen und Männern besetzt wurde.

Die beiden letzten Wahlen des Jahres 1983 – die Landtagswahl in Hessen und die Bürgerschaftswahl in Bremen am 25. 9. 1983 – waren für die GRÜNEN mehr oder weniger erfolgreich: In Hessen verloren sie 2,1 %, blieben aber mit 5,9 % im Landtag, jedoch erst an vierter Stelle nach der FDP, die wieder in den Landtag einzog (7,6 %). – In Bremen traten die GRÜNEN erstmals als Bundespartei bei der Bürgerschaftswahl an, neben BGL (Bremer Grüne Liste) und BAL (Betriebliche-Alternative Liste). Auf Anhieb erzielten sie 5,4 %, die BGL, die vier Jahre zuvor als erste grüne Gruppierung mit 5,1 % in ein Landesparlament einzog und diesmal gegen die GRÜNEN antrat, mußte sich mit 2,4 %, die BAL gar mit 1,4 % begnügen.

Das Wahljahr 1984 begann mit einem guten Abschneiden der GRÜNEN in Baden-Württemberg (8 %), endete 1985 aber im Saarland mit 2,5 % und in Nordrhein-Westfalen mit 4,6 % nicht sehr erfolgreich. In Berlin, wo am 10. März 1985 das Abgeordnetenhaus neu gewählt wurde, konnten sich die GRÜNEN und die Alternative Liste (AL) nicht auf eine Zusammenarbeit einigen. Die Wahlen brachten für die Berliner GRÜNEN (etwa 120 Mitglieder) eine Fehlanzeige, für die AL dagegen (ca. 3 000 Mitglieder) 10,6 %.

Erfolgreich blieben die GRÜNEN vorerst auf kommunaler Ebene. So brachten die Kommunalwahlen in Bayern (März 1984) den GRÜNEN einen beträchtlichen Zuwachs an Mandaten. In Nordrhein-Westfalen (30. 9. 84) brachten die Wahlen den GRÜNEN ebenfalls Zulauf aus allen Richtungen. In Hessen schließlich (10. 3. 1985) zogen die GRÜNEN in die Parlamente von 17 Landkreisen und fünf kreisfreien Städten ein.

Dieser Erfolg setzte sich bei den Landtags- und Bundestagswahlen im großen und ganzen fort. In Bayern gelang den GRÜNEN 1986 erstmals mit 7,5 % der Sprung in den Landtag; in Niedersachsen erhielten sie 11 %. Die Bundestagswahl im Januar 1987 brachte im Endeffekt nicht den gewünschten Erfolg; wohl legten die GRÜNEN um 2,7 % zu (8,3 % der Zweitstimmen), aber wegen des schlechten Abschneidens der SPD kam es, trotz hoher Verluste der CDU, nicht zu der erhofften Regierungskoalition mit der SPD. Die Landtagswahlen 1987 brachten für die GRÜNEN folgende Ergebnisse: Hessen 9,4 %, Hamburg (GAL) 7,0 %, Rheinland-Pfalz 5,9 %, Bremen 10,2 %, Schleswig-Holstein 3,9 %.

Aufgrund der guten Wahlergebnisse einerseits, der teilweise schlechten Wahlergebnisse der FDP andererseits, hatten die GRÜNEN vor allem in den Bundesländern teilweise die Rolle der dritten Kraft im politischen System der Bundesrepublik übernommen, was nicht zuletzt in verschiedenen rot-grünen Koalitionen zum Ausdruck kam. Heute sind die GRÜNEN, die bei den Landtagswahlen von 1988 bis 1991 lediglich in Schleswig-Holstein (2,9 %) und im Saarland (2,6 %) an der Fünf-Prozent-Klausel scheiterten, in 9 von 11 westdeutschen Landtagen vertreten. Nach dem schlechten Abschneiden bei der ersten Gesamtberliner Wahl, bei der die AL von 11,8 % auf 5 % absackte, sind die GRÜNEN in den alten Bundesländern nur noch in Niedersachsen und in Hessen in Koalition mit der SPD an der Regierung beteiligt, in Bremen in Ampelkoalition mit SPD und FDP.

Ein unerwartetes Ergebnis zeitigt für die GRÜNEN die erste gesamtdeutsche Wahl. Mit 3,8 % bedeutete sie das „Aus" auf Bundesebene, während ihre Partner im Osten (vgl. das Kapitel „Wie Bundesparteien und die DDR-Parteien") aufgrund des Überspringens der Fünf-Prozent-Klausel im östlichen Wahlgebiet in den Bundestag einzogen. Zusammen hätten es beide, wenn sie sich vor der Wahl zu einer Gesamtpartei vereinigt hätten, geschafft. Realo *Hubert Kleinert* zog die Bilanz: „Das Ergebnis ist die Konsequenz von vier Jahren Dilletantismus, Bürokratismus und all den Grundübeln grüner Politik, die wir seit unseren Anfängen mit uns herumschleppen . . . Der Kredit, den wir hatten, ist aufgebraucht."[5] Die Reformer um *Joschka Fischer* verlangten daher gleich nach der Wahl eine radikale Strukturreform, die auf der Bundesversammlung am 28. April 1991 in Neumünster zum Teil erfolgte: Der Bundesvorstand wurde von 13 auf neun Personen reduziert; Führungsgremium ist künftig der vierköpfige Geschäftsführende Bundesvorstand, dem die beiden Sprecher (*Christine Weiske*, Ost und *Ludger Volmer*,

5) Spiegel-Interview nach der Wahl mit Hubert Kleinert, Der Spiegel, Nr. 49 vom 3. 12. 1990.

West[6]), der neu geschaffene „politische Geschäftsführer" (*Heide Rühle*) und der Schatzmeister (*Henry Selzer*) angehören („organisatorischer Geschäftsführer" ist *Dorothea Staiger*). Die Rotation wurde für den Bundesvorstand abgeschafft, die Trennung von Amt und Mandat nur teilweise.

Rechts-Links-Einordnung

Die Frage nach der politischen Einordnung der GRÜNEN auf der Rechts-Links-Skala hat von Anfang an eine Rolle gespielt. Nach einer Befragung des Emnid-Instituts im September/Oktober 1981 sahen sich die GRÜNEN zu dieser Zeit sowohl nach dem Urteil ihrer Gegner als auch nach dem Verständnis ihrer Anhänger als „Linkspartei".[7]

Der Aufstieg der GRÜNEN erfolgte aus einem Wählerpotential, das sich, wie *Hans-Joachim Veen* feststellt[8], politisch-ideologisch selbst links von der Mitte bis zur extremen Linken hin ansiedelt. Die Linksdominanz der Wähler der GRÜNEN hat sich, wie empirische Untersuchungen des Sozialwissenschaftlichen Forschungsinstituts der Konrad-Adenauer-Stiftung (dessen Leiter *Veen* ist) von 1980 bis 1984 zeigen, immer eindeutiger ausgeprägt:

Die Zusammensetzung der GRÜNEN-Anhänger

GRÜNEN-Anhänger %	1980	1984
ehemalige CDU/CSU-Wähler	7	5
ehemalige SPD-Wähler	36	20
ehemalige FDP-Wähler	4	0
ehemalige GRÜNEN-Wähler	4	52
ehemalige NPD- bzw. DKP-Wähler	5	0
Erstwähler	36	13
Nichtwähler	9	11

Quelle: Sozialwissenschaftliches Forschungsinstitut der Konrad-Adenauer-Stiftung.

6) Beide von der gemäßigten Linken. Die Fundis kündigten darauf ihren Austritt aus der Partei an, der zwei Wochen danach erfolgte. *Jutta Ditfurth* gründete im Dezember 1991 eine neuen Links-Partei, die „Ökologische Linke".

7) Werner Harenberg, Sicherer Platz links von der SPD? Die Wähler der GRÜNEN in der Demoskopie, in: Jörg R. Mettke (Hrsg.): Die GRÜNEN, Regierungspartei von morgen?, Hamburg 1982, S. 37.

8) Dr. Hans-Joachim Veen: Die neue Linke in der Wohlstandsgesellschaft. Standort und politische Einstellungen der GRÜNEN-Wähler, FAZ vom 3. Sept. 1984; ders.: Wer wählt grün?, in: Aus Politik und Zeitgeschichte, B 35–36/84, S. 3 ff.

„Je älter diese Partei wird, um so linker werden ihre Wähler. Bezeichneten sich zu Beginn der 80er Jahre noch etwa 60 % von ihnen als Linke, so sind daraus 1986 beachtliche 80 % geworden. Somit sind sie heute das, was die SPD wohl früher einmal war – eine (auch) nach der Struktur ihrer Wählerschaft linke Partei.“[9] Dennoch galten die GRÜNEN Anfang der 80er Jahre noch nicht als ausgesprochene „Links-Partei“. *Franz Urban Pappi* belegt das mit folgenden Zahlen[10]:

Die Links-Rechts-Einschätzung der Parteien und die durchschnittliche Selbsteinschätzung der Wähler im Zeitvergleich) (Mittelwerte)*

Partei	1980	1983	1987	1989
GRÜNE	3,99	3,09	2,63	3,01
SPD	4,25	4,12	3,66	4,13
FDP	5,70	6,99	7,39	6,85
CDU	8,25	8,54	8,76	8,12
CSU	9,11	9,32	9,42	8,87
REP	–	–	–	9,40
Durchschnittliche Selbsteinschätzung der Wähler	6,21	6,15	6,14	6,10

*) Die Skala reicht von 1 = links bis 11 = rechts.

Am weitesten nach links schlug das Pendel bei den GRÜNEN 1987 aus, bis dann 1988 die Linken in der Partei ihren Einfluß, den sie fünf Jahre lang ausübten, verloren und der fundamentalistische Vorstand abgewählt wurde. Er wurde zunächst durch einen kommissarischen Vorstand aus einer Mischung von Links, Mitte und Konservativ abgelöst. Bei der Wahl des neuen Vorstandes im März 1989 in Duisburg verloren die Fundamentalisten endgültig ihre Mehrheit bei den GRÜNEN: Der Reformflügel setzte sich durch. *Jutta Ditfurth* hatte das bereits 1988 vorausgesehen und vor einem „Rechtsruck“ gewarnt. In Wirklichkeit jedoch handelt es sich eher um eine Annäherung an die Mitte als um einen ausgesprochenen Rechtsruck. *Joschka Fischer* nannte es in diesem Sinne in einem SPIEGEL-Gespräch als sein Ziel, die GRÜNEN „für den sozial engagierten

9) Oberreuter/Mintzel, a.a.O., S. 137.

10) Franz Urban Pappi, Die Republikaner im Parteienspektrum der Bundesrepublik, in: Aus Politik und Zeitgeschichte B 21/90 v. 18. Mai 1990, S. 40.

und den ökologisch orientierten Teil der neuen Mittelschichten attraktiv zu machen und zu öffnen".[11] Auch *Kurt Biedenkopf* sieht die GRÜNEN seit 1989 sich zur Mitte hin bewegen. ,,In meinen Augen", so erklärte er gegenüber der ,,Süddeutschen Zeitung", ,,strömen in den GRÜNEN Kräfte zusammen, die überwiegend aus der Mittelschicht kommen, und zwar aus der Minderheit, die sagt, alleine mit der Aufrechterhaltung des materiellen Status quo können wir nicht zufrieden sein, sie entspricht nicht der Verantwortung, die wir für die Zukunft, für die Umwelt, für die wirklich Armen, für die Frauen, für die Dritte Welt haben."[12]

5.5.2 Strategie

,,Die Bewegung der Bürgerinitiativen hat lange geschwankt, ob sie den Schritt zur Parteienbildung wagen oder als kritisches Ferment gegenüber dem herrschenden Parteien-, Verwaltungs- und Verbändestaat außerhalb des Parteiensystems aktiv bleiben sollte."[13]

Die Frage, ob die GRÜNEN links, in der Mitte oder mehr rechts einzuordnen sind, zielt damit auch mitten in den Prinzipienstreit, ob die GRÜNEN allein als außerparlamentarische Opposition, als Opposition im Parlament oder in rot-grüner Koalition mit der SPD agieren sollten. Und das wiederum ist eine Frage, von welchem Flügel der Partei aus argumentiert wird.

Die Geschichte der Bundesversammlungen der GRÜNEN ist nicht zuletzt auch eine Geschichte interner Flügelkämpfe, zunächst zwischen Realos und Fundis. *Joschka Fischer* zur Entstehungsgeschichte dieses Konflikts: ,,Der Fundi/Realo-Konflikt ist zwischen Hamburg und Hessen entstanden, in Hessen auf dem Hintergrund der rot-grünen Entwicklung. Mit dem Ende der Koalition wurde dieser Konflikt leblos. Er hat sich verselbständigt ohne Fundament in der Sache. In Hamburg hat die GAL nach dem ersten Wahlsieg[14] noch Verhandlungen mit der SPD über Tolerierung geführt. Nach dem

11) Für neue Mittelschichten attraktiv machen, Gespräch mit Joschka Fischer, Der Spiegel 50/88, S. 34.

12) Interview mit Kurt Biedenkopf in der SZ v. 23. 3. 1989.

13) K. Sontheimer, a.a.O., S. 156.

14) 1982 fanden zwei Bürgerschaftswahlen in Hamburg statt: am 6. 6. erhielt die GAL 9 Mandate, am 9. 12. 8 Mandate.

zweiten großen Wahlerfolg wurde sie politikunfähig durch ihren praxislosen Radikalismus.“[15]

Es geht bei der Frage Fundis/Realos um das Kernproblem, ob die GRÜNEN eine Reform- oder Protestpartei sein wollen. Die Fundis wollen außerhalb der Institutionen, außerhalb der Parlamente kämpfen, die Realos dagegen wollen den Weg durch die Institutionen gehen, mit parlamentarischen Mitteln kämpfen, konsens- und koalitionsfähig sein. Sie sehen nur darin die Möglichkeit, sich im Parteienspektrum der Bundesrepublik zu behaupten; Zahlen scheinen das zu belegen: „Überall dort, wo die grünen Realos den Taktstock in der Hand halten, konnte die Partei Erfolge für sich verbuchen. Bei der letzten hessischen Landtagswahl 1987 vermochte die Partei nach dem Scheitern des rot-grünen Bündnisses Boden gutzumachen (+ 3,5 %), kam schließlich auf 9,4 %. Und in Baden-Württemberg, wo Realo-Exponent *Rezzo Schlauch* an vorderster Front grüne Politik praktiziert, konnte die Partei bei der Landtagswahl im März 1988 ihr Wahlergebnis halten (7,9 %). Dagegen mußten die Hamburger Fundis bei der letzten Landtagswahl 1987 eine empfindliche Niederlage hinnehmen. Nur noch 7 % der Stimmen (1986: 10,4 %) fielen auf die GAL. Auch in Schleswig-Holstein sieht die Situation der GRÜNEN nicht viel besser aus. Trotz großer Anstrengungen vermochte die Partei auch hier ihr Wahlergebnis nicht zu verbessern. Mit 2,9 % scheiterte die Partei erneut an der Fünf-Prozent-Hürde.“[16]

Zur ersten offiziellen Strategiedebatte war es in der Bundesversammlung der GRÜNEN vom 7. bis 9. Dezember 1984 in Hamburg gekommen: Der Hamburger Parteitag „entschied, so scheint es, salomonisch zwischen Fundamentalisten und Realos, Öko-Sozialisten und Öko-Libertären. Die Übergänge zwischen diesen vier Fraktionen sind gelegentlich fließend, zuweilen krass“.[17]

Die Fundamentalisten (*Petra Kelly, Jutta Ditfurth* u.a.) wie die Öko-Sozialisten (*Thomas Ebermann, Reiner Trampert* u.a.) streben eine neue Gesellschaft an, was nach ihrer Meinung mit der SPD nicht möglich ist. Für sie ist Verändern wichtiger als Regieren. Die

15) Spiegel-Gespräch mit Joschka Fischer, a.a.O., S. 38.
16) Peter Heinacher, Richtungsstreit zwischen Fundis und Realos, läutet Niedergang der Partei ein, in: Handelsblatt v. 29. 9. 1988.
17) Wolfram Bickerich, a.a.O. S. 25.

Öko-Libertären (*Wolf Dieter Hasenclever, Ernst Hoplitschek, Thomas Schmid* u.a.) sind dagegen kompromißfähiger; sie legen den Akzent auf das Ökologische und suchen den dritten Weg zwischen Kapitalismus und Sozialismus. Die Realos endlich sind die Pragmatiker unter den GRÜNEN (*Joschka Fischer, Hubert Kleinert*, bis 1989 *Otto Schily*). Sie sehen ihre Chancen in rot-grünen Bündnissen.

Neben diesen vier Gruppierungen ist hin und wieder auch noch von anderen die Rede wie z.B. den an der neuen Linken orientierten *Traditionellen Sozialisten*, den *Wertkonservativen*, den *Nur-Ökologen* und der *nicht-ökologischen Alternative*, die sich auf Einzelfragen wie Ausländer oder Gesundheit spezialisiert hat.[18)]

Die Unterschiede zwischen den einzelnen Richtungen, die innerhalb der Partei immer wieder sichtbar werden, treten jedoch gegenüber den Hauptströmungen ,,Realos" und ,,Fundis" zurück. Um die Kluft zwischen beiden zu überbrücken, formierte sich innerhalb der Fraktion der GRÜNEN im Mai 1987 mit der *Gruppe der Unabhängigen* ein ,,Dritter Flügel" mit dem Ziel, die Kluft zwischen ,,Realos" und ,,Fundis" zu überbrücken, die sich nach der Wahl des Öko-Sozialisten *Thomas Ebermann* zu einem von drei gleichberechtigten Fraktionssprechern und -sprecherinnen vor allem aus der Sicht des bei der Wahl unterlegenen Realos *Schily* erneut verschärft hatte, aber auch durch die beiden Schlappen bei den Landtagswahlen in Schleswig-Holstein, wo es den GRÜNEN, die in Bremen ihren Stimmenanteil und ihre Mandate verdoppeln konnten und drittstärkste Partei wurden, nicht gelang, in den Landtag einzuziehen.

Im Grunde also spitzt sich der Flügelstreit bei den GRÜNEN, trotz aller Differenzierungen, immer wieder auf den Gegensatz linker Fundamentalopposition und reformerischem Pragmatismus zu. Nach Ablösung der Linken in den Bundesversammlungen in Karlsruhe (1988) und Duisburg (1989) durch die Reformer kam es in der Bundesversammlung in Hagen (1990) erneut zu Spannungen, die zu Überlegungen der Realos führten, eine Spaltung der GRÜNEN herbeizuführen. Nach der Bundesversammlung riefen einige Mitglieder zu einer Initiative ,,Gegen die Spaltung der Partei" auf. Ent-

18) Vgl. Helmut Fogt, Die Mandatsträger der GRÜNEN, in: Aus Politik und Zeitgeschichte B 11/86 vom 16. 3. 1986, S. 16–33.

brannt waren die Flügelkämpfe noch einmal durch den Streit um die Wiedervereinigung mit der DDR: Während die Fundi-Fraktion gegen die Einheit stimmte, plädierte der Realo-Flügel für eine schnelle Aufhebung der Zweistaatlichkeit. Nur mühsam wurde eine Kompromißformel gefunden und damit eine Spaltung vermieden. Nur in Hamburg führte der Vorgang zu einer Spaltung: Die GAL machte sich für die Zweistaatlichkeit stark, worauf sich 100 Mitglieder vom Landesverband absetzten und das ,,Grüne Forum Hamburg" gründeten.

Zur Überwindung der Krise arbeitete die GRÜNEN-Abgeordnete *Antje Vollmer* bereits 1988 ein Manifest unter dem Titel: ,,GRÜNER Aufbruch '88" aus. Hierin forderte sie die zerstrittenen Flügel der Partei auf, ihre Programme jeweils zur Urabstimmung aller Mitglieder zu stellen.

In der Bundesversammlung im Juni 1990 in Dortmund, wenige Monate vor der Bundestagswahl, haben die GRÜNEN ihre Richtungskämpfe zurückgestellt und einen mehr reformerischen Kurs eingeschlagen. Schon nach der Berliner Wahl vom Januar 1989, bei der die Republikaner den GRÜNEN erstmals Paroli boten, zog ,,Der Spiegel" für die Entwicklung der GRÜNEN das Resümee: ,,Die GRÜNEN sind nach dem Einzug der Republikaner ins Schöneberger Rathaus buchstäblich zu einer alten Partei geworden und nehmen Abschied von den Ideologen der Systemüberwindung und den Idealen einer anderen Republik. Neun Jahre nach ihrer Gründung scheint die Partei, die sich nie ganz zwischen parlamentarischer Opposition und außerparlamentarischem Widerstand entscheiden konnte, die überkommenen Spielregeln akzeptiert zu haben."

Und *Joschka Fischer* in diesem Zusammenhang: ,,Der politische Erfolg ist jetzt der Maßstab. Die Gründungsphase der Partei ist abgeschlossen."[19)]

Und der politische Erfolg, wenn damit die Regierungsbeteiligung gemeint ist, kann nur in rot-grünen Bündnissen, allenfalls noch in Ampelkoalitionen erfolgen.

Das rot-grüne Karussell brachte *Willy Brandt* 1982 zum Drehen: Nach der für seine Partei wie für die GRÜNEN erfolgreichen Hessenwahl sprach er in der Bonner Runde von einer möglichen ,,Mehr-

19) Parteien: Knacken im Gebälk, Der Spiegel Nr. 11/89, S. 10 ff.

heit diesseits der Union". Seitdem wurde das rot-grüne Koalieren, auf kommunaler und auf Landesebene bereits praktiziert, auf Bundesebene kontrovers diskutiert. Nicht zuletzt bei den GRÜNEN, wobei jedoch nur die Realos keine Berührungsängste zeigten, wie die Zusammenarbeit zwischen SPD und GRÜNEN in Hamburg und Hessen deutlich machte. Denn hier begannen die ersten Annäherungsversuche zwischen den GRÜNEN und den Sozialdemokraten, wobei es in Hamburg trotz vieler Diskussionsrunden nur wenige Anknüpfungspunkte gab, in Hessen jedoch in einigen Punkten eine Art rot-grüne Koalition zustande kam.

Mit der Vereidigung *Joschka Fischers* als Umweltminister beginnt am 12. Dezember 1985 in Hessen die erste rot-grüne Koalition, die nach 14monatiger Dauer mit der Entlassung *Fischers* am 9. Februar 1987 ein jähes Ende fand.

Rot-grüne Koalitionen folgten auf Landesebene in Berlin, wo die AL, die bei der Januarwahl 1989 auf 11,8 % der Stimmen kam, in Koalition mit der SPD, von *Walter Momper* geführt, bis zum 2. Dezember 1990 regierte, und in Niedersachsen nach der Wahl vom 13. Mai 1990 mit der SPD unter *Gerhard Schröder*; auf kommunaler Ebene u.a. in den Großstädten Frankfurt und München. In Hessen erhielt Rot-Grün nach der Wahl vom 20. Januar 1991 die Mehrheit. In dem neuen Bundesland Brandenburg kam darüber hinaus die erste rot-gelb-grüne Ampelkoalition zustande, der in Bremen nach einem hervorragenden Wahlergebnis eine zweite folgte.

Das Thema Rot-Grün auf Bundesebene beschäftigte auch so manche Bundesversammlung der GRÜNEN. Nach der Bundesdelegiertentagung in Neumünster im April 1991 hat sich die neue Parteiführung zwei Ziele gesetzt: zunächst auf Landesebene so viele Koalitionen wie möglich mit der SPD einzugehen, dann wieder in den nächsten Bundestag einzuziehen, was nicht ohne rot-grüne Zusammenarbeit möglich ist.

5.5.3 Programmatik

Die programmatischen Ideen der GRÜNEN zielen auf eine Abkehr von der Ausbeutung der Natur und des Menschen hin zu einem ökologischen Humanismus. Oder mit den Worten *Petra Kellys:* „Was wir anstreben, ist eine Form von ökologisch-selbstverwaltetem emanzipativem Sozialismus – den gab's bisher historisch noch nicht."

Erreichen will man ihn, und das ist eines der markantesten Unterscheidungsmerkmale der GRÜNEN gegenüber den übrigen Parteien, auf zwei Wegen: „Wir möchten ins Parlament und zugleich außerhalb Schwerpunkte durchsetzen. Ich möchte lebenswichtige Fragen, die jetzt entschieden werden müssen, dort angehen und weiterhin den Widerstand auf der Straße, an der Startbahn, auf dem Bauplatz verstärken. Das Parlament ist kein Ziel, sondern Teil einer Strategie. Wir sind die Antipartei-Partei."[20] Diese Haltung wirkt sich auch auf die grüne Programmatik aus.

Das programmatische Spektrum der GRÜNEN richtet sich heute, wie das der anderen Parteien auch, auf alle gesellschaftlichen Bereiche.

Keiner hat das deutlicher gesehen als *Kurt Biedenkopf:* „Es gibt mit den GRÜNEN eine Partei, die die Ökologie nicht als Ein-Themen-Partei vertritt, sondern mit höchster Priorität im Zusammenhang mit anderen Fragen."[21]

Die Themenvielfalt wurde bereits bei den Programmen und Manifesten der Vorläufer der GRÜNEN sichtbar:

Das Programm der *Grünen Liste Umweltschutz* (GLU) enthielt bereits Forderungen zur Wirtschaftspolitik, Energiewirtschaft, Produktion und Verkehr, Raumordnung, Städte- und Wohnungsbau, Boden, Wasser, Luft, Bildung und Forschung, Verbesserung der Demokratie.

Die Landesarbeitsgruppe Wirtschaft der GRÜNEN Nordrhein-Westfalens legte im Oktober 1982 ein Programm *Sinnvolle Arbeit für alle. Konzept gegen Arbeitslosigkeit* vor. Darin wird vorrangig für eine Verkürzung der Arbeitszeit plädiert, weiterhin für alternative Investitionen: Forderung der sanften Energie, Gebäudeisolierung, Reinhaltung des Wassers, Förderung des öffentlichen Personenverkehrs. Ein komplett vorgestelltes Investitionsprogramm mit 35 Mrd. DM jährlich soll 500 000 zusätzliche Arbeitsplätze schaffen.

Diesem Aktionsprogramm folgte ein Bundesaktionsprogramm *Gegen Arbeitslosigkeit und Sozialabbau* unter dem Titel: *Sinnvoll arbeiten – solidarisch leben*, verabschiedet auf der Bundesdelegiertenversammlung am 15./16. Januar 1983 in Stuttgart-Sindelfingen.

20) Petra Kelly in einem Spiegel-Gespräch, zitiert nach Jörg R. Mettke (Hrsg.), Die GRÜNEN. Regierungspartner von morgen?, a.a.O., S. 35 und 30 f.
21) Interview mit Kurt Biedenkopf in der SZ vom 23. 3. 89, S. 10.

Wie es in der Einleitung heißt, handelt es sich dabei nicht um ein Wirtschaftsprogramm der GRÜNEN, sondern um ein ,,Sofortprogramm gegen Arbeitslosigkeit und Sozialabbau", ebenfalls mit detaillierten Vorschlägen für die Finanzierung der geforderten Maßnahmen.

Nächster programmatischer Schritt war das Umbau-Programm[22] von 1986. Mit diesem Programm gingen die GRÜNEN einen Schritt auf die Ökonomie zu: Es wird nicht mehr der Ausstieg aus der Industriegesellschaft gefordert, sondern deren Umbau, keine radikale Änderung der bestehenden Verhältnisse, sondern eine Änderung in kleinen Schritten.

Das Umbau-Programm war darauf angelegt, kurz- und mittelfristige Ziele für einen Zeitraum von vier Jahren zu beschreiben. In der Bundesversammlung in Hagen vom 30. 3. bis 1. 4. 1990 wurde dann der Beschluß gefaßt, das Umbau-Programm von 1986 erneut zu behandeln und in aktualisierter Form zu verabschieden. Dabei sollten u.a. folgende neue Entwicklungen Berücksichtigung finden:

- der Abrüstungsprozeß in Osteuropa und der Sowjetunion
- neue Erkenntnisse über die Klimakatastrophe
- die Weiterentwicklung der EG.

Endgültig aktualisiert wurde das Programm dann im September 1990 in Bayreuth. Erstmalig wurde dabei auch die DDR mit in ein Programm der GRÜNEN einbezogen.

Maßgebend für die programmatischen Aussagen der GRÜNEN ist das *Bundesprogramm.* Ihm vorangegangen war als erste bundesweite programmatische Aussage die auf dem Karlsruher Gründungsparteitag im Januar 1980 verabschiedete Präambel zur Satzung der Bundespartei. In sieben Thesen begründeten hier die GRÜNEN ihre ideologische Position als ,,grundlegende Alternative" zu den etablierten Parteien. Bereits hier werden die vier Grundsätze grüner Politik festgelegt, die seitdem die Programmatik der GRÜNEN wie ein roter Faden durchziehen: ökologisch, sozial, basisdemokratisch und gewaltfrei. Das sind auch die Säulen des von der Bundesver-

22) Umbau der Industriegesellschaft. Schritte zur Überwindung von Erwerbslosigkeit, Armut und Umweltzerstörung. Als Programm verabschiedet von der Bundesdelegiertenkonferenz der GRÜNEN in Nürnberg v. 26. – 28. November 1980.

sammlung in Saarbrücken Ende März 1980 verabschiedeten *Grundsatzprogramms.* ,,Das Saarbrücker Programm enthielt genau jene Grundsätze, die den GRÜNEN in der Zukunft in Kommunalparlamenten, Landtagen und im Bundestag über die Fünf-Prozent-Grenze helfen sollten.''[23]

Eine neue Situation ergab sich mit der Wiedervereinigung von Ost- und Westdeutschland auch für die Programmatik der GRÜNEN. Sie sahen sich durch diesen Prozeß veranlaßt, einen neuen Ansatz für gesellschaftliche und politische Alternativen zu entwickeln – ,,Alternativen für drüben und hüben''. Dem diente das Programm zur Bundestagswahl 1990, verabschiedet in der Bundesversammlung der GRÜNEN im September 1990 in Bayreuth.[24] Die Erarbeitung eines neuen Grundsatzprogramms soll 1992 beginnen.

5.5.4 Organisation und Struktur[25]

Mitgliedschaft

Mitglied der GRÜNEN kann jeder werden, der sich zu den Grundsätzen der Partei und zu ihrem Programm bekennt und keiner anderen Partei angehört.

In keiner anderen Partei-Satzung wird dem Bekenntnis zu den programmatischen Aussagen der Partei als Pflicht der Mitglieder eine so große Bedeutung beigemessen wie in der der GRÜNEN. Sie stellten ihrer Satzung eine Präambel voran, in der die ideologischen Grundsätze der Partei in sieben Punkten festgehalten sind. Festgelegt werden die Mitglieder jeweils auf den ersten Teil des Programms der GRÜNEN, der (§ 5, Abs. 4) Ausdruck des gemeinsamen Willens der Partei ist. ,,Er ist als solcher verbindliche Handlungsgrundlage für die Partei.''

Jedes Mitglied hat u.a. das Recht:
- an der politischen Willensbildung der Partei in der üblichen Weise, z.B. Aussprachen, Anträge, Abstimmungen und Wahlen mitzuwirken,

23) Peter Gatter, Die Aufsteiger. Ein politisches Porträt der GRÜNEN, Hamburg 1987, S. 35.
24) Vgl. dazu auch das Kapitel: ,,Die Bundesparteien und die DDR-Parteien''.
25) Zugrunde liegt die Satzung des Bundesverbandes (Stand: Juni 1991, mit Beitrags- und Kassenordnung vom April 1991)

- an Parteitagen als Gast teilzunehmen,
- sich mit anderen Mitgliedern in Fachgruppen eigenständig zu organisieren.

Zu den Pflichten der Mitglieder zählt neben der Verfolgung der im Programm der GRÜNEN festgelegten Ziele die pünktliche Beitragsentrichtung. Die Höhe der Beiträge ist in der Beitrags- und Kassenverordnung nicht auf Bundesebene geregelt. Der durchschnittliche Mitgliedsbeitrag liegt nach Angaben der Partei[26)] bei 12 DM im Monat. Die Beitragserhebung erfolgt dezentral an die Landesverbände, die pro Monat mindestens 2,50 DM (ab 1. 1. 1992: 4 DM) als Beitragsanteil an den Bundesverband abführen, wobei es unerheblich ist, ob das Mitglied einen hohen oder niedrigen Beitrag zahlt oder gar von der Beitragszahlung befreit ist.

Die GRÜNEN sind trotz einer stürmischen Mitgliederentwicklung eine mitgliederschwache Partei: Bei Gründung im Jahre 1980 zählte sie 10 000 Mitglieder, bis Ende des Gründungsjahres 18 000, 1983 bereits 25 000, 1985 39 000. Im Dezember 1991 hatten die GRÜNEN nach eigenen Angaben 42 200 Mitglieder.

Der Anteil der Frauen lag 1987 bei 33 %,[27)] dürfte inzwischen jedoch wesentlich höher liegen.[28)] Eine Aufschlüsselung der Mitgliederstruktur nach Berufs- und Altersgruppen liegt auf Bundesebene nicht vor. Nicht zuletzt wegen des Datenschutzes verzichtet die Bundespartei prinzipiell darauf, die Sozialstruktur zu erheben. Das soziale Profil der GRÜNEN läßt sich jedoch in etwa aus dem Profil der Parteitagsdelegierten ableiten. So wurde auf dem Offenburger Bundesparteitag von 1985 eine Umfrage gestartet; danach „sind grüne Parteitagsdelegierte überwiegend postmaterialistisch orientierte junge Angehörige der neuen Mittelschichten mit einem hohen Ausbildungsstand. Viele sind Beamte oder studieren noch an einer Hochschule".[29)] Das trifft sicher auch heute noch für einen großen Teil der GRÜNEN zu.

26) Beantwortung einer Umfrage der Verfasser vom Juli 1990.
27) Statistisches Bundesamt, Datenreport 1987, S. 158.
28) Der Informationsdienst der SPD Nr. 14/89, S. 7, nennt 25 000 Frauen als Mitglieder, was etwa 60 % entspräche.
29) Oberreuter/Mintzel, a.a.O., S. 301.

Organisatorische Gliederung

Die Bundespartei der GRÜNEN gliedert sich in Orts-, Kreis- bzw. Bezirks- und Landesverbände, wobei mehrere Kreisverbände sich zu einem Bezirksverband zusammenschließen können. Da die GRÜNEN auf eine dezentrale Parteigliederung und Basisdemokratie den größten Wert legen, räumt die Satzung (§ 10) den Orts-, Kreis- und Landesverbänden eine „größtmögliche Autonomie" ein.

Die Organe

Die Organe der GRÜNEN im Sinne des Parteiengesetzes sind: Bundesversammlung, Bundeshauptausschuß*, Bundesvorstand und Bundesfinanzrat. Die *Bundesversammlung* ist oberstes Organ der Partei. Sie wird vom Bundesvorstand einberufen und findet wenigstens einmal im Kalenderjahr statt. Die Auswahl der Delegierten erfolgt durch die Kreisverbände, die von der Partei angehalten sind, bei den Delegierten die Parität (mindestens 50 % Frauen) zu wahren. Zu den Aufgaben der Bundesversammlung gehört u.a. die Wahl des Bundesvorstandes.

Der *Länderrat,* bestehend aus den Delegierten der Landesverbände und Mitgliedern des Bundesvorstandes und der Bundestagsfraktion, ist das oberste Organ zwischen den Bundesversammlungen; er tritt mindestens einmal im Vierteljahr zusammen. Seine Beschlüsse sind für den Bundesvorstand bindend.

Zum *Bundesvorstand*, der die Partei nach innen und außen vertritt, zählen neun Mitglieder: zwei gleichberechtigte SprecherInnen, der/die BundesschatzmeisterIn, der/die politische GeschäftsführerIn und fünf weitere Mitglieder als BeisitzerInnen. Dem Bundesvorstand gehören mindestens zur Hälfte Frauen an.

Die organisatorischen Besonderheiten der GRÜNEN

Die GRÜNEN verstehen sich als grundsätzliche Alternative zu den herkömmlichen Parteien. Das trifft auch für ihre Organisation zu, die in wesentlichen Teilen von der anderer Parteien abweicht. Diese Besonderheiten lassen sich vor allem auf drei Begriffe einengen: Basisdemokratie, Rotation und Imperatives Mandat.

* Im April 1991 durch den Länderrat ersetzt.

Die Präambel des Bundesprogramms bekennt sich zu einer „basisdemokratischen Politik", wobei allerdings nur vage angedeutet ist, was man darunter zu verstehen hat. „Geklärt wurde der Begriff nie, weil er nicht klärbar ist."[30]

Die Basisdemokratie soll durch eine dezentrale Parteigliederung erreicht werden. In diesem Sinne räumt die Satzung den untergeordneten Verbänden Programm-, Satzungs-, Finanz- und Personalautonomie ein, mit einer Einschränkung: Programm und Satzung dürfen den programmatischen Grundsätzen und Zielen der Partei nicht widersprechen. Dieses plebiszitäre Element der Satzung der GRÜNEN ist nicht zuletzt mit ein Grund für viele interne Spannungen. Der Gegensatz zwischen Fundis und Realos ist nicht zuletzt auch ein Gegensatz von plebiszitärer und repräsentativer Demokratie. Die Realos versuchen dabei, über ihren demokratischen Schatten zu springen, was nicht immer gelingt.

Auch das Rotationsprinzip ist ein basisdemokratisches Instrument, mit dem verhindert werden soll, daß sich die grünen Parlamentarier von der Basis ablösen. Erstmals eingeführt wurde die Rotation durch die Bundesversammlung in Sindelfingen im Hinblick auf die Bundestagswahlen von 1983: Grüne Abgeordnete, so wurde in Sindelfingen beschlossen, sollen ein politisches Amt nur eine begrenzte Zeit ausüben (zwei Jahre); dann sollen sie an die Basis der Partei zurückkehren. (Ausnahmeregelungen sind dabei vorgesehen, z.B. wenn 70 % der Delegierten einer Landesversammlung beschließen, ein Abgeordneter solle länger als zwei Jahre im Amt bleiben.) Den abgelösten Abgeordneten folgen die jeweils nächsten Listenkandidaten ins Parlament; zuvor sollen diese als Assistenten im Parlament tätig sein, um sich mit den dortigen Vorgängen vertraut zu machen.

Erstmals in der Mitte der Legislaturperiode hat die Bundestagsfraktion der GRÜNEN im März 1985 die Abgeordneten ausgewechselt; Fraktionsvorstand und Mitglieder in den Bundestagsausschüssen wurden neu bestimmt. Das ging nicht ohne Konflikte innerhalb der Partei und nicht ohne Ausnahmen vonstatten. Zwar wurde planmäßig rotiert – aber nicht total. Als erste verweigerten *Petra Kelly, Gert Bastian* (der im Februar 1985 die Fraktion der GRÜNEN ver-

30) Peter Gatter, a.a.O., S. 81.

ließ) und *Roland Vogt* die Rotation. Etwas später als die übrigen Abgeordneten rotierten *Otto Schily, Milan Horaczek* und *Hubert Kleinert*. *Schily* wurde sein Verbleiben im Bundestag bis zum Abschluß der Beweisaufnahme im Flickausschuß zugestanden, *Kleinert* so lange, bis seine Klage (G10-Ausschuß) vor dem Bundesverfassungsgericht entschieden ist, und *Horaczek*, der erst später Bundestagsabgeordneter wurde, bis seine zwei Jahre im Bundestag erfüllt sind.

In Niedersachsen hat der Staatsgerichtshof über die Zulässigkeit des Mandatsverzichts entschieden. Zu dem Verfassungsstreit kam es wegen der Rotation von fünf grünen Abgeordneten, die das niedersächsische Parlament nicht anerkennen wollte. Mit Urteil vom 5. Juni 1985 entschied der Niedersächsische Staatsgerichtshof: Niedersachsens GRÜNE dürfen rotieren, die Rotation ist verfassungsgemäß. Zwar verstoße sie gegen das parlamentarische System, aber ihre Ausübung im konkreten niedersächsischen Fall, so entschied das Gericht, reiche nicht für eine gerichtliche Erkenntnis der Verfassungswidrigkeit der Mandatsniederlegungen aus.

Für die Abgeordneten des Deutschen Bundestages wurde das Rotationsprinzip in der Hannoveraner Bundesversammlung der GRÜNEN vom Mai 1986 abgeschafft. Sie dürfen eine volle Legislaturperiode im Amt bleiben, dann aber nicht mehr für die nächste Legislaturperiode kandidieren. In der Satzung ist daher weiterhin auch nur der Austausch der Mitglieder des Bundesvorstandes im rotierenden Verfahren vorgesehen. Sie werden nach dem rotierenden System ausgewählt: Die Hälfte der Vorstandsmitglieder ist demnach jedes Jahr neu zu wählen, wobei eine Wiederwahl in das gleiche Amt einmal möglich ist; danach scheidet das Vorstandsmitglied obligatorisch bis zur nächsten Wahl aus. (Von diesem Wiederwahlverbot ist nur der Bundesschatzmeister ausgenommen.)

Auf Landesebene bleibt es den einzelnen Landesverbänden überlassen, wie sie das Rotationsprinzip anwenden. Im ursprünglichen Sinne handhaben es derzeit nur noch die Landesverbände in Hamburg (GAL) und Berlin (AL). In Hessen wurde es schon 1986 abgeschafft, in Hamburg 1991. In Bayern wurde im November 1989 entschieden, die Abgeordneten für höchstens zwei Legislaturperioden aufzustellen, eine Regelung, die sich auch in den meisten anderen Bundesländern inzwischen durchgesetzt haben dürfte.

Vor allem aber unterscheiden sich die GRÜNEN von allen anderen Parteien durch ihre Auffassung vom politischen Mandat. Laut Grundgesetz sind die Abgeordneten des Deutschen Bundestages „Vertreter des ganzen Volkes, an Aufträge und Weisungen nicht gebunden und nur ihrem Gewissen unterworfen" (Artikel 38). Die GRÜNEN dagegen bekennen sich zum „Imperativen Mandat". Nach den Beschlüssen der Bundesversammlung in Sindelfingen von 1983 heißt das: Die GRÜNEN im Bundestag sind an die Beschlüsse der Bundesversammlung und des Bundeshauptausschusses gebunden, sie müssen den Beschlüssen dieser obersten Gremien Folge leisten.

Eine Besonderheit bei den GRÜNEN ist auch die organisatorische Regelung der Frauenfrage: Das Statut der GRÜNEN enthält im Anhang ein eigenes Frauenstatut. „Bei den GRÜNEN wird mit dem Beschluß des Frauenstatuts ein weiterer Schritt zur Veränderung gemacht. Das Frauenstatut kennt verbindlich Korrektivmaßnahmen, die den gewöhnlichen Strukturen entgegenwirken . . . Wesentliches Element darin ist die Schaffung paritätischer Bedingungen. Unser Ziel ist, daß Frauen nicht nur ihre formalen Rechte einfordern, sondern daß sie in allen Lebensbereichen über ihre Interessen selbst bestimmen."

Jugendorganisation

Die GRÜNEN hatten bisher keine eigene Jugendorganisation. Da den GRÜNEN jedoch bei den letzten Wahlen die jungen Wähler wegliefen – bei den Bundestagswahlen 1980 kamen noch 43 % der grünen Stimmen von Jungwählern, 1983 noch ein Drittel, 1987 jedoch nur noch 23,2 %, – setzte im Herbst 1987 eine flügelübergreifende Diskussion ein, wie die Belange der Jugendlichen besser berücksichtigt werden könnten. Dabei kam auch die Angliederung eines eigenen Jugendverbandes ins Gespräch.

Mit seiner Forderung nach einer speziellen Jugendpolitik scheiterte der Bundesvorstand jedoch und erlebte eine klare Absage. Begründung: die GRÜNEN seien eine „junge Partei", nicht nur, weil sie auf Bundesebene erst 1980 gegründet wurden, sondern vor allem deshalb, weil diese Partei keine Politik für Jugendliche, sondern mit Jugendlichen mache.

Auf Bundesebene ist damit das Thema einer eigenen Jugendorganisation vom Tisch. Anders in den Ländern, wo es teilweise eine „grüne Jugendkoordination" gibt, die jedoch nach Angaben der Bundeszentrale nicht den Status einer „Jugendorganisation" hat.

5.6 Partei des demokratischen Sozialismus (PDS)

5.6.1 Entwicklung

Von der Staatspartei SED zur Nachfolgepartei PDS

Die PDS hat nach der Wende in der ehemaligen DDR das schwere Erbe der SED angetreten.[1] Auf dem Gründungsparteitag am 21./22. April 1946 hatten sich KPD und SPD (diese zu einem erheblichen Teil zwangsweise), zur *Sozialistischen Einheitspartei Deutschlands* zusammengeschlossen, die mit Gründung der DDR im Oktober 1949 offiziell zur Staatspartei wurde. Erstmals Mitte Oktober 1989 stellten oppositionelle Gruppen das Machtmonopol der SED in Frage. Nach *Erich Honeckers* Rücktritt am 18. Oktober 1989 und während der kurzen Amtszeit von *Egon Krenz* begann der endgültige Niedergang der SED. Wohl besetzte sie unter der dann folgenden Regierung *Modrow* mit 17 Mitgliedern noch die wichtigsten Ressorts, aber der Macht- und Substanzverlust zehrte an der Partei. Eine grundlegende Erneuerung der SED war geboten. Die geschah Ende 1989 nur sehr zögerlich, was schließlich zu einer Existenzkrise führte. Viele Mitglieder verließen die Partei, diejenigen, die der SED treu blieben, forderten eine radikale Erneuerung der Partei inhaltlich, personell und strukturell.

Erste wichtige Schritte dazu leitete der Sonderparteitag am 8./9. und 16./17. Dezember 1989 ein. Er setzte sich das Ziel, die *Sozialistische Einheitspartei* in eine *Partei des Demokratischen Sozialismus* umzuwandeln, was sich in der Ergänzung des alten Parteikürzels SED in SED-PDS manifestierte. Weiterhin ersetzte der Parteitag die alte Führungsstruktur: Zentralkomitee, Politbüro, Sekreta-

1) Zur Geschichte der SED von der Gründung bis zur Wende vgl. u.a. Karl G. Tempel, Die Parteien in der Bundesrepublik Deutschland und die Rolle der Parteien in der DDR. Opladen 1987, S. 230 ff.

riat des Zentralkomitees durch eine neue, bestehend aus: Parteivorstand mit Präsidium, Parteivorsitzendem und drei Stellvertretern. Zum ersten Parteivorsitzenden der SED-PDS wurde nahezu einstimmig der Berliner Rechtsanwalt *Gregor Gysi* gewählt, der auf den Parteitagen im Januar und Dezember 1991 erneut in seinem Amt bestätigt wurde. Auf dem Berliner Parteitag im Dezember wurde auch eine radikale Verkleinerung der bisher 70köpfigen Führung beschlossen: Ein Präsidium wird es nicht mehr geben, der Vorstand besteht nur noch aus 18 Mitgliedern.

In eine neue tiefe Krise geriet die Partei, der trotz der Reformversuche die Mitglieder davonliefen (allein 300 000 von Dezember 1989 bis Januar 1990), als *Gysi* und sein Stellvertreter *Hans Modrow* versuchten, das ehemalige Ministerium für Staatssicherheit und dessen Nachfolgeorganisation ,,Amt für nationale Sicherheit" als ,,Verfassungsschutz der DDR" zu etablieren.[2] Die Gegenreaktion der Bürger war die Forderung nach einem Verbot der SED-PDS. Unter anderem trat als Antwort auf dieses Ansinnen *Wolfgang Berghofer* am 21. Januar 1990 mit der gesamten Führung der Dresdener Bezirksorganisation aus der SED-PDS aus.

Des weiteren gründeten mehrere Mitglieder innerhalb der Partei eine ,,Kommunistische Plattform", um den Charakter der SED-Nachfolgeorganisation als linke Partei zu betonen. Sie plädierten dafür, daß die SED-PDS ihre Rolle nicht in der Regierung, sondern in der Opposition wahrnehmen solle. Der ,,Kommunistischen Plattform" innerhalb der Partei folgten vier weitere: ,,Sozialdemokratische Plattform", ,,Plattform 3. Weg", ,,Plattform demokratischer Sozialismus" und die ,,Plattform WF" (Werk für Frequenzelektronik). Diese Plattformen gründeten ihre Notwendigkeit darauf, daß die Partei zwar ihr äußeres Erscheinungsbild verändert, aber den endgültigen Bruch mit der Vergangenheit noch nicht vollzogen habe. Eine Selbstauflösung der Partei, die nach dem Austritt *Berghofers* drohte, konnte die SED-PDS-Führung in letzter Minute abwenden. Eine erneute Namensänderung sollte das Vertrauen des Volkes wiedergewinnen: Die ehemalige Staatspartei SED legte Anfang Februar 1990 ihren alten Namen ad acta und nannte sich fortan nur noch *Partei des Demokratischen Sozialismus (PDS)*. ,,Un-

2) Vgl. Thomas Ammer, Ex-Partei im Überlebenskampf, in: Das Parlament, Nr. 11/9. 3. 1990, S. 10.

sere Partei ist nicht mehr die SED", heißt es in dem Vorstandsbeschluß. Die neue Partei habe sich endgültig von der alten SED-Führung getrennt, vom ehemaligen Machtmonopol losgesagt und radikal mit der Vergangenheit gebrochen. Das „Neue Deutschland" berichtete über die Namensänderung unter der Überschrift: „Die SED ist weg – die PDS ist eine neue Partei."

Von der PDS zur „Linken Liste/PDS"

Nach Beendigung des ersten Parteitages am 24./25. Februar 1990 machte *Gregor Gysi* den Erneuerungsprozeß mit folgenden Fakten sichtbar:

– Die PDS hat ein völlig neues Programm und ein neues Statut, das basisdemokratisch angelegt ist.
– Die PDS hat durch Austritte, Ausschlüsse, Rehabilitierungen, Neu- und Wiederaufnahmen eine völlig veränderte Mitgliederstruktur.
– In den Vorständen der PDS sind demokratisch gewählte, integre Parteimitglieder.[3)]

Nicht zuletzt dieser Parteitag trug dazu bei, den Auflösungsprozeß der PDS zu stoppen. Nach dem neuen Statut versteht sich die PDS nicht mehr als Klassenpartei, sondern als linke sozialistische Partei, die eine progressive Alternative zum Kapitalismus anstrebt. Zur Volkskammerwahl am 18. März 1990 trat sie mit *Hans Modrow* als Spitzenkandidat und dem Anspruch an, mehr als zehn Prozent zu erreichen. Mit 16,32 % der Stimmen übertraf sie dieses gesteckte Ziel und zog mit 66 Abgeordneten in die Volkskammer ein. Die Kommunalwahlen im Mai blieben mit 14,59 % nur wenig darunter; nach den Landtagswahlen in den fünf neuen Ländern der ehemaligen DDR zog sie in alle Landtage ein (siehe Tabelle S. 231).

Nach der einsetzenden Festigung im Osten der Bundesrepublik streckte die PDS ihre Fühler auch nach dem westlichen Teil aus und suchte dort im Hinblick auf die bevorstehenden Wahlen nach Bündnispartnern u.a. bei der DVP und verschiedenen K-Gruppen wie KP oder VSP. Unter dem Parteinamen *Linke Liste/PDS* sollte den Lin-

3) Schreiben des Parteivorstandes an die Verfasser vom 31. 5. 1990.

ken in der Bundesrepublik und in Westberlin ein breites Bündnis angeboten werden. Ein weiterer Schritt war die Planung eigener Landeslisten zur Bundestagswahl: So wurde am 11. September 1990 in München der Landesverband der ,,Linken Liste/PDS" gegründet; kurz darauf wurde in Kiel der Landesverband Schleswig-Holstein aus der Taufe gehoben. Damit einher ging die Überlegung *Gysis*, den Namen der Partei erneut zu ändern in ,,Linke Liste/PDS". Das scheiterte jedoch am Bundesverfassungsgericht, das die Listenverbindungen untersagte und damit auch das Zusammengehen linker Gruppierungen in der westlichen Bundesrepublik mit der PDS. Nunmehr strebte der Parteivorstand energisch danach, die PDS organisatorisch auf die Bundesrepublik auszudehnen, was jedoch ohne Erfolg blieb und bis Ende 1991 kaum mehr als 600 Mitglieder mobilisierte. Den Gruppierungen der ,,Linken Liste/PDS" blieb nichts anderes übrig, als offiziell in die PDS einzutreten, um ein Mandat zu erhalten, nachdem die PDS beschlossen hatte, in ganz Deutschland zur ersten Bundestagswahl anzutreten, weil ihre Stimmen im Westen nach dem endgültigen Wahlgesetz zu denen in der ehemaligen DDR hinzugerechnet würden, sofern sie dort über die Fünf-Prozent-Hürde gelangt. Die erst im Juli 1990 gegründete ,,Linke Liste/PDS" wurde Mitte Oktober wieder aufgelöst. Das vom Bundesverfassungsgericht korrigierte Wahlgesetz brachte die PDS, obwohl sie im gesamtdeutschen Raum nur 2,4 % erreichte, mit 17 Sitzen in das erste gesamtdeutsche Parlament, da die Partei im Osten 9,9 % erzielte (im Westen nur 0,3 %). Bei der ersten gesamtberliner Wahl erhielt sie 9,2 % und zog mit 23 Abgeordneten in den Senat ein.

Im Bundestag tritt die PDS (der Fraktionsstatus wurde ihr nicht zuerkannt) als Bündnis-Gruppe auf: PDS/Linke Liste.

5.6.2 Strategie

Die Strategie der PDS zielt darauf, der SPD auch im Westen der Bundesrepublik den linken Alleinvertretungsanspruch streitig zu machen. Auf der Klausurtagung des PDS-Vorstandes am 12./13. Mai 1990 in Berlin benannte *Gregor Gysi* sieben Schwerpunktaufgaben für die Partei, allen voran diese: ,,Wir müssen einen klaren Schwerpunkt zur Formierung der Linken in der DDR und in Deutschland erarbeiten."[4] *Gysi* nannte als Ziele für die PDS eine Republik, die nicht die NATO stärkt, sondern Teil einer europäischen, blockübergreifenden Friedensordnung ist und den Weg der Entmilitarisierung beschreitet, in der ein konsequenter ökologischer Umbau der Gesellschaft erfolgt, die eine Wirtschaftsordnung anstrebt, die an sozialen, demokratischen, ökologischen und Gleichstellungskriterien orientiert ist und sich nicht auf Kosten der Bevölkerung der Dritten Welt entwickelt. Diese und andere Ziele, so erklärte *Gysi*, ließen sich nicht ohne eine wirksame demokratische Linke verwirklichen. Anfangs sah sich die PDS auch als Nachfolgerin der DKP in der Bundesrepublik an. Diese hatte ihren Mitgliedern empfohlen, bei der ersten gesamtdeutschen Wahl PDS zu wählen. Inzwischen haben beide Parteien erklärt, daß sie in Zukunft bei Wahlen gegeneinander antreten wollen. Im Westen der Bundesrepublik hat die PDS nach *Gysis* Angaben allerdings noch eine schmale Basis; im Januar 1991 war von ,,ein paar hundert, vielleicht sind es auch tausend" die Rede. 1992 will die Partei im Westen aktiv werden und der Parteivorstand einen ,,Maßnahmeplan" erarbeiten.

In der Jahresmitte 1991 geriet die PDS in eine Krise. Auf dem Juni-Parteitag in Berlin kam es zu einem Flügelstreit zwischen Reformern und Radikalerneuerern, der fast zu einer Spaltung der Partei geführt hätte. Der Streit darüber, ob die Partei auf der Grundlage des marktwirtschaftlichen Systems Reformen anstreben oder statt dessen Fundamentalkritik am Kapitalismus üben solle, währte bis zum Jahresende.

5.6.3 Programmatik

Das erste gültige Programm wurde auf dem Wahlparteitag der PDS vom 25. Februar 1990 angenommen. Danach schöpft die Partei ihr Selbstverständnis aus den Strömungen der deutschen und internationalen Arbeiterbewegung, aus den revolutionären und demokratischen Traditionen des deutschen Volkes und aus dem Antifaschismus. Weiterhin beruft sich die Partei auf die Geschichte des humanistischen Denkens, insbesondere auf die dialektischen und ma-

4) PDS-Pressedienst Nr. 19, vom 17. Mai 1990.

terialistischen Auffassungen von *Karl Marx* und *Friedrich Engels, Wilhelm Liebknecht* und *August Bebel, Eduard Bernstein* und *Karl Kautsky, Rosa Luxemburg* und *Karl Liebknecht, W. I. Lenin* und *Antonio Gramsky* sowie die vielfältige Weiterentwicklung ihrer Gedanken.

Als Grundwerte nennt das Programm: Individualität; Solidarität; Gerechtigkeit; sinnerfüllte Arbeit und Freizeit; Freiheit; Demokratie und Menschenrechte; Bewahrung der natürlichen Lebensgrundlagen; innerer und äußerer Frieden.

In ihrem ersten Programm bekennt sich die PDS zur Marktwirtschaft mit einem hohen Maß an sozialer und ökologischer Sicherheit. Neben die Regulierung des wirtschaftlichen Geschehens durch den Markt muß aber im Interesse des Gemeinwohls unserer Gesellschaft sowie zukünftiger Generationen eine ,,strategische Wirtschaftssteuerung des Staates" treten. Der Gesamtprozeß der demokratischen Kontrolle muß der Öffentlichkeit unterliegen. Letztendlich geht es der PDS um einen Mittelweg zwischen dem gescheiterten realen Sozialismus und dem herrschenden Kapitalismus.

Eine weitere programmatische Äußerung ist das im Dezember 1990 veröffentlichte ,,Zehn-Punkte-Programm". Hier lehnt die PDS u.a. die allgemeine Wehrpflicht und den Paragraphen 218 ab und tritt für bezahlbare Wohnungen sowie umweltgerechtes Leben und Produzieren ein.

In der letzten vorliegenden Äußerung, den ,,Thesen aus der Statutenkommission", charakterisiert sich die PDS folgendermaßen: ,,Die PDS sucht die allgemeinen Interessen der Menschheit zum Maß ihres politischen Handelns zu machen. Insofern ist sie keine ,Interessen-Partei' im traditionellen Sinne. Sie kann sich nicht als Vertreter der besonderen Interessen spezifischer sozialer Gruppen oder Schichten verstehen, die es gegen die Interessen anderer zu behaupten und durchzusetzen gelte, es sei denn, diese sind nicht beschränkt und stimmen mit den allgemeinen Interessen der Gemeinschaft überein."

Über ein völlig neues Programm wurde auf dem Berliner Parteitag im Juni 1991 diskutiert; es soll auf dem 3. Parteitag Ende 1992 verabschiedet werden.

5.6.4 Organisation und Struktur[5)]

Mitgliedschaft

Mitglied der PDS können deutsche Staatsangehörige sowie AusländerInnen mit Wohnsitz in der Bundesrepublik Deutschland werden, die das 16. Lebensjahr vollendet haben, keiner anderen Partei der Bundesrepublik angehören und Programm und Statut anerkennen. Die Aufnahme erfolgt individuell durch eine Basisorganisation. Bei der Aufnahme ist ein Betrag vom 5 DM zu entrichten. Den Mitgliedsbeitrag berechnet das Mitglied selbst auf der Grundlage der monatlichen Nettovergütung. Der Durchschnittsbeitrag lag im September 1991 bei 9 DM.

Von den ehemals 2,3 Millionen Mitgliedern der SED im Sommer 1989 sind im Januar 1992 nur noch 180 000 übriggeblieben. 99 von 100 Mitgliedern waren SED-Mitglieder. Das und zwei weitere Aussagen der Analyse der Mitgliederentwicklung sprechen dafür, daß die PDS lediglich eine „reduzierte Neuauflage der alten SED“ ist: „Zum ersten, daß die Austrittsquote unter den vormaligen Funktionären der alten SED mit 52 % vergleichsweise gering ist . . . und zweitens, daß die Austrittsbewegung bei den älteren SED-Mitgliedern am geringsten war, so daß nunmehr fast 50 % der Mitglieder über 60 Jahre alt sind.“[6)]

Eine Veränderung in der PDS gegenüber der SED sieht *Michail Nelken* in zwei Entwicklungen: dem überproportionalen Rückgang der mittleren Jahrgänge (35 bis 50 Jahre) und der Arbeiterschaft, deren Anteil jetzt bei 18 bis 20 % liege (34–35 % bei der SED). Der Anteil der Frauen hat sich von 36 auf 40 % erhöht.[7)]

Organisatorische Gliederung

Die PDS gliedert sich in Landesverbände, Kreisverbände und Organisationen der Basis; diese können sich in Orts- und Gemeindeverbänden zusammenschließen.

5) Zugrunde liegt das auf der 2. Tagung des 2. Parteitages der PDS (21.–23. Juni 1991) beschlossene Statut.

6) Michail Nelken, Eine reduzierte Neuauflage der SED? Die Nachfolge-Partei trägt schwer an ihrer Vergangenheit, in: Das Parlament, Nr. 38 vom 14. 9. 1990, S. 5.

7) Stand Januar 1991.

Die Organe

Wichtigste Organe der Partei auf Bundesebene sind der Bundesparteitag, der Parteivorstand und der Parteirat.

Der *Bundesparteitag,* höchstes Organ der Partei, wird jeweils für die Dauer einer Wahlperiode (2 Jahre) gewählt. Er beschließt Programm und Statut und bestimmt die politische Strategie und die Grundlinien der aktuellen Politik der Partei. Der Bundesparteitag wählt in geheimer Wahl den Parteivorsitzenden, seine drei Stellvertreter, den Schatzmeister, den Bundesgeschäftsführer.

Der *Parteivorstand* ist ein Organ der Bundespartei und das höchste Gremium zwischen den Parteitagen. Er beschließt u.a. nach Maßgabe des Parteiprogramms über Art und Weise des Eingreifens der Partei in das aktuelle politische Geschehen.

Der *Parteirat* besteht aus Vertretern der Landesverbände sowie Interessen- und Arbeitsgemeinschaften. Seine Aufgabe ist die innerparteiliche Koordination in Konfliktfällen.

Sonderorganisationen

Für die Vertretung spezifischer Interessen, z.B. von jungen Parteimitgliedern, Behinderten in Betrieben usw. können innerhalb der Partei Interessengruppen und Arbeitsgemeinschaften mit eigenen Regelungen gebildet werden, die mit Antrags- und Einspruchsrecht ausgestattet sind.

Eine eigene Jugendorganisation hat die Partei nicht. ,,Diese kann auch nicht von der Partei gebildet werden. Das ist allein die Sache junger Menschen. Erwähnenswert ist jedoch, daß in der Arbeitsgemeinschaft ‚Junger GenossInnen‘ eine Reihe junger Sympathisanten (ab 14 Jahre) aktiv mitarbeiten.“[8)]

Der PDS nahestehende Massenorganisationen sind: ,,Freie Demokratische Jugend“ (FDJ) und ,,Freier Deutscher Gewerkschaftsbund“ (FDGB).

8) Schreiben des PDS-Vorstandes an die Verfasser vom 31. Mai 1990. Mit dem Terminus ,,Arbeitsgemeinschaft“ muß man aber wohl, bezogen auf die ehemalige DDR, vorsichtig sein

5.7 Sonstige Parteien: Kurzporträts

Bundesrepublik[1)]

Parteien der ersten Stunde

Bayernpartei (BP)

1946 von *M. Lallinger* in München gegründet. Ziele: Vertretung bayerischer Belange, die er von der bayerischen CSU nicht hinreichend abgedeckt sah. Im ersten Deutschen Bundestag mit 17 Abgeordneten vertreten. In Bayern zeitweilig ernsthafte Konkurrenz für die CSU: 1950 bei der Landtagswahl 17,9 %, die CSU fiel von 52,3 (1946) auf 27,4 % zurück. Von 1950 bis 1956 ist die BP im Bayerischen Landtag vertreten. Mit Rückkehr der CSU an die Regierung (1947) beginnt der Abstieg der BP: Bei der letzten Landtagswahl am 14. 10. 1990 erhielt sie nur noch 0,8 %, bei der ersten gesamtdeutschen Wahl am 2. 12. 1990 lediglich 0,1 % – Parteivorsitzender ist *Hubert Dorn*.

Deutsche Partei (DP)

1947 wurde die aus der Niedersächsischen Landespartei hervorgegangene *Deutsche Partei* unter diesem Namen Bundespartei. Sie verfolgte die Stärkung des Bürgerblocks; ihre Einstellung war mittelständisch und stark antisozialistisch. In den ersten drei Deutschen Bundestagen war sie vertreten: 1949 mit 17, 1953 mit 15 und 1957 mit 17 Mandaten. Teilweise ging sie Koalitionen und Wahlabkommen mit der CDU ein. 1960 traten neun von 15 Abgeordneten der DP zur CDU über. Im April 1961 vereinigte sich die DP mit dem *Gesamtdeutschen Block* zur *Gesamtdeutschen Partei (GDP)*. Eine Neugründung der *Deutschen Partei* am 24. Juni 1962 hatte keinen nachhaltigen Erfolg.

1) Im folgenden werden nur diejenigen Parteien kurz vorgestellt, die in der Nachkriegsgeschichte der Bundesrepublik eine Rolle gespielt haben bzw. heute noch von Bedeutung sind.

Gesamtdeutscher Block/BHE (GB/BHE)

Am 8. Januar 1950 gründete *Waldemar Kraft* in Kiel den ,,Bund der Heimatvertriebenen und Entrechteten (BHE)". Auf dem Parteitag in Goslar im September 1952 konstituierte sich der Bund auf Bundesebene unter dem neuen Namen: *Gesamtdeutscher Block/ BHE*. Die Partei verfolgte die Interessen der rund 12 Millionen Heimatvertriebenen und setzte sich als spezielle Aufgabe die Eingliederung in die Wirtschaft der Aufnahmeländer. Im zweiten Deutschen Bundestag war sie mit 27 Abgeordneten vertreten. 1957 scheiterte die Partei an der Fünf-Prozent-Klausel (4,6 %). Im Dezember 1960 wurde die Vereinigung mit der DP zur *Gesamtdeutschen Partei (GDP)* beschlossen und im April 1961 vollzogen. Nach 2,8 % bei der Bundestagswahl 1961 zogen sich 805 der ehemaligen DP-Mitglieder aus der GDP zurück und schlossen sich der CDU an. Die GDP als Fortführung von GB/BHE verlor mehr und mehr an Bedeutung und löste sich Ende der 60er Jahre auf.

Kommunistische Partei Deutschlands (KPD)

Der Name ,,Kommunistische Partei Deutschlands" taucht in der Nachkriegsgeschichte der westdeutschen Parteien dreimal auf:

1. KPD (alt) : 1945 wurde die KPD in Berlin wiedergegründet. In den ersten Jahren, bis 1948, strebte sie nach einer Einheitsfront mit der SPD. Ihr späteres Ziel in Westdeutschland: Entwicklung einer neuen sozialistischen Gesellschaftsordnung (klassenloser Kommunismus), verwirklicht durch die Diktatur des Proletariats. Erfolgreich war die KPD (alt) nur bei der ersten Bundestagswahl: sie zog mit 15 Abgeordneten in den ersten Deutschen Bundestag ein. 1953 erreichte sie nur noch 2,2 % auf Bundesebene, 1965 wurde sie durch Urteil des Bundesverfassungsgerichts verboten. Seit 1968 hat die KPD (alt) ihre Nachfolge in der DKP.

2. KPD (neu): 1970 unter dem Namen ,,Kommunistische Partei Deutschlands/Aufbauorganisation" neugegründet. 1980 löste sich die KPD (neu), die nicht als Nachfolgepartei der alten KPD gilt, auf.

3. Kommunistische Partei Deutschlands (Marxisten-Leninisten) (KPD): Diese Partei wurde als KPD-ML Ende 1968 gegründet. Nach Auflösung der KPD (neu) übernahm die stalinistische KPD/ML den freigewordenen Namen KPD. Zusammen mit der ,,Gruppe Inter-

nationaler Marxisten" (GIM) gründete sie 1986 die „Vereinigte Sozialistische Partei" (VSP), in der sie aufgegangen ist.

Deutsche Zentrumspartei (Z)

Gegründet am 14. Oktober 1945 in Soest von *Dr. Rudolf Amelunxen* und *Johannes Brockmann* in Anknüpfung an das *Zentrum* der Weimarer Zeit. Ihr Ziel war die Unterstützung einer sozial-fortschrittlichen Politik mit der Absicht, monopolistische Betriebe aufzulösen und die Grundindustrie zu sozialisieren. Im ersten Deutschen Bundestag war das Zentrum mit 10 Abgeordneten vertreten. Nur mit Hilfe der CDU gelang es ihr 1953, noch einmal zwei ihrer Politiker ins Parlament zu entsenden. Erfolgreich war das Zentrum auf Landesebene in Nordrhein-Westfalen (1947 = 20 Mandate, 1950 = 16 Mandate) und Niedersachsen (1947 = 6 Mandate, 1951 = 4, 1955 = 1). Seitdem ist das Zentrum neben der starken CDU mehr oder weniger politisch bedeutungslos.

Südschleswigscher Wählerverband (SSW)[2)]

In Schleswig-Holstein wurde gleich nach dem Kriege die „Südschleswigsche-Vereinigung (SSV)" als Organisation der dänischen Minderheit gegründet. Nach der Landtagswahl 1947 wurde die Vereinigung verboten. Aus der seitdem nurmehr als kulturelle Vereinigung auftretenden SSV ging 1948 der *Südschleswigsche Wählerverband (SSW)* als neue Partei hervor. Er war gedacht als politische Vertretung der dänischen und national-friesischen Bevölkerung im Landesteil Schleswig und setzte sich für die Bildung eines eigenen, von Holstein abgetrennten Landes Südschleswig ein. In der bundesrepublikanischen Parteienlandschaft nimmt er eine Sonderstellung ein. Das kommt auch in dem rechtlichen Sonderstatus für Parteien nationaler Minderheiten zum Ausdruck, der ihn von der Sperrklausel, vom Unterschriftenquorum und vom Quorum für Wahlkampfkostenerstattung befreit. Ohne diesen Sonderstatus wäre der SSW, der bei der Landtagswahl 1950 noch aus eigener Kraft 5,5 % erreichte, 1954 mit 3,5 % gescheitert. Von 1958 bis 1988 mußte sich der SSW mit Werten zwischen 2,8 und 1,7 % bescheiden, ist jedoch

2) Vgl. M. Rowold, in: Oberreuter/Mintzel, a.a.O., S. 343 f.

im Kieler Landtag aufgrund seiner Sonderstellung jeweils mit einem Abgeordneten vertreten. Auf Bundesebene kam der Verband nur in der ersten Legislaturperiode mit einem Abgeordneten ins Parlament. Nach völligem Scheitern bei den folgenden drei Bundestagswahlen tritt die Partei heute nicht mehr bundesweit an.

Neue Parteien ab den 60er Jahren

Rechtes Spektrum

Nationaldemokratische Partei Deutschlands (NPD)

Gründung am 28. November 1964 in Hannover durch *Adolf von Thadden, Friedrich Thielen* und *Waldemar Schütz*. Die NPD bot sich dem Wähler als Sammelbecken aller nationalen Kräfte an. Die anfänglichen Wahlerfolge der NPD sind auf die Wirtschaftskrise 1966/67 zurückzuführen. 1965, ein Jahr nach der Gründung, konnte die NPD bei der Bundestagswahl zwar nur 2 % der Zweitstimmen für sich buchen, zog jedoch zwischen 1966 und 1968 in sieben Landtage ein, mit Wahlergebnissen bis 9,8 %. Den Höhepunkt ihrer Entwicklung erreichte die NPD bei der Bundestagswahl 1969: Mit 4,3 % verfehlte sie nur knapp den Einzug in den Deutschen Bundestag. Danach setzte jedoch bald der Niedergang der Partei ein. 1971 trat *von Thadden* als Vorsitzender zurück; sein Nachfolger wurde *Martin Mußgnug*. Um das rechte Wählerpotential voll auszuschöpfen, ging die NPD 1987 ein Wahlbündnis mit der *Deutschen Volksunion (DVU)* in der neuen Rechtspartei „DVU-Liste D" ein. Damit war sie in Bremen erfolgreich (siehe DVU). Bei den weiteren Landtagswahlen trat die NPD teils im eigenen Namen, teils im Bündnis mit der DVU auf. Bei der Bundestagswahl 1990 erreichte sie nur 0,3 %. Als Konsequenz daraus trat *Mußgnug* als Parteivorsitzender zurück. Sein Amt wurde vorerst dem NPD-Vize *Walter Bachmann* übertragen.

Deutsche Volksunion e.V. (DVU) –
Deutsche Volksunion – Liste D (DVU – Liste D)

Die Anfang 1971 auf Initiative von *Gerhard Frey* gegründete Sammlungsbewegung (DVU) war ursprünglich als Auffangbecken für die

Ende der 60er Jahre auseinanderfallende NPD gedacht. Sie setzt sich dafür ein, daß „Deutschland deutsch bleibt", daher fordert sie: Ausländerbegrenzung, kein Ausländerwahlrecht, deutsche Arbeitsplätze nur für Deutsche. Anfang der 80er Jahre erhielt die DVU beachtlichen Mitgliederzuwachs: Von 1979 (5 000 Mitglieder) bis 1980 konnte sie ihren Mitgliederbestand verdoppeln (10 000) und damit die NPD hinter sich lassen. Im März 1987 gründete *Frey*, im Hinblick auf die Bremer Bürgerschaftswahlen, als Bundespartei die „Deutsche Volksunion – Liste D" und im Mai 1987 den Landesverband Bremen. Während *Frey* bei den Landtagswahlen in Bayern 1986 seinen Mitgliedern noch empfohlen hatte, die NPD zu wählen, trat er in Bremen gemeinsam mit der NPD in der Liste D zur Landtagswahl an und übersprang auf Anhieb in Bremerhaven mit 5,4 % die Fünf-Prozent-Hürde. Insgesamt erhielt die Liste D im Land Bremen 3,4 %. Aufgrund dieser Wahlergebnisse und der Besonderheiten des Bremer Wahlrechts zog die DVU in die Bremer Bürgerschaft mit einem Abgeordneten, in das Bremerhavener Kommunalparlament mit zwei Abgeordneten ein. Mit Ausnahme der Landtagswahlen in Baden-Württemberg und Schleswig-Holstein, wo die DVU die NPD finanziell unterstützte, trat die DVU bei allen Landtagswahlen mit der Liste D an, hatte jedoch im September 1991 nur in Bremen erneut Erfolg mit 6,1 %, was ihr 6 Mandate brachte.

Die Republikaner (REP)

Am 27. November 1983 hob der im Sommer 1983 aus der CSU ausgetretene Bundestagsabgeordnete *Franz Handlos* zusammen mit dem Publizisten *Franz Schönhuber* als neue konservativ-liberale Volkspartei *Die Republikaner (REP)* aus der Taufe mit dem Anspruch, eine Bundespartei zu werden. Bald nach der Gründung kam der ebenfalls aus der CSU ausgetretene *Eckehard Voigt* in das Führungsgremium. Doch bereits eineinhalb Jahre nach der Gründung kam es innerhalb der Partei zum Bruch. *Handlos* gründete im Frühjahr 1985 eine neue Partei mit dem Namen *Freiheitliche Volkspartei. Voigt* trat im Mai 1985 aus. Auf einem Parteitag im Jahr 1985 in Siegburg wurde *Schönhuber* mit 92 % zum Vorsitzenden der *Republikaner* gewählt. Bei den Landtagswahlen in Bayern im Oktober 1986 kamen die *Republikaner* überraschend auf 3,1 %. Der eigentliche Durchbruch gelang ihnen im Januar 1989 in Berlin mit 7,5 % und 11 Mandaten. Die Europawahl brachte einen weiteren Höhepunkt: 7,1 % bundesweit, in Bayern 14,1 %. Einen Dämpfer erhielten die *Republikaner* im Januar 1990 im Saarland, wo sie, mit großen Hoffnungen angetreten, nur 3,3 % erreichten.

Dann begann der Abstieg der Partei: Nordrhein-Westfalen 1,8 %, Niedersachsen 1,5 %. Nach einem Zwischenhoch in Bayern (4,9 %) schieden die REPs in Berlin mit 3,1 % aus dem Senat aus. In der ehemaligen DDR, wo sie mit Ausnahme von Sachsen in allen neuen Bundesländern zur Wahl antraten, kamen sie in Brandenburg auf 1,2 %, lagen in den anderen Ländern jedoch unter 1 %. Die Erste gesamtdeutsche Wahl entließ die Republikaner mit 2,1 % in das politische Abseits, in Rheinland-Pfalz holten sie 2 %, in Hamburg nur noch 1,2 %. Vorsitzender *Schönhuber*, der im Mai 1990 zurückgetreten war, im Juli jedoch erneut zum Vorsitzenden gewählt wurde, will sich mit seiner Partei künftig mehr in den östlichen fünf Bundesländern engagieren. Auf dem Augsburger Parteitag im Februar 1991 wurde er, nachdem er die Vertrauensfrage gestellt hatte, erneut von 64 % der Anwesenden im Amt des Vorsitzenden bestätigt. Sein Rivale, *Harald Neubauer*, gründete im Januar 1991 in München zusammen mit ehemaligen NPD-Funktionären eine neue rechte Sammelbewegung für Unzufriedene aus NPD, DVU und REP's, die ,,Allianz-Vereinigte Rechte''.

Linkes Spektrum[3)]

Deutsche Kommunistische Partei (DKP)

Gründung auf dem Essener Parteitag am 12./13. April 1969 auf Initiative von *Kurt Bachmann.* In Fortsetzung der 1956 verbotenen KPD verstand sich die orthodoxe, moskauhörige DKP als ,,revolutionäre Kampfpartei'', die in der Bundesrepublik Deutschland auf

3) DKP und DFU zählen zu den orthodoxen Kommunisten, alle übrigen hier bzw. auf S. 194 erwähnten Gruppierungen (KPD alt und neu, KPD/ML, KB, KBW, BWK, MLPD, VSP) zur Neuen Linken. Alle zusammen werden oft auch als ,,sogenannte K-Gruppen'' bezeichnet. Laut Verfassungsschutzbericht 1990 ist jedoch die Abgrenzung zwischen ,,Orthodoxen'' u. der ,,Neuen Linken'' zunehmend hinfällig geworden.

revolutionärem Wege den „Sozialismus“ erreichen wollte, nach dem Muster der ehemaligen DDR. Die DKP hat bei allen Wahlen auf Bundesebene, in den Ländern und Kommunen kaum nennenswerte Ergebnisse erzielt. Ihre Bedeutung ist mehr in ihrer ideologischen Position als in der zahlenmäßigen Präsenz zu sehen. Nach Verlust ihrer finanziellen und ideologischen Basis im Osten seit 1989 versuchte die DKP zunächst, ihren alten Einfluß über die Linke Liste-PDS wiederzuerlangen (siehe PDS). In Zukunft wollen DKP und PDS bei Wahlen jedoch gegeneinander antreten, die DKP dabei auch im Osten. Bei Wahlen auf Bundes- und Landesebene blieb die DKP stets unter 1 %. Die Zahl der Mitglieder, die bis 1986 bei 40 000 lag, ging bis 1990 auf 9 000 zurück.

Deutsche Friedens-Union (DFU)

1960 in Stuttgart auf kommunistisches Betreiben als „Volksfront-Partei“ gegründet. Sie wollte Bündnisse humanitärer Art unterstützen, war daher: gegen Wettrüsten und Stationierung der Neutronenbombe, für Entspannung und Abrüstung. Die Partei ist nie über 1 000 Mitglieder hinausgekommen. Auf Landesebene erzielte sie nur in Hamburg, Bremen und im Saarland Ergebnisse um die 3 % herum. Nach der Bundestagswahl 1965, bei der sie nur 1,3 % erhielt, verzichtete sie bei den weiteren Landtagswahlen auf eigene Kandidaten und empfahl ihren Mitgliedern, die SPD zu wählen. Erst 1976 kandidierte die DFU wieder auf Landesebene, wohl um ihren Parteistatus nicht zu verlieren. Diesen gab sie im Mai 1984 auf und konstituierte sich als „Politische Vereinigung“.

Kommunistischer Bund (KB)

Der 1971 gegründete *Kommunistische Bund* fordert die Zerschlagung des Staates, um den Weg zum Sozialismus freizumachen. 1979 spaltete sich eine Fraktion mit 200 Mitgliedern ab, die sich verstärkt in grünen Wahlbündnissen engagierte; in Hamburg unterstützte sie die Grün-Alternative Liste (GAL) und konnte auf diesem Wege bei den Bürgerschaftswahlen im Juni und Dezember 1982 ein KB-Mitglied in die Bürgerschaft bringen. Auf die Vorgänge im Osten, insbesondere die Wiedervereinigung beider deutscher Staaten, reagierte der KB negativ; er lehnte das Streben nach Einheit als den

Versuch ab, eine Großmacht zu etablieren, die andere Länder bedrohe.[4] Zur ersten gesamtdeutschen Wahl ist der KB nicht angetreten. Im Juni 1991 löste er sich auf.

Kommunistischer Bund Westdeutschland (KBW)

Zum KBW schlossen sich im Juni 1973 in Bremen verschiedene kommunistische Gruppierungen zusammen. Sie alle fordern die klassenlose Gesellschaft, die nur auf revolutionärem Wege erreichbar sei, die proletarische Diktatur, die Zerschlagung des bürgerlichen Staatsapparates mit Waffengewalt. Bei den Wahlen, zu denen der KBW antrat, hatte er keine Erfolge (0,1 – 0,0 %). 1980, mitten im Bundestagswahlkampf, spaltete sich der KBW: Anfang September wurde ein neuer „Bund Westdeutscher Kommunisten (BWK)" gegründet.

Bund Westdeutscher Kommunisten (BWK)

Im September 1980 vom KBW abgespalten. Seine politischen Ziele sind deckungsgleich mit denen des KBW. Bei allen Wahlen, an denen sich der Bund beteiligte, blieb er erfolglos. Daher suchte man Gespräche mit der „Vereinigten Sozialistischen Partei (VSP)", um beide Parteien zu vereinigen. Die Gespräche wurden jedoch Ende 1989 eingestellt, weil es hinsichtlich der Beurteilung der Vorgänge in Mittel- und Osteuropa zu Differenzen kam. An der ersten gesamtdeutschen Wahl hat sich der BWK nicht beteiligt.

Marxistisch-Leninistische Partei Deutschlands (MLPD)

Diese Vereinigung ist 1982 aus dem „Kommunistischen Arbeiterbund Deutschlands (KABD)" hervorgegangen. Auch sie erstrebt den Sturz der Gesellschaftsordnung durch revolutionäre Gewalt. Im Mai 1985 beteiligte sich die MLPD in Nordrhein-Westfalen an einer Landtagswahl, im Jahre 1987 erstmals an einer Bundestagswahl. Beide Male blieb sie unter 0,1 %. 1989 versuchte die MLPD, mit anderen linksextremistischen Aktionsbündnissen Kontakt aufzunehmen. Bei der Europawahl trat sie im ganzen Bundesgebiet mit Kandidaten an, blieb jedoch bei 0,0 %. Bei der ersten gesamtdeutschen Wahl trat sie nicht in Erscheinung.

4) Vgl. Verfassungsschutzbericht 1989, S. 56.

Vereinigte Sozialistische Partei (VSP)

Im Oktober 1986 schlossen sich auf dem Dortmunder Vereinigungsparteitag die ,,Gruppe Internationaler Marxisten (GIM)" und die ,,Kommunistische Partei Deutschlands (Marxisten-Leninisten) (KPD)" zur *Vereinigten Sozialistischen Partei* zusammen. Damit wollte die VSP die Zersplitterung in der revolutionären Linken überwinden helfen. Die in dem gleichen Bestreben auch mit dem BWK aufgenommenen Gespräche scheiterten 1989. Für die Zukunft erhoffen sich die VSP-Funktionäre neue Impulse von dem Projekt ,,Radikale Linke", an dem sie von Anfang an mitwirkten.[5)]

Grüne Parteien[6)]

Grüne Liste Umweltschutz (GLU)

Sie wurde 1977 im Zusammenhang mit den Vorgängen in Brokdorf, Grohnde und Gorleben in der Absicht gegründet, eine Brücke zwischen der außerparlamentarischen Opposition und dem Kampf um Erhaltung und Verbesserung der Lebensgrundlagen auf parlamentarischer Ebene zu schließen. Bei den Landtagswahlen in Niedersachsen am 4. Juni 1978 errang sie mit 3,9 % einen beachtlichen Erfolg. Die meisten Stimmen kamen von der FDP, die dadurch ihre Landtagsmandate verlor. Im März 1979 fanden sich GLU, AUD und GAZ u.a. zu einem gemeinsamen Europaprogramm und einer einheitlichen Europa-Wahlliste zusammen, im Sinne einer Gesamtalternative gegenüber den übrigen Kräften Europas. Das Ergebnis: 3,2 %. 1981 ging die GLU (wie die GAZ) in der *Ökologisch-Demokratischen Partei* (ÖDP) auf.

Grüne Aktion Zukunft (GAZ)

Der CDU-Bundestagsabgeordnete *Herbert Gruhl* trat im Juli 1978 aus der CDU aus und gründete wenige Tage darauf in Bonn die GAZ

5) Vgl. Verfassungsschutzberichte 1989, S. 58 und 1990, S. 35/37.

6) Von den zahlreichen grünen und alternativen Gruppierungen sollen nur diejenigen kurz vorgestellt werden, die bundesweit als Vorläufer der GRÜNEN im Gespräch waren bzw. heute noch als eigenständige politische Kräfte im Gespräch sind: GLU, GAZ und ÖDP sowie die GAL Hamburg und die AL Berlin, die als Landesverbände in den genannten Städten eine Sonderstellung innerhalb der Landesverbände der GRÜNEN einnehmen.

als neue ökologische Partei. Die GAZ sah sich nicht nur als Umweltpartei. Daher reichte das sehr kurz gefaßte Programm der Partei *(Das grüne Manifest)* vom Umweltschutz über die Wirtschaftspolitik bis zur Außenpolitik.

Gruhl rechnete sich große Chancen aus, zum politischen Sammelbecken für die gesamte ökologische Bewegung in der Bundesrepublik zu werden. Eine Hoffnung, die sich nicht erfüllte, obwohl der Start der Partei sehr hoffnungsvoll begann: Gleich nach der Gründung im Juli 1978 gingen rund tausend Beitrittserklärungen ein. Die Ergebnisse bei den Landtagswahlen lagen jedoch weit hinter den Erwartungen zurück: Hessen 0,9 % für die GAZ, Bayern 1,8 % für alle grünen Gruppierungen zusammen.

Als sich die Grünen als Bundespartei etablierten, brachte *Gruhl* zunächst die GAZ mit in diese Gruppierung ein. Im Januar 1981 trat *Gruhl* offiziell aus der Partei aus mit der Begründung, die Grünen seien mehr linksradikal als ökologisch eingestellt. Gemeinsam mit der GLU und der ,,Arbeitsgemeinschaft ökologischer Politik'' gründete er die ,,Grüne Föderation'' aus der dann die *Ökologisch-Demokratische Partei* hervorging.

Ökologisch-Demokratische Partei (ÖDP)

1981 etablierte sich in Bayern die *Ökologisch-Demokratische Partei (ÖDP)*. Anfang 1982 wurde in Niedersachsen ein weiterer Landesverband gegründet. Die Gründung der Bundespartei erfolgte am 6. März 1982 in Bad Honnef durch *Herbert Gruhl*. Ihrem Selbstverständnis nach sieht sich die ÖDP als ,,parlamentarischer Arm'' der ökologischen Bewegung, als die einzige politische Vereinigung, die das ökologische Anliegen vorbehaltlos als Kernstück ihres Programms betrachtet. Zur Bundestagswahl 1983 trat die ÖDP bundesweit an.

Mit nur 11 028 der Zweitstimmen blieb sie bedeutungslos, während die GRÜNEN mit 2 167 431 Zweitstimmen (= 5,6 %) in den Bundestag einzogen. Bei der Bundestagswahl 1987 verbesserte sie sich auf 108 808 Stimmen, bei den Europawahlen 1989 erhielt sie 184 097 Stimmen. 1989 trat *Herbert Gruhl* als Vorsitzender der ÖDP zurück. Auslöser für seinen Rücktritt waren bei dem Parteitag in Saarbrücken aufgetretene Spannungen über den Kurs der Partei.

Sein Amt als Vorsitzender übernahm im Februar 1989 *Hans-Joachim Ritter*. Aus Enttäuschung über das schlechte Abschneiden bei der ersten gesamtdeutschen Wahl (0,4 %) trat *Herbert Gruhl* Mitte Dezember 1990 aus der Partei aus. Bei der ersten Landtagswahl danach, in Rheinland-Pfalz, erhielt die ÖDP 0,9 %.

Grün-Alternative Liste Hamburg (GAL)

Nach der Bürgerschaftswahl 1978 schlossen sich die ,,Grüne Liste Umweltschutz Hamburg (GLU/HH)" und die ,,Bunte Liste – Wehrt Euch (BLW)" zur *Grün-Alternativen Liste* (GAL) zusammen. 1984 schloß sich diese Gruppierung dann der Bundespartei an und fungiert als deren Hamburger Landesverband unter der Bezeichnung ,,Die Grünen/GAL".

In der Hamburger Bürgerschaft ist die GAL seit 1982 vertreten. Nach der Wahl von 1982, wo sie 7,7 % der abgegebenen Stimmen erhielt, wurde sie im Senat zum Zünglein an der Waage. Da jedoch in den Koalitionsgesprächen mit der SPD keine Einigung erzielt werden konnte, kam es zu einer zweiten Landtagswahl, bei der die SPD zulegte, die GAL Verluste hinnehmen mußte. Die SPD konnte allein regieren.

Im März 1990 drohte der GAL eine Spaltung in Realos und Fundamentalisten. Nach dem Rücktritt der GAL-Fraktionsvorsitzenden *Krista Sager* und drei weiterer Fraktionskolleginnen kündigte sie für die Bürgerschaftswahl 1991 die Gründung einer neuen grünen Partei als Konkurrenzunternehmen an. Die endgültige Spaltung erfolgte im Mai 1990 mit der Gründung eines ,,Grünen Forums Hamburg" durch eine Gruppe von Mitgliedern der GAL. Das ,,Grüne Forum" fühlte sich ebenfalls der Partei der GRÜNEN im Bund zugehörig und betrachtete sich als deren eigentliche Vertretung in Hamburg. Der Bundesverband sieht das jedoch anders, er hat sich erneut zur GAL als Hamburger Landesverband bekannt. Im April 1991 vereinnigte sich das ,,Grüne Forum" wieder mit der GAL. Damit sind die Hamburger ,,Realos" wieder vereint, die ,,Fundis" verließen die GAL und gründeten eine ,,Alternative Liste".

Trotz dieser Spaltung war die GAL bei der Wahl vom 2. Juni 1991 erfolgreich. Sie erhielt 7,2 % der Stimmen und ist nun mit 9 Mandaten im Hamburger Senat vertreten. Damit haben sich die Realpolitiker in Hamburg endgültig durchgesetzt.

Alternative Liste Berlin (AL)

Die „Alternative Liste für Demokratie und Umwelt" wurde 1987 gegründet. Als sich zwei Jahre später die Bundespartei konstituierte, sahen die GRÜNEN auch für Berlin einen formalen Landesverband vor, der sich allerdings vorwiegend aus AL-Mitgliedern zusammensetzte. Bereits bei der Wahl 1981 verzichteten die GRÜNEN in Berlin auf die Aufstellung eigener Kandidaten. Bei der Wahl des Abgeordnetenhauses im Jahre 1985 konnten sich die GRÜNEN und die Alternative Liste (AL) nicht auf eine Zusammenarbeit einigen. Die Wahlen brachten für die Berliner GRÜNEN (etwa 120 Mitglieder) eine Fehlanzeige, für die AL dagegen (ca. 3 000 Mitglieder) 10,6 %. Der Versuch, den Berliner Landesverband per Auflösungsbeschluß loszuwerden und die organisatorische Verflechtung mit der AL voranzutreiben, scheiterte. Wohl hatte sich die Mitgliederversammlung der AL Berlin am 11. Mai 1986 entschieden, Landespartei der Bundespartei der GRÜNEN zu werden. Die Bundesversammlung der GRÜNEN hatte am 23. Juni 1986 beschlossen, den Landesverband endgültig aufzulösen. Da dies aber dasselbe Verfahren wie die Neugründung einer Partei verlangt und den Verlust des Wahlkampfkostenzuschusses zur Folge gehabt hätte, wurde der Plan zunächst aufgegeben. Heute vertritt die AL Berlin als selbständige und in vielen Bereichen autonome politische Organisation die Interessen der Bundespartei die GRÜNEN in Berlin. Diese Form der Zusammenarbeit wurde in § 19 der Satzung der Bundespartei[7] in einer eigenen Vereinbarung verankert. „Diese Vereinbarung", so heißt es in der Satzung, „dokumentiert die enge Verbindung zwischen der Bundespartei DIE GRÜNEN und der AL Berlin." Nach der Berliner Wahl im Januar 1989, die ihr 11,8 % der Zweitstimmen brachte, ist die AL eine rot-grüne Koalition mit der SPD eingegangen. Zwei Wochen vor der ersten gesamtdeutschen Wahl scheiterte diese bis dahin längste rot-grüne Koalition auf Landesebene. Bei der ersten Gesamtberliner Wahl erhielt die AL dafür von den Wählern die Quittung: sie rutschte gegenüber der Wahl zum Abgeordnetenhaus 1989 von 11,8 % (17 Mandate) auf 5,0 % (12 Mandate) ab. Als Konsequenz aus den Stimmenverlusten hat die AL eine radikale Strukturreform beschlossen.

7) Stand Mai 1988.

Europäische Arbeiterpartei (EAP)

Die EAP läßt sich schwer in ein Parteischema einordnen. Die EAP-Bewegung hat ihren Ursprung in den USA: Sie nahm 1966 in New York City ihren Ausgang. In der Bundesrepublik trat sie erstmals 1974 in Erscheinung. Sie hat sich die Entwicklung eines Programms für technologischen Fortschritt und Wachstum zum Ziel gesetzt und tritt in diesem Bestreben für eine Weiterentwicklung der Kernenergie ein. Zur Bundestagswahl 1987 trat die EAP, wie der „Spiegel" berichtete[8], mit neuer Tarnung an, nämlich als „Patrioten für Deutschland", einer Gruppierung, die in zehn Landesverbänden (außer Berlin) über 2 000 Gleichgesinnte zu ihren Mitgliedern zählt. Der Verfassungsschutz in Nordrhein-Westfalen nannte die „Patrioten für Deutschland" eine „Gründung der EAP für die Bundestagswahl". Sie erhielten lediglich 0,1 %. Bei der Bundestagswahl im Dezember 1990 erhielten die „Patrioten für Deutschland" mit 0,0 % eine Abfuhr.

Aktionsgemeinschaft Unabhängiger Deutscher (AUD)

Die AUD verdankt ihre Entstehung der Einsicht der „Deutschen Gemeinschaft (DG)", als nationale Sammlungsbewegung allein in der Bundestagswahl 1965 keine Chancen zu haben. So schlossen sich am 4. Juli 1965 die „Deutsche Gemeinschaft (DG)", „Deutsche Fortschrittspartei (DFP)" sowie freie Wählergemeinschaften zur *Aktionsgemeinschaft Unabhängiger Deutscher* zusammen. Das Aktionsbündnis ging jedoch bei den „Sonstigen" mit 0,3 % unter. Erneut in die Diskussion geriet die AUD mit dem Aufkommen der Grünen in den Landtagswahlen 1978. Im Gegensatz etwa zur GLU und GAZ gab die AUD unter ihrem damaligen Vorsitzenden August Hausleiter am 27. April 1980 ihre Selbständigkeit auf und ging ganz in der Bundespartei der GRÜNEN auf.

8) „Rechtsextreme", Der Spiegel Nr. 3/87, S. 47 f.

Bürgerpartei (BÜP)

Diese Steuerprotest-Partei wurde am 1. Mai 1979 von *Hermann Fredersdorf* nach dem Vorbild des dänischen Steuerrebellen *Glistrup* gegründet, ohne jedoch jemals dessen erstaunliche Anfangserfolge erreichen zu können. *Fredersdorf* wollte, wie *Gruhl* mit seiner GAZ, mit seiner Bürgerpartei nicht nur für einen Problembereich, nämlich das Steuerwesen, relevant sein. Die Bürgerpartei werde, so erklärte *Fredersdorf*, eine ,,Partei der Bürgerfreiheit und Gerechtigkeit, des Umweltschutzes und der Rentensicherung, der Jugendchancen sowie der Würdigung der Hausfrauen- und der Mütterarbeit in Deutschland und Europa" sein.[9] Ihren politischen Standort sah die BÜP in der Mitte zwischen Union und SPD mit der Absicht, die FDP zu verdrängen. Diese Absicht war jedoch von Anfang an unrealistisch. Politisch verlor die BÜP an Bedeutung, nachdem *Franz Josef Strauß* sein anfängliches Interesse an ihr verloren hatte. Am 19. Mai 1980 trat *Fredersdorf* vom Parteivorsitz zurück, nachdem er bei der nordrhein-westfälischen Landtagswahl Schiffbruch erlitten hatte. Zur Bundestagswahl 1980 trat die Partei zunächst noch an, gab aber knapp 5 Wochen vor dem Wahltag den Wahlkampf auf. In einigen Ländern beteiligte sie sich danach noch an Wahlen, um den Parteistatus zu erhalten, in anderen Ländern empfahl sie ihren Anhängern, CDU zu wählen. Seit 1983 ist die BÜP bei Bundestagswahlen nicht mehr in Erscheinung getreten.

Ehemalige DDR

Altparteien

Sozialdemokratische Partei Deutschlands (SPD)

Mit der Gründung der *Sozialistischen Einheitspartei Deutschlands (SED)* am 21./22. April 1946 in Berlin, einer zwangsweisen Vereinigung von KPD und SPD, endete nicht nur die politische Konkurrenz dieser beiden Arbeiterparteien, sondern auch die politische Eigenständigkeit der SPD. Sie begann erst wieder am 7. Oktober 1989,

9) Zitat nach Handelsblatt vom 29. Sept. 1978.

als in Schwandte im Kreis Oranienburg die „Sozialdemokratische Partei in der DDR (SDP)" gegründet wurde. Als politisches Ziel wurde eine „ökologisch orientierte, soziale Demokratie" genannt. Schon bald nach Gründung, im Dezember 1989, gingen die West-SPD und die SDP der DDR eine formelle Partnerschaft ein. Die SDP nannte sich danach auf ihrer ersten Delegiertenkonferenz am 13. Januar 1990 um in *Sozialdemokratische Partei Deutschlands (SPD)*. Erster Vorsitzender der Partei wurde im Februar 1990 der bis dahin amtierende Geschäftsführer *Ibrahim Böhme*, nach seinem Rücktritt am 2. April wegen angeblicher Stasi-Tätigkeit amtierte zunächst *Markus Meckel* als Vorsitzender, nach dessen Wechsel ins Außenministerium der ehemaligen DDR wurde dann auf einem Sonderparteitag in Halle am 10. Juni *Wolfgang Thierse* als neuer Vorsitzender der Ost-SPD gewählt. Bei der Volkskammerwahl im März 1990 erlebte die Ost-SPD mit 21,84 % eine herbe Enttäuschung, von der sie sich auch bei den Kommunalwahlen nicht erholte. Auf dem Vereinigungsparteitag vom 25. bis 29. September 1990 in Berlin schlossen sich SPD-West und SPD-Ost zu einer gesamtdeutschen SPD zusammen, mit *Hans-Jochen Vogel* als Vorsitzendem. *Wolfgang Thierse* wurde vierter stellvertretender Vorsitzender neben den drei bisherigen Stellvertretern.

Demokratischer Frauenbund Deutschlands (DFD)

Mit dem Gründungskongreß vom 7. bis 9. März 1947 trat diese Organisation erstmals an die Öffentlichkeit, also bereits vor Gründung der DDR. Im März 1990 hat der DFD ein neues Programm und Statut beschlossen. In dem Statut bezeichnet sich der DFD als „eigenständige politische Organisation", die „parteiunabhängig" ist. In ihrem Programm tritt sie für eine gleichberechtigte Teilnahme der Frauen an der Gestaltung aller gesellschaftlichen Prozesse mit dem Ziel der Gleichstellung der Geschlechter ein. Bei den Wahlen in der ehemaligen DDR konnte sie nur mäßige Erfolge verbuchen: Volkskammerwahl 4,93 % (1 Mandat), Kommunalwahlen 1,23 %, Landtagswahlen in Sachsen-Anhalt 1,1 %, in den anderen vier Ländern unter 1 %.

Christlich Demokratische Union (CDU)

Die Christdemokraten in West und Ost entwickelten sich aus den gleichen Anfängen, getragen von Mitgliedern der alten *Zentrumspartei* und der *Deutschen Demokratischen Partei.* In der sowjetischen Besatzungszone, wo sie am 26. Juni 1945, also neun Tage vor Gründung der rheinischen CDU, ins Leben gerufen wurde, geriet die CDU unter dem Vorsitz von *Otto Nuschke* immer mehr in das Fahrwasser der SED und erkannte endlich 1949 endgültig deren Führungsanspruch an. Ende Oktober 1989 erklärte sie dann in einem Grundsatzpapier, sie sei eine „unabhängige und eigenständige Partei". Der Chef der DDR-CDU, *Gerald Götting*, trat am 5. November 1989 zurück, am 4. Dezember erfolgte der Austritt aus dem *Demokratischen Block.* Neuer Vorsitzender wurde *Lothar de Maizière.* Er setzte die Marksteine für den künftigen Weg der Partei: Rechtssicherheit, Gewaltenteilung und Marktwirtschaft. Vor allem versuchte *de Maizière* von Anfang an, das christliche Profil der CDU stärker zu betonen. Nach dem eindeutigen Sieg der Ost-CDU bei der Volkskammerwahl im März 1990 (40,91 %), bei der die CDU im Wahlbündnis mit der DSU und DA in der *Allianz für Deutschland* angetreten war, wurde *de Maizière* erster frei gewählter Ministerpräsident der DDR. Da die programmatischen Vorstellungen der Ost-CDU sich weitgehend mit denen der West-CDU deckten, kam es bald auch zur Forderung nach einer einheitlichen christdemokratischen Partei. Bevor diese auf dem Vereinigungsparteitag in Hamburg am 1./2. Oktober 1990 besiegelt wurde, fusionierte die Ost-CDU im August mit dem *Demokratischen Aufbruch* und im September mit der *Demokratischen Bauernpartei. Lothar de Maizière* wurde auf dem Vereinigungsparteitag zum einzigen Stellvertreter des Vorsitzenden der gesamtdeutschen CDU, *Helmut Kohl*, ernannt.

Liberaldemokratische Partei Deutschlands (LDP)

Die im Juli 1945 in Berlin gegründete LDPD war die zweitstärkste Partei nach der SED, die sie zur Zusammenarbeit im „Demokratischen Block" verpflichtete. Im Oktober 1989 erfolgte die Lösung aus dem Schatten der SED, am 5. Dezember 1989 der Austritt aus dem *Demokratischen Block*. Damit setzte die Entwicklung zu einer eigenständigen liberalen Kraft in der DDR ein, was auch in der Namensänderung im Februar 1990 in „LDP – Die Liberalen“ zum Ausdruck kam. Nach dem Rücktritt von *Manfred Gerlach*, Vorsitzender der Partei seit 1967, wurde *Rainer Ortlieb* neuer Vorsitzender. Am 12. Februar schloß sich die LDP mit der FDP-Ost und der *Deutschen Forumpartei (DFP)* zu einem liberalen Wahlbündnis (unter ausdrücklicher Ausklammerung der NDPD) zusammen, das bei der Volkskammerwahl 5,28 % erzielte. Am 27. März 1990 gründete die LDP den *Bund Freier Demokraten (BFD)*, dem sich FDP-Ost und DFP sowie später die NDPD anschlossen. Die nächsten Schritte waren eine gemeinsame Fraktion und dann gemeinsame Partei unter dem Namen *Freie Demokratische Partei (FDP)*, die sich am 11./12. August 1990 auf dem Parteitag in Hannover mit der FDP-West zur gesamtdeutschen FDP vereinigte.

Demokratische Bauernpartei Deutschlands (DBD)

Am 29. April 1948 wurde die DBD auf Weisung der SED als deren „Transmissionsriemen“[10] gegründet, um die Bauern für den Aufbau des Sozialismus zu gewinnen. Am 5. Dezember 1989 verließ die DBD den *Demokratischen Block*, um die Zusammenarbeit aller politischen Kräfte der DDR am „Runden Tisch“ zu unterstützen. Bei der ersten freien Volkskammerwahl im März 1990 erhielt sie jedoch nur 2,19 %. Im Sommer 1990 führte die DBD Sondierungsgespräche mit der DSU; die angestrebte Fusion scheiterte jedoch, so daß es im September 1990 zur Vereinigung mit der CDU kam, in die sie 90 000 Mitglieder einbrachte.

Nationaldemokratische Partei Deutschlands (NDPD)

Auch die Parteigründung der NDPD erfolgte am 25. Mai 1948 auf Weisung der SED. Nach Rücktritt des seit 1972 amtierenden Vorsitzenden *Heinrich Homann* im November 1989 begann der neue Vorsitzende *Günter Hartmann* die Loslösung von der SED. Am 5. Dezember 1989 trat die NDPD aus dem *Demokratischen Block* aus. Auf ihrem ersten Parteitag nach der politischen Wende legte die

10) Vgl. K. G. Tempel, a.a.O., S. 621.

NDPD im Januar 1990 einen Acht-Stufen-Plan für die Wege zur deutschen Einheit vor. Auf dem Parteitag am 11. Februar 1990 wurde *Wolfgang Rauls* neuer Vorsitzender. Der Vorschlag der NDPD, alle nationalen und liberalen Parteien der DDR in einem Wahlverbund zu vereinen, wurde von den drei im ,,Bund Freier Demokraten" zusammengeschlossenen liberalen Parteien abgelehnt. Bei der Volkskammerwahl scheiterte die NDPD mit 0,38 %. Danach, Ende März 1990, schloß sie sich dem *Bund FREIER DEMOKRATEN* an, der später in der FDP aufging.

Oppositionsparteien

Initiative Frieden und Menschenrechte (IFM)

Diese älteste, von Kirche und Staat unabhängige, Oppositionsgruppe wurde bereits 1985 gegründet. Sie tritt vor allem für Abrüstung und Entmilitarisierung ein. Nach der Wende nahm sie am ,,Runden Tisch" teil. Seit 7. Februar 1990 agiert sie politisch zusammen mit dem ,,Neuen Forum" und ,,Demokratie Jetzt" im ,,Bündnis 90" (siehe NF).

Neues Forum (NF)

Gründung am 9. September 1989 als Bürgerbewegung. Zu den Gründungsmitgliedern zählten *Jens Reich, Bärbel Bohley, Rolf Henrich, Sebastian Pflugbeil und Hans-Jochen Tschiche.* Am ,,Runden Tisch" nahmen die NF-Mitglieder *Reinhard Schult* und *Ingrid Köppe* teil. Eine Partei wollte diese größte Reformbewegung nie werden, sondern lediglich ein Gegengewicht gegen die sich in der DDR immer stärker abzeichnende Parteipolitik bilden. Als bürgernahe Vereinigung steht das *Neue Forum* Mitgliedern aller Parteien offen. Im Januar 1990 spaltete sich vom rechten Flügel die ,,Deutsche Forumpartei (DFP)" ab. Im Hinblick auf die Volkskammerwahlen schloß sich NF mit DJ und IFM zum ,,Bündnis 90" zusammen, das 2,9 % der Stimmen erhielt. Bei den Landtagswahlen im Oktober 1990 war das ,,Bündnis 90" erfolgreicher: In Brandenburg erzielte es allein 6,4 %, in Thüringen zusammen mit den Grünen 6,5 %; *Neues Forum* und *Grüne* zusammen blieben in Sachsen mit 5,6 % und in

Sachsen-Anhalt mit 5,3 % erfolgreich. Die erste gesamtdeutsche Wahl brachte das *Neue Forum* über das „Bündnis 90" durch Überschreiten der Fünf-Prozent-Klausel im Wahlgebiet Ost (6,2 %) in das erste gesamtdeutsche Parlament. Nach Umwandlung des Wahlbündnisses in die Partei *Bündnis 90* besteht das *Neue Forum* auf kommunaler Ebene weiter. Die Bündnis-Mitglieder IFM und DJ lösten sich mit der Parteigründung auf.

Demokratie Jetzt (DJ)

Die am 12. September 1989 von kirchlichen Kreisen ins Leben gerufene Bürgerbewegung *Demokratie Jetzt* will ebenfalls keine Partei sein. Ihre führenden Vertreter *(Hans-Jürgen Fischbeck, Ulrike Poppe, Konrad Weiß, Wolfgang Ullmann)* waren bereits seit 1987 in der Initiative „Absage an Praxis und Prinzip der Abgrenzung" in die Öffentlichkeit getreten. Die Ziele, die DJ verwirklichen will, sind u.a.: Wirkliche Mitbestimmung in eigenständigen Betrieben, Freie Gewerkschaften, neues Umweltverhalten durch Änderung des Lebensstils, Durchsetzung einer sozialen und ökologischen Marktwirtschaft. Zusammen mit NF und IFM agiert DJ im „Bündnis 90" (siehe NF).

Demokratischer Aufbruch (DA)

Der Gründungsaufruf trägt das Datum vom 2. Oktober 1989. Am 30. Oktober konstituierte sich der *Demokratische Aufbruch* vorläufig als Partei. Die endgültige Parteigründung erfolgte dann auf dem Parteitag vom 16./17. Dezember 1989 in Leipzig. Der Mitbegründer und erste Vorsitzende, *Wolfgang Schnur*, trat am 14. März 1990 wegen einer ihm vorgeworfenen Stasi-Vergangenheit zurück. Sein Nachfolger wurde Pfarrer *Rainer Eppelmann*. Nach seinem Selbstverständnis tritt DA als christdemokratisch-liberale Volkspartei in der DDR auf. Zur Volkskammerwahl ging sie mit der CDU-Ost und der DSU das Wahlbündnis „Allianz für Deutschland" ein, das als eindeutiger Gewinner aus dieser Wahl hervorging. Das Ergebnis für den *Demokratischen Aufbruch* selbst war mit 0,92 % äußerst mager. So schloß sich die Partei um August 1990 der CDU-Ost an, will jedoch innerhalb der gesamtdeutschen CDU als Arbeitskreis bestehen bleiben.

Vereinigte Linke (VL)

Anfang September 1989 fand in Böhlen ein sozialistisches Treffen statt, bei dem ein Appell ,,Für eine vereinigte Linke in der DDR" beschlossen wurde. Diese ,,Böhlener Plattform" verstand sich als linkes, alternatives Konzept für eine Wende. Im Februar 1990 bildete die *Vereinigte Linke*, die sich dem ,,Bündnis 90" nicht angeschlossen hatte, mit den *Nelken* das ,,Aktionsbündnis Vereinigte Linke – Die Nelken", das jedoch bei der Volkskammerwahl nur 0,18 % der Stimmen erhielt. Zur ersten gesamtdeutschen Bundestagswahl trat VL allein an. Wegen Erfolgslosigkeit konstituierte sich VL im Herbst 1991 als eingetragener Verein.

Die Nelken

Als Sammelbecken für alle parteilosen Kommunisten wurde am 13. Januar 1990 eine neue marxistische Partei in Ost-Berlin gegründet: *Die Nelken*. Im Februar 1990 schlossen sich die *Nelken* für die Volkskammerwahl mit der *Vereinigten Linken* zum ,,Aktionsbündnis Vereinigte Linke – Die Nelken" zusammen und erreichte hier 0,18 % mit VL zusammen. Bei den Landtagswahlen traten die *Nelken* u.a. in Sachsen-Anhalt in einem Wahlbündnis mit der PDS auf, bei der Bundestagswahl am 2. Dezember 1990 allein.

Grüne Partei/Grüne Liga

Im Schutze der Kirche haben die Grünen schon Jahre vor der Wende, u.a. in der ,,Umweltbibliothek", gegen das SED-Regime gearbeitet. Nach dem 9. November 1989 bildeten sich dann zwei grüne Gruppierungen heraus: Am 24. November 1989 wurde die *Grüne Partei der DDR* gegründet, die einen ökologischen Umbau der DDR anstrebte. Es folgte im Dezember 1989 die Gründung der *Grünen Liga* als überparteilicher Dachverband der Umweltbewegung in der DDR. Die *Grüne Partei der DDR* lehnte es zunächst ab, sich nach dem Muster der westdeutschen Umweltpartei ,,Die Grünen" zu nennen, um sich so von den West-GRÜNEN zu distanzieren und ein eigenes ökologisches Profil zu entwickeln. So kam es auch nicht, wie bei den anderen im Bundestag vertretenen Parteien, vor der ersten gesamtdeutschen Wahl zu einer Vereinigung mit den West-GRÜNEN. Sie wurde auf den Tag nach der Bundestagswahl, also auf den 3. Dezember 1990, verschoben. Zur Volkskammerwahl ging die *Grüne Partei* ein Wahlbündnis mit dem *Unabhängigen Frauenverband (UFV)* ein, blieb aber trotzdem mit 1,96 % hinter den Erwartungen zurück. Das Ergebnis reichte jedoch für die Entsendung von acht Abgeordneten in die Volkskammer. In die Landtagswahlen gingen die Grünen mit verschiedenen Strategien: in Mecklenburg-Vorpommern (4,2 %) und Brandenburg (2,8 %) agierten sie allein, in Thüringen zusammen mit dem Bündnis 90 (6,5 %), in Sachsen (5,6 %) und Sachsen-Anhalt (5,4 %) zusammen mit dem *Neuen Forum* aus dem „Bündnis 90". Bis auf Brandenburg sind die Grünen in allen Landtagen der neuen Bundesländer vertreten. Zur ersten gesamtdeutschen Bundestagswahl einigten sich die *Grüne Partei* und das „Bündnis 90" auf eine gemeinsame Wahlplattform. Obwohl sie im gesamten Wahlgebiet nur 1,2 % der Zweitstimmen erhielten, zogen sie in den ersten gesamtdeutschen Bundestag ein, da sie im Wahlgebiet Ost 6,2 % erreichten. Da die GRÜNEN im Westen an der Fünf-Prozent-Klausel scheiterten, vertreten nun Abgeordnete der Grünen aus dem Osten allein bzw. im Verein mit dem „Bündnis 90" die Belange der Ökologen im Deutschen Bundestag.

Deutsche Soziale Union (DSU)

Die DSU geht auf die von dem Leipziger Pfarrer *Hans-Wilhelm Ebeling* gegründete „Christlich-Soziale Partei (CSP)" zurück, die sich dann in CSPD (Mit der Zusatzklausel „D" für Deutschland) umbenannte. Am 20. Januar 1990 schloß sich die CSPD mit zehn weiteren kleineren christlichen, liberalen und konservativen Parteien zur DSU zusammen, u.a.: „Freie Deutsche Union (FDU)", „Fortschrittliche Volkspartei (FVP)", „Volksunion (VU)", „Christlich-Soziale Union (CSU)". Erster Vorsitzender wurde *Hans-Wilhelm Ebeling*. Zunächst verstand sich die DSU als Schwesterpartei von CDU und CSU in der Bundesrepublik, da sie sich auch programmatisch zwischen beiden positionierte. Bald aber tendierte sie, nachdem die West-CDU sich für die Ost-CDU als Partner entschieden hatte, zur CSU in München, die bei der Gründung der DSU kräftig mitgewirkt hatte. Bei der Volkskammerwahl, zu der sie in der ,,Allianz für Deutschland" ein Wahlbündnis mit CDU und DA eingegangen war, erzielte sie nur 6,32 %, was zu dem Gedanken führte, sich von der Allianz abzukoppeln. Eine Vereinigung mit der CSU strebte *Ebeling* nie an; die DSU sollte eigenständig bleiben. Bei den Landtagswahlen fiel die DSU weiter zurück, erzielte Ergebnisse zwischen 0,9 % in Mecklenburg-Vorpommern und 4,5 % in Sachsen, wo sie noch am besten abschnitt. Nach dem Austritt *Ebelings* aus der Partei – dem der Austritt von Innenminister *Diestel* vorangegangen war – drohte eine Spaltung der DSU. Neuer Vorsitzender wurde *Hans-Joachim Walther*. Bei der Bundestagswahl am 2. Dezember 1990 trat die DSU noch einmal auf dem gesamten ostdeutschen Gebiet an, enttäuschte jedoch mit nur 0,2 % im gesamten Bundesgebiet; im Wahlgebiet Ost erzielte sie 1,4 %. Danach, so verlautete vor der Wahl, wolle sich die DSU gesundschrumpfen, d.h. regionalisieren. Ende Dezember 1990 allerdings ließ die DSU verlauten, sie wolle sich als eigenständige Partei über ganz Deutschland ausbreiten. Diese Ankündigung stellte nach Ansicht von CSU-Generalsekretär *Erwin Huber* die Zusammenarbeit mit der CSU, die sich auch nach dem schlechten Abschneiden bei der Bundestagswahl zu ihrer Schwesterpartei im Osten bekannte, in Frage. Der Leipziger Parteitag im Frühjahr 1991 sprach sich mit Mehrheit gegen eine Ausweitung der DSU über die fünf neuen Bundesländer hinaus aus. *Reinhard Keller* löste als neuer Parteichef den bisherigen Vorsitzenden *Hans-Joachim Walther* ab.

Deutsche Forumpartei (DFP)

Diese Partei ist eine Abspaltung vom rechten Flügel des ,,Neuen Forums". Gründungsdatum ist der 27. Januar 1990, Vorsitzender *Jürgen Schmieder*. Die *Deutsche Forumpartei* hat sich nicht dem Wahlbündnis der bürgerlichen Parteien ,,Allianz für Deutschland" angeschlossen, obwohl sie mit in diese Gespräche einbezogen war, sondern ist am 12. Februar 1990 dem ,,Bund Freier Demokraten" beigetreten (siehe LDP).

Freie Demokratische Partei (FDP)

Bereits Mitte November 1989 fand eine Gründungsversammlung in Rostock statt. Der Gründungsparteitag der Ost-FDP, die sich zunächst als Konkurrenz zur LDP sah, fand am 4. Februar 1990 in Berlin statt. Vorsitzender wurde *Bruno Menzel*. Schon wenig später, am 12. Februar 1990, schloß sich die FDP mit der LDP und der DFP zu einem ,,Bund Freier Demokraten" zusammen (siehe LDP).

Unabhängiger Frauenverband (UFV)

Der UFV konstituierte sich auf dem Ost-Berliner Gründungskongreß am 17. Februar 1990. Bereits drei Tage zuvor, am 14. Februar, hatte er sich mit Blick auf die erste freie Volkskammerwahl für ein Wahlbündnis mit der *Grünen Partei* entschieden. Im Herbst 1991 wegen Erfolglosigkeit in eingetragenen Verein umgewandelt.

BÜNDNIS 90 (BÜ 90)

Im Juli 1991 beschlossen die im ,,Bündnis 90" (B 90) zusammengeschlossenen ostdeutschen Bürgerbewegungen ,,Neues Forum", ,,Demokratie Jetzt" und ,,Initiative Frieden und Menschenrechte" ihr bis dahin lockeres Bündnis in eine bundesweit wählbare politische Organisation umzuwandeln. Absicht war es, handlungsfähige Arbeitsstrukturen zu schaffen. Darüber hinaus spielten aber sicher auch finanzpolitische Überlegungen eine Rolle. Nach dem Parteienfinanzierungsgesetz nämlich kommen nur ,,wählbare Vereinigungen" in den Genuß der Wahlkampfkostenerstattung. Des weiteren steht hinter der Gründung auch die strategische Öffnung gegenüber den GRÜNEN. Um bei der nächsten Wahl wieder in den Bundestag zu gelangen, ist eine enge Verbindung mit den GRÜNEN unumgänglich.

Die Gründung der neuen Partei erfolgte im September 1991. Auf dem Gründungsparteitag wurde der Wille zu einem Zusammengehen mit den GRÜNEN bekräftigt. Gleichzeitig zeigte sich das *Bündnis 90* aber auch offen gegenüber der SPD.

Inzwischen hat das *Bündnis 90* bereits die ersten Landesverbände in Brandenburg, Mecklenburg-Vorpommern und Sachsen-Anhalt gegründet.

6. Die Parteien im Europäischen Parlament

6.1 Die Entwicklung der Europaparteien

Am 20. September 1976 hat der Ministerrat der EG rechtskräftig beschlossen, die Abgeordneten des Europäischen Parlaments in allgemeinen und direkten Wahlen zu wählen, erstmals im Jahre 1979. Das hat die politischen Parteien in der EG, die sich ja bereits auf eine langjährige Zusammenarbeit in den Fraktionen des EP stützen konnten, angeregt, stärker als bisher auf überregionaler Ebene zu kooperieren. Schon 1974 hatten sich die sozialistischen und sozialdemokratischen Parteien zu einer Europapartei zusammengeschlossen. Es folgten 1976 die europäischen Liberalen und die christlich-demokratischen Parteien der EG. Bei diesen drei Parteizusammenschlüssen auf EG-Ebene ist es bisher geblieben. Alle übrigen politischen Strömungen in der EG beschränken sich auf die Zusammenarbeit in den Fraktionen im Europäischen Parlament.

Die großen im Bundestag vertretenen Parteien CDU/CSU, SPD und FDP haben sich bei der Bildung der drei Europaparteien stark engagiert und bei ihrer Gründung eine entscheidende Rolle gespielt.

6.1.1 Bund der sozialdemokratischen Parteien in der Europäischen Gemeinschaft

Am 5. April 1974 konstituierte sich der *Bund der sozialdemokratischen Parteien in der Europäischen Gemeinschaft.* Gründungsmitglieder waren 10 sozialistische und sozialdemokratische Mitgliedsparteien aus allen 9 EG-Ländern, u.a. die *Sozialdemokratische Partei Deutschlands*, die mit *Wilhelm Dröscher* († November 1977) den ersten Vorsitzenden des Bundes stellte.

Die SPD hat sich vor allem intensiv um die Programmatik des Bundes bemüht. Zu diesem Zweck beschloß bereits der Parteitg 1973 in Hannover die Bildung einer Europakommission. Sie erhielt den Auftrag, eine Gesamtkonzeption sozialdemokratischer Europapolitik zu erarbeiten, die auch dem Bund als Basis einer gemeinsamen Wahlplattform dienen sollte. Der Bericht wurde am 1. September 1975 verabschiedet. Hier heißt es u.a.:

„Zur Wahrung ihrer Befugnisse braucht die europäische Föderation Organe zur selbständigen Entscheidungsvorbereitung und Ausübung. Die Sozialdemokratische Partei Deutschlands bekennt sich zu diesem Ziel in der Überzeugung, daß die europäische Föderation der geeignete Rahmen ist, um die Selbstbestimmung der Bevölkerung bei der Wahrnehmung ihrer sozialen und demokratischen Interessen zu gewährleisten."

Und auf der sozialdemokratischen Fachkonferenz am 9./10. April 1976 in Bonn wurde festgehalten:

„Die Sozialdemokraten sind die treibende Kraft der europäischen Einigung, deren Belebung sie mit einigem Erfolg betrieben haben und in Zukunft weiterhin betreiben werden. Die Vereinigten Staaten von Europa bleiben das Ziel der sozialdemokratischen Politik."

Daraus leitete sich auch die Aufgabe ab, an einer gemeinsamen demokratischen Willensbildung in Europa mitzuwirken: „Die Notwendigkeit europäischer Lösungen besteht auch hinsichtlich der gerechteren Gestaltung der inneren Gesellschaftsordnung im Sinne des demokratischen Sozialismus. Unsere Politik der Reformen muß daher auch auf Europa ausgerichtet sein. Dies setzt zugleich voraus, daß die Kräfte des demokratischen Sozialismus in Europa und ihre Verbündeten endlich ihre gemeinsame Politik für Europa entwickeln. Die deutsche Sozialdemokratie hat dabei eine besondere Verpflichtung."

Heute gehören dem Bund 14 sozialistische und sozialdemokratische Parteien aus 11 EG-Ländern an. Die Europawahl am 18. Juni 1989 brachte den Sozialisten und Sozialdemokraten starke Gewinne. Sie sind mit 182 von 518 Sitzen (bisher 166 von 518) nach wie vor die stärkste politische Kraft im Europäischen Parlament. Zusammen mit den Kommunisten und Grünen haben sie mit 247 Sitzen eine linke Mehrheit gegenüber den bürgerlichen Fraktionen, die zusammen 218 Mandate errangen.

6.1.2 Europäische Liberale Demokraten (ELD)

Die Gründung der *Föderation liberaler und demokratischer Parteien der EG* wurde auf einem Kongreß am 26./27. März 1976 in Stuttgart vollzogen; unter den Gründungsmitgliedern – 14 Mitgliedsparteien aus 8 Ländern – war auch die FDP, die von Anfang an aktiv an dem langen Bildungsprozeß der Föderation beteiligt war. Erster Vizepräsident wurde *Hans-Dietrich Genscher*. 1977 änderte die Föderation den Parteinamen in *Europäische Liberale Demokraten (ELD)*.

Für die *Freie Demokratische Partei* war das europäische Engagement nicht so selbstverständlich wie für die SPD, die im Rahmen der *Sozialistischen Internationalen* immer schon den Blick über die nationalen Grenzen hinaus frei hatte, während die FDP die internationale Verpflichtung zunächst stiefmütterlich behandelte und in der *Liberalen Internationalen* nur eine Art ,,liberaler Zeltmission" sah *(Martin Bangemann)*.

Den letzten Anstoß für die europäische Ausrichtung der Parteipolitik gab auch hier der Termin für die erste Direktwahl zum Europäischen Parlament. Angesichts des geplanten Termins – Mai 1978 – forderte *Martin Bangemann* in seiner Eigenschaft als Mitglied des Europäischen Parlaments in der Zeitschrift ,,liberal", die Liberalen müßten sich über ihre Selbstdarstellung auf europäischer Ebene Gedanken machen. Schließlich gab es ja bereits den *Bund der sozialdemokratischen Parteien*, und die Gründung einer christdemokratischen Europapartei war in greifbarer Nähe.

Die FDP verstand sich hierbei ebenso als treibende Kraft wie bei den europäischen Einigungsbemühungen selbst. Dazu *Wolfgang Mischnick*, Vorsitzender der FDP-Fraktion im Deutschen Bundestag:

> ,,Als erste deutsche Partei hat sich die FDP auf ihrem Parteitag in Mainz im Oktober 1975 mit den *Leitlinien liberaler Europa-Politik* ein umfassendes kohärentes Programm auf diesem Gebiet gegeben. Für sie rechtfertigt sich die Europäische Union durch die Sicherung und Erweiterung der Lebens-, Freiheits- und Mitwirkungsrechte des einzelnen. Die FDP will deshalb, daß neben den nationalen Grundrechten europäische Grund- und Menschenrechte den Bürger der Union in allen Mitgliedsländern der Gemeinschaft schützen. Sie will für das Europäische Parlament nicht nur die demokratische Legitimation der Direktwahl erreichen, sie will diesem Parlament auch echte Mitwirkungsbefugnisse bei der weiteren Gestaltung der europäischen Politik geben. Die FDP will diese Aufgaben zusammen mit den anderen liberalen Parteien bewältigen. Sie wird deshalb die Politik der Föderation liberaler und demokratischer Parteien aktiv vertreten."[1)]

1) Die Liberalen für Europa, Hrsg. W. Mischnick, 1977, 3. Aufl., S. 13 f.

Und *Gaston Thorn*, erster Präsident der ELD erklärte:

> „Hauptanliegen unserer Föderation ist es, die liberalen Kräfte in Europa zu vereinen, um ein gemeinsames Aktionsprogramm für die allgemeine und direkte Wahl zum Europäischen Parlament auszuarbeiten. Die liberalen und demokratischen Kräfte zum Kampf gegen bestimmte erstarrte politische Kräfte einerseits und gegen die bürokratischen Kräfte andererseits zusammenzuführen: so lautet also unser oberstes Ziel."[2)]

Die liberale Föderation vereint heute 15 Parteien aus 11 EG-Ländern. Bei der Europawahl vom 18. Juni 1989 büßte sie 1 Mandat ein. Damit stellt sie im Europäischen Parlament nunmehr 44 Abgeordnete.

6.1.3 Europäische Volkspartei (EVP)

Die *Europäische Volkspartei* wurde am 29. April 1976 als „Föderation der christlich demokratischen Parteien in der EG" gegründet. Gründungsmitglieder waren 12 christdemokratische Parteien aus 7 EG-Ländern, unter ihnen auch die *Christlich Demokratische Union* und die *Christlich-Soziale Union*, nicht dagegen z.B. die britischen und dänischen Konservativen.

In ihren Programmen haben CDU und CSU immer wieder auf die Bedeutung und Notwendigkeit der europäischen Einigungsbewegung hingewiesen; zum anderen gelten die von *Georges Bidault* organisierten Genfer Gespräche zwischen *Robert Schuman, Alcide de Gasperi* und dem damaligen Bundeskanzler und CDU-Vorsitzenden *Konrad Adenauer* als Meilenstein auf dem Wege nach Europa.

Bereits der 24. Bundesparteitag der CDU vom 24. bis 26. Mai 1976 in Hannover hatte in diesem Sinne als Antrag des Bundesvorstandes ein Manifest unter dem Motto: „Für die Einheit Europas" auf der Tagesordnung.

Am 13. Juni 1977 schließlich hat der CDU-Bundesausschuß für Europa einmütig eine Entschließung für Europa verabschiedet, in der es u.a. heißt:

2) Gaston Thorn: Föderation der liberalen und demokratischen Parteien in der EG, in: Die Direktwahl des Europäischen Parlaments, Hrsg. Claus Schöndube, Bonn 1977.

„Die CDU Deutschlands ist Teil der Europäischen Volkspartei (EVP). Die CDU wird die EVP stärken und die Zusammenarbeit zwischen den Mitgliedsparteien unterstützen.
Die CDU setzt sich für die vermehrte Kooperation mit den christlich-demokratischen, konservativen und anderen befreundeten Kräften in Europa ein. Die Formen der institutionellen Zusammenarbeit müssen so angelegt sein, daß sie das Ziel, Mehrheit im Europäischen Parlament zu binden, fördern."[3]

Gemeint ist hier vor allem der Kontakt zu den britischen und dänischen Konservativen, die sich im EP zur eigenen Fraktion der „Europäischen Demokraten" zusammengeschlossen haben; darüber hinaus zu christdemokratischen oder konservativen Parteien außerhalb des EG-Bereichs, zum Beispiel der *Österreichischen Volkspartei* (ÖVP).

CDU und CSU waren immer bemüht, die EVP gegenüber den Konservativen offenzuhalten. So setzten sie auch durch, daß die Bezeichnung „christlich" nicht in der offiziellen Bezeichnung der Partei auftauchte, sondern nur im Nachsatz: „Föderation christlich-demokratischer Parteien der EG". Dennoch gelang es nicht, die Konservativen in die EVP zu integrieren. CDU und CSU forcierten daher die Gründung einer *Europäisch Demokratischen Union (EDU)*[4], der christlich-demokratische, christlich-soziale, konservative und andere Parteien der Mitte angehören, über die EG-Ebene hinaus. So gehören der EDU, die am 24. April 1978 in Kleßheim bei Salzburg gegründet wurde, neben den britischen *Konservativen* auch die *Österreichische Volkspartei (ÖVP)* an, andererseits sind verschiedene Parteien, die der EVP angehören, nicht Mitglied der EDU.

Die Europawahl vom 18. Juni 1989 bestätigte die Christdemokraten trotz einiger Verluste weiterhin als zweitstärkste politische Kraft im Europäischen Parlament. Der EVP gehören heute 14 Parteien aus 10 EG-Ländern an.

3) „Wir wollen Europa", Materialien zur europ. Direktwahl, Hrsg. CDU, S. 5 f.
4) Die EDU ist die erste Regionalorganisation der IDU (Internationale Demokratische Union), der 28 konservative Parteien aus 27 Ländern angehören.

6.2 Die Fraktionen im Europäischen Parlament[5)]

6.2.1 Fraktionsbildung im EP

Das Europäische Parlament (EP) hat 518 Mitglieder, die aus über 80 Parteien in den 12 Mitgliedsstaaten der EG kommen. Entsprechend ihren politischen Zielen und Programmen haben sie sich – bis auf wenige Ausnahmen, nämlich zehn fraktionslose Abgeordnete – zu zehn europäischen Fraktionen zusammengeschlossen.

Die hinter den einzelnen Fraktionen stehenden Parteien haben in ihren Ländern jeweils ganz verschiedene Bedeutung. Sie haben zum Teil nicht die gleiche weltanschauliche Ausrichtung, was am deutlichsten bei den Kommunisten sichtbar wird; und schließlich haben sie auch eine unterschiedliche Einstellung zur europäischen Entwicklung, man denke etwa an die französischen und englischen Parteien. Daher haben sich die einzelnen Landesparteien auch den europäischen Parteien bzw. den Fraktionen im EP in unterschiedlicher Weise angeschlossen.

So haben sich die Kommunisten noch nicht zu einem europäischen Parteienbündnis mit einem eigenen Profil zusammengefunden; im EP sind sie in zwei verschiedenen Fraktionen vertreten: in der „Fraktion der vereinigten Europäischen Linken" mit den italienischen Kommunisten an der Spitze und der „Koalition der Linken", angeführt von den französischen Kommunisten.

Auch die Konservativen haben im EP zwei Fraktionen gebildet: In der „Fraktion der Europäischen Demokraten" arbeiten britische und dänische Konservative zusammen. Die Konservativen aus Frankreich (Gaullisten), Irland, Spanien und Griechenland bilden die „Fraktion der Erneuerungs- und Sammlungsbewegung Europäische Demokraten".

5) Die folgenden Ausführungen stützen sich auf folgende Veröffentlichungen:
1. Mitgliederliste des Europ. Parlaments (12. 2. 1990), Hrsg. Amt für amtl. Veröffentlichungen der Europ. Gemeinschaft, Luxemburg.
2. „Das Europäische Parlament in der ersten Hälfte seiner Wahlperiode 1989 – 1994", Hrsg. Informationsbüro des Europäischen Parlaments, Bonn, Dezember 1989.
3. „Europ. Gemeinschaft, Partner, Ziele", Hrsg. Presse- und Informationsamt d. Bundesregierung, 11. Aufl., April 1989.

Rechts von den Konservativen stehende Parteien aus Frankreich, der BR Deutschland und Belgien haben die ,,Fraktion der Europäischen Rechten" gegründet.

Die grünen Parteien in Europa haben sich 1984 auf europäischer Ebene zusammengefunden: ,,Die Grünen in Europa". Zu diesem Bündnis zählten zehn Parteien aus EG- und Nicht-EG-Staaten. Nach dem erstmaligen Einzug von grünen und grün-alternativen Abgeordneten in das Europäische Parlament im Jahre 1984 schlossen sich Abgeordnete aus Belgien, Italien, den Niederlanden und der BR Deutschland zum ,,Grün-alternativen Bündnis" (GRAEL) zusammen und wurden Teil der ,,Regenbogen-Fraktion", in der außerdem noch Regionalisten aus Belgien und Italien sowie die Gruppe der dänischen EG-Kritiker mitarbeiten. Heute ist nur noch ein Abgeordneter der Grünen aus der Bundesrepublik in der ,,Regenbogen-Fraktion"; sieben bundesdeutsche Grüne gehören der Fraktion ,,Die Grünen im Europäischen Parlament" an.

6.2.2 Die Fraktionen im Europäischen Parlament

Im dritten Europaparlament, das am 18. Juni 1989 gewählt wurde, gibt es folgende zehn politische Fraktionen (in der Reihenfolge der Anzahl der Mandate):

1. *Sozialistische Fraktion (SOZ)*
   180 Abgeordnete aus allen 12 EG-Ländern. Die größte nationale Delegation stellt die Labour-Party (GB) mit 46 Abgeordneten. 31 Abgeordnete entsendet die SPD (BR), 27 die Sozialisten Spaniens und 22 die Frankreichs.
   Vorsitzender: Jean-Pierre Cot, Sozialistische Partei Frankreichs

2. *Fraktion der Europäischen Volkspartei (Christliche Demokraten) (EVP-CD)*
   121 Abgeordnete aus allen 12 EG-Ländern. Die stärkste Delegation stammt aus der Bundesrepublik: 32 Abgeordnete der CDU/CSU, gefolgt von Italien (27), Spanien (16) sowie Griechenland und den Niederlanden mit je 10 Abgeordneten.
   Vorsitzender: Egon A. Klepsch, CDU.

3. *Liberale und Demokratische Fraktion (LIB)*
   49 Abgeordnete aus 10 EG-Ländern. Am stärksten vertreten:

Frankreich (13) und Portugal (9). Von der FDP kommen 4 Abgeordnete.
Vorsitzender: Valéry Giscard d'Estaing, UDF-PR Frankreich.

4. *Fraktion der Europäischen Demokraten (Konservative) (ED)*
34 Abgeordnete aus 2 EG-Ländern: 32 Abgeordnete der britischen und 2 der dänischen Konservativen.
Vorsitzender: Sir Christopher J. Prout, Konservative Partei Großbritanniens.

5. *Fraktion Die Grünen im Europäischen Parlament*
29 Abgeordnete aus 7 EG-Ländern. 8 Grüne aus Frankreich und je 7 aus der Bundesrepublik (Die GRÜNEN) und aus Italien. Die restlichen grünen Abgeordneten sind Belgier (3), Niederländer (2), Spanier (1) und Portugiesen (1).
Gemeinsamer Vorstand: Maria Amélia Santos, CDU Portugal Alexander Langer, Verdi Italien.

6. *Fraktion der Vereinigten Europäischen Linken (VEL)*
28 Abgeordnete aus 4 EG-Ländern: 22 Italiener, 4 Spanier und je 1 Abgeordneter aus Dänemark und aus Griechenland.
Vorsitzender: Luigi Alberto Colajanni, Kommunistische Partei Italiens.

7. *Fraktion der Sammlungsbewegung der Europäischen Demokraten (SdED)*
22 Abgeordnete aus 4 EG-Ländern: 13 Franzosen, 6 Irländer, 2 Spanier, 1 Grieche.
Vorsitzender: Christian de la Malène, RPR Frankreich.

8. *Technische Fraktion der Europäischen Rechten (ER)*[6)]
17 Abgeordnete aus 3 EG-Ländern: 10 Franzosen, 6 Deutsche (Republikaner)[7)], 1 Belgier.
Vorsitzender: Jean Marie LePen, Nationale Front Frankreich.

6) Die Rechte der Rechtsradikalen in Straßburg wurden im Dezember 1989 durch einen mit großer Mehrheit gefaßten Beschluß des Europäischen Parlaments stark eingeschränkt. Durch diesen Beschluß wurden die 17 Abgeordneten der rechtsradikalen Fraktion von führenden Positionen innerhalb der Volksvertretung der Länder der Europäischen Gemeinschaft ausgeschlossen.

7) 5 Europaabgeordnete der REP's wurden im September 1990 von der Parteispitze

9. *Koalition der Linken (KdL)*
   14 Abgeordnete aus 4 EG-Ländern: 7 Franzosen, je 3 Griechen und Portugiesen, 1 Irländer.
   Vorsitzender: René-Emile Piquet, Kommunistische Partei Frankreichs.
10. *Regenbogen-Fraktion im Europäischen Parlament (REG)*
   14 Abgeordnete aus 8 EG-Ländern. Neben einer deutschen Abgeordneten von den GRÜNEN sind 7 Nationalitäten aus regionalen Parteien vertreten.
   Vorsitzende: Jaak H.-A. Vandemeulebroucke, V.U.-E.V.A., Belgien und Birgit Bjørnvig, EF Dänemark

„In eigener Zuständigkeit beschloß das Europaparlament . . . , daß die 16 Millionen ostdeutschen Bürger in Straßburg bis zur nächsten Europawahl im Juni 1994 durch 18 Beobachter vertreten sein sollen. Dabei wird es der Entscheidung des Deutschen Bundestages überlassen, ob diese aus den neuen Landesparlamenten kommen oder aber aus dem Kreis der früheren Volkskammerabgeordneten ausgewählt werden. Bedingung ist nur, daß sie über ein aus freien Wahlen hervorgegangenes parlamentarisches Mandat verfügen."[8]

„von ihren Verpflichtungen gegenüber der Partei" entbunden. Einziger „offizieller" REP-Abgeordneter ist seitdem nur der Parteivorsitzende Schönhuber selbst. Die ausgestoßenen Abgeordneten selbst wollen weiterhin Mitglieder der Europäischen Rechten im Europäischen Parlament bleiben. Ebenso Franz Schönhuber, der im Dezember aus der Fraktion der Rechten ausgetreten ist.

8) Das Parlament Nr. 50 v. 7. 12. 1990, S. 11.

7. Anhang

Wahlergebnisse

Parteienfinanzierung

Parteiengesetz

Literaturhinweise

7.1 Ergebnisse der Bundestagswahlen von 1949 bis 1987

(M = Mandate; % = Zweitstimmenanteil v.H.
Die Zahlen in Klammern hinter den Wahltagen nennen die Wahlbeteiligung in Prozenten)

	1. Bundestag 14. 8. 1949 (78,5)		2. Bundestag 6. 9. 1953 (86,0)		3. Bundestag 15. 9. 1957 (87,8)		4. Bundestag 17. 9. 1961 (87,7)		5. Bundestag 19. 9. 1965 (86,8)		6. Bundestag 28. 9. 1969 (86,7)	
	M	%	M	%	M	%	M	%	M	%	M	%
Gesamt	402	–	487	–	497	–	499	–	496	–	496	–
CDU	115	25,2	191	36,4	215	39,7	192	35,8	196	38,1	193	36,6
CSU	24	5,8	52	8,8	55	10,5	50	9,5	49	9,5	49	9,5
SPD	131	29,2	151	28,8	169	31,8	190	36,2	202	39,3	224	42,7
FDP	52	11,9	48	9,5	41	7,7	67	12,8	49	9,5	30	5,8
Sonstige	80	27,9	45	16,7	17	10,5	–	5,8	–	3,6	–	5,4

	7. Bundestag 19. 11. 1972 (91,1)		8. Bundestag 3. 10. 1976 (90,7)		9. Bundestag 5. 10. 1980 (88,7)		10. Bundestag 6. 3. 1983 (89,1)		11. Bundestag 25. 1. 1987 (84,3)		12. Bundestag 2. 12. 1990 (77,8)
	M	%	M	%	M	%	M	%	M	%	
Gesamt	496	–	496	–	497	–	498	–	497	–	
CDU	177	35,2	190	38,0	174	34,2	191	38,2	174	34,5	
CSU	48	9,7	53	10,6	52	10,3	53	10,6	49	9,8	
SPD	230	45,8	214	42,6	218	42,9	193	38,2	186	37,0	(siehe
FDP	41	8,4	39	7,9	53	10,6	34	7,0	46	9,1	Tab. 7.2)
GRÜ	–	–	–	–	–	1,5	27	5,6	42	8,3	
Sonstige	–	1,0	–	0,4	–	0,5	–	0,5	–	1,4	

Erläuterungen zur Tabelle 7.1

1. Beteiligungen

Unter ,,Sonstige" beteiligten sich an der Bundestagswahl 1987 u.a.

NPD	= Nationaldemokratische Partei	Zentrum	= Deutsche Zentrumspartei
MLPD	= Marxistisch-Leninistische Partei	CBV	= Christlich Bayerische Volkspartei
Patrioten	= Patrioten für Deutschland	BP	= Bayernpartei
ÖDP	= Ökologisch-Demokratische Partei	FAP	= Freiheitl. Deutsche Arbeiterpartei
Frauen	= Frauenpartei	ASD	= Alle Sozialversicherten und Rentner Deutschlands
Mündige Bürger	= Die Mündigen Bürger		

Nur in Wahlkreisen kandidierten verschiedene WGR = Wählergruppen (Erststimmen)

2. Entwicklung der Mandate

Neben den seit 1949 im Bundestag vertretenen Parteien CDU/CSU, FDP, SPD konnten bis 1982 nur in die ersten drei Bundestage kleinere, heute zum Teil vergessene Parteien einziehen; bei der Bundestagswahl 1983 gelang dann den GRÜNEN auch der Sprung in den Bundestag:

1. Bundestag: 80 Mandate, davon: DP = 17, KPD (1956 verboten) = 15, BP = 17, Sonstige = 11.
2. Bundestag: 45 Mandate, davon: DP = 15, BHE = 27, Sonstige = 3.
3. Bundestag: 17 Mandate, alle DP.
10. Bundestag: 27 Mandate, alle GRÜ.
11. Bundestag: 42 Mandate, alle GRÜ.

3. Entwicklung der Zweitstimmen

Seit der Bundestagswahl 1961 sinkt die Erfolgsquote der ,,Sonstigen" bei den Zweitstimmen erheblich ab. Zunächst pendelt sie sich noch zwischen 5,5 und 3,5 % ein; Aufsehen erregte bei der Bundestagswahl 1969 das Abschneiden der NPD mit 4,3 %. Die NPD konnte das Ergebnis nicht wiederholen und sank zur Bedeutungslosigkeit herab, wie alle übrigen ,,Sonstigen", die bei den Wahlen 1972 bis 1983 nicht einmal mehr 1 % der Stimmen erreichten. Die bei den Bundestagswahlen 1980 und 1983 erzielten 0,4 % teilen sich NPD und DKP mit je 0,2 %; alle übrigen 0,0 %. 1987 erzielte die NPD 0,6 %, die ÖDP 0,3 %, die Frauen 0,2 % sowie die Patrioten, Mündige Bürger, BP und das Zentrum je 0,1 %. Die GRÜNEN haben wir ab der Bundestagswahl 1980 gesondert ausgewiesen.

7.2 Ergebnisse der ersten gesamtdeutschen Wahl vom 2. Dezember 1990

Wahlbeteiligung: Gesamt = 77,8 % West = 78,5 % Ost = 74,5 %

Partei	gesamtes Wahlgebiet		Wahlgebiet	
	%	M	West %	Ost %
CDU	36,7	268	35,5	41,8
CSU	7,1	51	8,8	
FDP	11,0	79	10,6	12,9
SPD	33,5	239	35,7	24,3
PDS	2,4	17	0,3	11,1
GRÜ (West)	3,8	–	4,8	–
B 90/Grü (Ost)	1,2	8	0,0	6,0
REP	2,1	–	2,0	1,3
Sonstige	3,0	–		

Quelle: Presse- und Informationsamt der Bundesregierung, Bulletin Nr. 146 vom 19. Dezember 1990 und ,,Das Parlament" Nr. 50 vom 7. 12. 1990.

Kandidierende Parteien

Zur Bundestagswahl 1990 traten – entweder in allen oder in einzelnen Bundesländern und Wahlkreisen – folgende Parteien und Listengruppierungen an:

CDU = Christliche Demokratische Union Deutschlands
SPD = Sozialdemokratische Partei Deutschlands
FDP = Freie Demokratische Partei
CSU = Christlich-Soziale Union in Bayern e.V.
GRÜ = DIE GRÜNEN
PDS = Partei des Demokratischen Sozialismus
DSU = Deutsche Soziale Union
B 90/Grü = Bündnis 90/Grüne – BürgerInnenbewegungen mit den beteiligten Parteien Demokratie Jetzt (DJ), Initiative Frieden und Menschenrechte (IFM), Neues Forum (NF), Unabhängiger Frauenverband (UFV) und Grüne Partei (Grüne)

BP	= Bayernpartei
BSA	= Bund Sozialistischer Arbeiter, deutsche Sektion der Vierten Internationale
CM	= Christliche Mitte
DDD	= Bund der Deutschen Demokraten
DFD	= Demokratischer Frauenbund Deutschlands
DIE GRAUEN	= Initiiert vom Senioren-Schutzbund ,,Graue Panther" e.V. (,,SSB-GP")
Die Nelken	= Marxistische Partei
DVU	= Deutsche Volksunion – Liste D
EFP	= Europäische Föderalistische Partei – Europa Partei
EINHEIT jetzt	
FBU	= Freie Bürger Union
FDJ	= Freie Deutsche Jugend
FRAUEN	= Frauenpartei
Junge Linke	= Marxistische Jugendvereinigung
KPD	= Kommunistische Partei Deutschlands
LIGA	= Christliche Liga, Die Partei für das Leben
Mündige Bürger	= Die Mündigen Bürger
NPD	= Nationaldemokratische Partei Deutschlands
ÖDP	= Ökologisch-Demokratische Partei
ÖKO-UNION	= Deutsche Solidarität, Union für Umwelt- und Lebensschutz
Patrioten	= Patrioten für Deutschland
REP	= Die Republikaner
SHB	= Sächsische Humanistische Bewegung
SpAD	= Spartakist-Arbeiterpartei Deutschlands, Sektion der Internationalen Kommunistischen Liga (Vierte Internationalisten)
SSW	= Südschleswigscher Wählerverband
VAA	= Vereinigung der Arbeitskreise für Arbeitnehmerpolitik und Demokratie
VL	= Vereinigte Linke
Zentrum	= Deutsche Zentrumspartei

7.3 Ergebnisse der ersten freien Volkskammerwahl in der ehemaligen DDR vom 18. März 1990

Wahlbeteiligung: 93,39 %

Partei		Stimmen	%	Mandate
CDU	Christlich Demokratische Union	4 710 598	40,49	163
SPD	Sozialdemokratische Partei Deutschlands	2 525 534	21,76	88
PDS	Partei des Demokratischen Sozialismus	1 892 381	16,32	66
DSU	Deutsche Soziale Union	727 730	6,27	25
BFD	Bund Freier Demokraten: Deutsche Forumpartei Liberaldemokratische Partei Freie Demokratische Partei	608 935	5,28	21
Bündnis '90	Neues Forum, Demokratie Jetzt, Initiative Freiheit und Menschenrechte	336 074	2,90	12
DBD	Demokratische Bauernpartei Deutschlands	251 226	2,17	9
Grüne-UFV	Grüne Partei + Unabhängiger Frauenbund	226 932	1,96	8
DA	Demokratischer Aufbruch – sozial + ökologisch	106 146	0,93	4
NDPD	Nationaldemokratische Partei Deutschlands	44 292	0,38	2
DFD	Demokratischer Frauenbund Deutschlands	38 192	0,33	1
AVL	Aktionsbündnis Vereinigte Linke, Die Nelken	20 342	0,18	1
Sonstige		52 773	0,45*)	0

Quelle: Das Parlament Nr. 14 vom 30. 3. 1990, S. 6

*) Davon: AJL Alternative Jugendliste (0,13 %), Christliche Liga (0,09 %), DBU Deutsche Biertrinker Union (0,02 %), Einheit Jetzt (0,02 %), EFP Europäische Föderalistische Partei (0,03 %), KPD Kommunistische Partei Deutschlands (0,08 %), SpAD Spartakist-Arbeiterpartei Deutschlands (0,02 %), USPD Unabhängige Sozialdemokratische Partei Deutschlands (0,03 %), UVP Unabhängige Volkspartei (0,03 %). – 0,0 % erhielten: BSA Bund sozialistischer Arbeiter, EU der DDR Europa-Union der DDR, VAA Vereinigung der Arbeitskreise für Arbeitnehmerpolitik und Demokratie.

7.4 Ergebnisse der ersten Landtagswahlen in den 5 neuen Bundesländern vom 14. Oktober 1990

	Mecklenburg-Vorpommern		Brandenburg		Thüringen		Sachsen		Sachsen-Anhalt	
Parteien	Stimmen %	Sitze	Stimmen %	Sitze	Stimmen %	Sitze	Stimmen %	Sitze	Stimmen %	Sitze
Wahlbeteiligung	65,2	66	67,4	88	72,1	89	73,5	160	65,6	106
CDU	38,3	29	29,4	27	45,4	44	53,8	92	39,0	48
SPD	27,0	21	38,3	36	22,8	21	19,1	32	26,0	27
FDP	5,5	4	6,6	6	9,3	9	5,3	9	13,5	14
PDS	15,7	12	13,4	13	9,7	9	10,2	17	12,0	12
DSU	0,8	–	1,0	–	3,4	–	3,6	–	1,7	–
Grü	4,2	–	2,8	–						
B 90	2,2	–	6,4	6						
B 90/Grü					6,5*)	6	5,6	10	5,3*)	5
Sonstige	7,2		2,0		3,1		2,5		2,6	

Quelle: Das Parlament, Nr. 43 vom 19. Oktober 1990

*) Grü/NF

7.5 Sitzverteilung in den deutschen Landesparlamenten[1]

	Tag der Wahl	Zahl der Sitze	CDU/ CSU	SPD	FDP	GRÜ	B 90/ Grü	PDS	Sonstige[2]
Baden-Württemberg	20. 3. 88	125	66 (68)	42 (41)	7 (8)	10 (9)			
Bayern	14. 10. 90	204	127 (128)	58 (61)	7 (–)	12 (15)			
Berlin	2. 12. 90	241	101 (55)	76 (55)	18 (–)	12 (17)	11	23	
Brandenburg	14. 10. 90	88	27	36	6		6[3]	13	
Bremen	29. 9. 91	100	32 (25)	41 (54)	10 (10)	11 (10)			6 (1)
Hamburg	2. 6. 91	121	44 (49)	61 (55)	7 (8)	9 (8)			
Hessen	20. 1. 91	110	46 (47)	46 (44)	8 (9)	10 (10)			
Meckl.-Vorpommern	14. 10. 90	66	30	21	4			12	
Niedersachsen	13. 5. 90	155	67 (69)	71 (66)	9 (9)	8 (11)			
Nordrh.-Westfalen	13. 5. 90	237	89 (88)	122 (125)	14 (14)	12 (–)			
Rheinland-Pfalz	21. 4. 91	101	40 (48)	47 (40)	7 (7)	7 (5)			

	Tag der Wahl	Zahl der Sitze	CDU/ CSU	SPD	FDP	GRÜ	B 90/ Grü	PDS	Sonstige[2)]
Saarland	28. 1. 90	51	18 (20)	30 (26)	3 (5)				
Sachsen	14. 10. 90	160	92	27	9		10	17	
Sachsen-Anhalt	14. 10. 90	106	48	21	14		5[4)]	12	
Schleswig-Holstein	8. 5. 88[5)]	74	27 (33)	46 (36)	– (4)	– (1)			1 (1)
Thüringen	14. 10. 90	89	44	21	9		6[5)]	9	
Insgesamt letzte Wahl			898	766	132	91			
Insgesamt vorletzte Wahl[6)]			630	603	74	86			

1) Die Parteien, deren Mandatszahlen durch Unterstreichung gekennzeichnet sind, bilden bzw. bildeten die Regierung. In Klammern sind (für die 11 Westländer) die Parlamentssitze aus den vorangegangenen Wahlen angegeben. In Berlin beziehen sich die Daten auf die erste Gesamtberliner Wahl, die Daten in Klammern auf die letzte Westberliner Wahl.

2) In Bremen DVU-Liste D, in Schleswig-Holstein der Südschleswigsche Wählerverband (SSW).

3) Bündnis 90 allein.

4) Grüne/Neues Forum.

5) Grüne/Neues Forum.

6) Ohne neue deutsche Bundesländer.

7.6 Gesamteinnahmen der Parteien[1)] (in 1 000 DM abgerundet)

	SPD	CDU	CSU	FDP	GRÜ
1968	48 026	34 443	10 128	10 033	(1979 bildeten die Grünen noch einen vorläufigen Bundesverband. Der Rechenschaftsbericht 79 [Bundesanzeiger 215 vom 15. 11. 1980] nennt die Einnahmen unter ,,Sonstige Politische Vereinigung ‚Die Grünen' ''. Die Gesamteinnahmen betrugen 4 931 Tsd. DM. Weiterhin verzeichneten die gesondert ausgewiesene Grüne Liste Schleswig-Holstein 293 Tsd. DM und die Grüne Liste Umweltschutz [GLU] 830 Tsd. DM Gesamteinnahmen.)
1969	65 118	49 319	13 921	16 148	
1970	59 945	50 216	12 874	12 031	
1971	58 032	45 210	13 961	10 035	
1972	113 977	113 986	22 931	24 378	
1973	76 774	72 448	13 043	13 758	
1974	95 740	88 615	26 645	18 952	
1975	130 050	113 631	20 048	22 752	
1976	138 617	154 414	33 783	28 479	
1977	106 231	101 195	23 034	17 072	
1978	127 194	122 401	42 931	20 777	
1979	198 870	192 205	42 092	34 505	
1980	207 122	176 977	45 976	35 256	6 925
1981	122 905	122 779	33 050	24 331	2 800
1982	149 908	146 928	42 355	22 749	7 477
1983	233 466	252 919	68 258	49 854	19 758
1984	209 651	217 676	43 419	29 922	43 322
1985	206 263	182 151	40 114	30 751	34 504
1986	219 066	199 317	61 195	34 073	37 962
1987	225 088	198 524	49 525	45 570	64 660[2)]
1988	205 065	181 105	44 406	34 163	39 436
1989	285 008	206 522	57 666	45 162	61 309

Quelle: Rechenschaftsberichte der Parteien, veröffentlicht vom Deutschen Bundestag.

1) Bei dieser wie den folgenden Tabellen zur Finanzierung der Parteien beschränken wir uns auf die westdeutschen Parteien im Zeitraum 1968 bis 1989, für den bisher Rechenschaftsberichte veröffentlicht wurden.

2) Nach dem geänderten Rechenschaftsbericht, Bundestagsdrucksache 11/5993 v. 7. 12. 1989.

7.7 Spendenaufkommen der Parteien

	1968	1969	1972	1973	1974
CDU	5 074	14 460	50 359	14 049	26 380
CSU	2 054	6 535	10 221	3 513	8 101
SPD	2 509	11 675	22 346	5 853	7 448
FDP	2 104	4 309	8 847	6 300	5 468

	1979	1980	1981	1982	1983
CDU	25 768	48 492	20 861	30 304	40 312
CSU	5 335	16 856	7 131	11 401	17 071
SPD	7 746	12 772	8 248	16 335	11 722
FDP	6 277	11 089	10 544	4 327	13 438
GRÜ	– *)	515	573	805	2 241

	1984	1985	1986	1987	1988	1989
CDU	24 013	22 888	37 514	30 787	23 708	42 790
CSU	12 394	8 898	18 087	14 421	12 471	17 754
SPD	16 178	15 212	21 532	21 011	19 171	25 601
FDP	8 715	9 805	14 151	13 025	11 544	15 008
GRÜ	5 534	8 649	10 901	11 830	15 528	12 196

Quelle: Bundesanzeiger. Angaben in TDM.

*) 1979 bildeten die Grünen noch einen vorläufigen Bundesverband. Der Rechenschaftsbericht 1979 (Bundesanzeiger 215 v. 15. 11. 1980) nennt die Einnahmen unter „Sonstige Politische Vereinigung ‚Die Grünen' ". Die Spendeneinnahmen betrugen 12 626 DM. Weiterhin erhielten die gesondert ausgewiesene Grüne Liste Schleswig-Holstein 10 329 DM und die Grüne Liste Umweltschutz (GLU) 30 648 DM.

7.8 Öffentliche Parteienfinanzierung in der Bundesrepublik (im Bundeshaushalt veranschlagt – in Mio. DM)

Jahr	Wahlkampfkostenerstattung Bundestag	Wahlkampfkostenerstattung Europaparlament	Fraktionen	Stiftungen	Insgesamt
1968	33,7	–	4,9	9,0	47,6
1969	42,2	–	5,3	10,0	57,5
1970	10,2	–	11,1	16,0	37,3
1971	14,6	–	17,4	16,0	48,0
1972	81,8	–	19,5	23,5	124,9
1973	11,2	–	22,6	29,5	63,3
1974	26,3	–	26,3	35,0	87,6
1975	50,8	–	29,3	42,5	122,6
1976	59,0	–	30,5	42,2	131,7
1977	15,0	–	35,0	53,7	103,7
1978	22,1	–	38,6	61,6	122,3
1979	51,5	147,2	41,6	68,3	308,6
1980	59,7	–	44,6	74,3	178,6
1981	15,1	–	47,0	79,7	141,8
1982	22,7	29,9	48,4	83,3	183,3
1983	113,5	59,9	50,9	85,8	310,1
1984	44,1	131,2	56,6	85,8	317,7
1985	44,1	33,2	58,2	96,9	232,4
1986	60,1	33,4	60,4	103,7	257,6
1987	107,4	33,4	62,7	122,1	325,6
1988	59,4	33,6	74,0	142,1	309,1
1989	52,1	98,0	77,7	152,0	379,8
1990	267,0	34,1	89,6	165,0	555,7
1991	78,1	42,9	104,2	172,9	398,1
1970 – 72	106,6	–	48,0	55,5	210,1
1973 – 76	147,3	–	108,7	149,2	405,2
1977 – 80	148,3	147,2	159,2	257,9	713,2
1981 – 83	151,3	89,8	146,3	248,8	636,2
1984 – 87	255,7	231,2	237,9	408,5	1 133,3
1988 – 90	378,5	165,7	241,3	459,1	1 244,6

Quelle: Haushaltspläne des Bundes für die Haushaltsjahre 1968 bis 1990.*)

*) Tabelle nach Karl-Heinz Naßmacher, a.a.O., S. 31. – Daten ab 1989 eigene Ermittlungen.

7.9 Prozentualer Anteil der wichtigsten Einnahmearten an den Gesamteinnahmen

(unter Abzug der Zuschüsse von Gliederungen)

Mitgliedsbeiträge

	CDU	CSU	DIE GRÜNEN	FDP	SPD
1984	**43,2**	**34,5**	10,5	27,8	**49,5**
1985	**47,5**	**35,9**	14,8	28,8	**52,2**
1986	**45,9**	23,8	14,8	24,8	**54,6**
1987	**45,3**	29,8	12,3	19,5	**51,7**
1988	**49,4**	**33,5**	17,4	25,8	**58,2**
1989	**42,6**	26,5	13,5	21,6	**50,3**

Spenden

	CDU	CSU	DIE GRÜNEN	FDP	SPD
1984	12,5	29,1	15,9	30,5	8,2
1985	13,0	22,5	32,2	**32,4**	7,9
1986	19,5	30,0	**35,9**	**43,0**	10,8
1987	16,0	29,9	26,8	**28,8**	9,8
1988	13,6	28,6	**42,4**	**34,8**	9,8
1989	21,6	31,1	29,2	**35,1**	10,6

Wahlkampfkostenerstattung

	CDU	CSU	DIE GRÜNEN	FDP	SPD
1984	37,2	32,2	**69,4**	**35,2**	35,9
1985	30,7	31,1	**33,9**	29,9	31,5
1986	25,0	**36,2**	34,6	25,0	27,8
1987	31,0	**32,9**	**42,4**	39,0	32,6
1988	27,7	27,7	32,7	26,2	27,1
1989	25,0	**31,9**	**38,6**	33,7	30,0

Hinweis: Der jeweils höchste Prozentanteil eines Rechnungsjahres ist hervorgehoben: (innerhalb der Partei – vertikal –: **fett**; im Vergleich zu den übrigen Parteien – horizontal –: unterstrichen)

Quelle: Bericht der Bundestagspräsidentin über die Rechenschaftsberichte 1989, veröffentlicht als Drucksache 12/1100 des Deutschen Bundestages.

7.10 Gesetz über die politischen Parteien (Parteiengesetz)

vom 24. Juli 1967
in der Neufassung vom 22. Dezember 1988

Erster Abschnitt: Allgemeine Bestimmungen

§ 1 Verfassungsrechtliche Stellung und Aufgaben der Parteien

(1) Die Parteien sind ein verfassungsrechtlich notwendiger Bestandteil der freiheitlichen demokratischen Grundordnung. Sie erfüllen mit ihrer freien, dauernden Mitwirkung an der politischen Willensbildung des Volkes eine ihnen nach dem Grundgesetz obliegende und von ihm verbürgte öffentliche Aufgabe.

(2) Die Parteien wirken an der Bildung des politischen Willens des Volkes auf allen Gebieten des öffentlichen Lebens mit, indem sie insbesondere

auf die Gestaltung der öffentlichen Meinung Einfluß nehmen,
die politische Bildung anregen und vertiefen,
die aktive Teilnahme der Bürger am politischen Leben fördern,
zur Übernahme öffentlicher Verantwortung befähigte Bürger heranbilden,
sich durch Aufstellung von Bewerbern an den Wahlen in Bund, Ländern und Gemeinden beteiligen,
auf die politische Entwicklung in Parlament und Regierung Einfluß nehmen,
die von ihnen erarbeiteten politischen Ziele in den Prozeß der staatlichen Willensbildung einführen und
für eine ständige lebendige Verbindung zwischen Volk und den Staatsorganen sorgen.

(3) Die Parteien legen ihre Ziele in politischen Programmen nieder.

§ 2 Begriff der Partei

(1) Parteien sind Vereinigungen von Bürgern, die dauernd oder für längere Zeit für den Bereich des Bundes oder eines Landes auf die politische Willensbildung Einfluß nehmen und an der Vertretung des Volkes im Deutschen Bundestag oder einem Landtag mitwirken wollen, wenn sie nach dem Gesamtbild der tatsächlichen Verhältnisse, insbesondere nach Umfang und Festigkeit ihrer Organisation, nach der Zahl ihrer Mitglieder und nach ihrem Hervortreten in der Öffentlichkeit eine ausreichende Gewähr für die Ernsthaftigkeit dieser Zielsetzung bieten. Mitglieder einer Partei können nur natürliche Personen sein.

(2) Eine Vereinigung verliert ihre Rechtsstellung als Partei, wenn sie sechs Jahre lang weder an einer Bundestagswahl noch an einer Landtagswahl mit eigenen Wahlvorschlägen teilgenommen hat.

(3) Politische Vereinigungen sind nicht Parteien, wenn

1. ihre Mitglieder oder die Mitglieder ihres Vorstandes in der Mehrheit Ausländer sind oder
2. ihr Sitz oder ihre Geschäftsleitung sich außerhalb des Geltungsbereiches dieses Gesetzes befindet.

§ 3 Aktiv- und Passivlegitimation

Die Partei kann unter ihrem Namen klagen und verklagt werden. Das gleiche gilt für ihre Gebietsverbände der jeweils höchsten Stufe, sofern die Satzung der Partei nichts anderes bestimmt.

§ 4 Name

(1) Der Name einer Partei muß sich von dem Namen einer bereits bestehenden Partei deutlich unterschieden, das gleiche gilt für Kurzbezeichnungen. In der Wahlwerbung und im Wahlverfahren darf nur der satzungsmäßige Name oder dessen Kurzbezeichnung geführt werden; Zusatzbezeichnungen können weggelassen werden.

(2) Gebietsverbände führen den Namen der Partei unter Zusage ihrer Organisationsstellung. Der Zusatz für Gebietsverbände ist nur an nachfolgender Stelle zulässig. In der allgemeinen Werbung und in der Wahlwerbung kann der Zusatz weggelassen werden.

(3) Gebietsverbände, die aus der Partei ausscheiden, verlieren das Recht, den Namen der Partei weiterzuführen. Ein neu gewählter Name darf nicht in einem bloßen Zusatz zu dem bisherigen Namen bestehen. Entsprechendes gilt für Kurzbezeichnungen.

§ 5 Gleichbehandlung

(1) Wenn ein Träger öffentlicher Gewalt den Parteien Einrichtungen zur Verfügung stellt oder andere öffentliche Leistungen gewährt, sollen alle Parteien gleichbehandelt werden. Der Umfang der Gewährung kann nach der Bedeutung der Parteien bis zu dem für die Erreichung ihres Zweckes erforderlichen Mindestmaß abgestuft werden. Die Bedeutung der Partei bemißt sich insbesondere nach den Ergebnissen vorausgegangener Wahlen zu Volksvertretungen. Für eine Partei, die im Bundestag in Fraktionsstärke vertreten ist, muß der Umfang der Gewährung mindestens halb so groß wie für jede andere Partei sein.

(2) Für die Gewährung öffentlicher Leistungen in Zusammenhang mit einer Wahl gilt Absatz 1 während der Dauer des Wahlkampfes nur für Parteien, die Wahlvorschläge eingereicht haben.

(3) Öffentliche Leistungen nach Absatz 1 können an bestimmte sachliche, von allen Parteien zu erfüllende Voraussetzungen gebunden werden.

(4) Die §§ 18 bis 22 bleiben unberührt.

Zweiter Abschnitt: Innere Ordnung

§ 6 Satzung und Programm

(1) Die Partei muß eine schriftliche Satzung und ein schriftliches Programm haben. Die Gebietsverbände regeln ihre Angelegenheiten durch eigene Satzungen, soweit die Satzung des jeweils nächsthöheren Gebietsverbandes hierüber keine Vorschriften enthält.

(2) Die Satzungen müssen Bestimmungen enthalten über

1. Namen sowie Kurzbezeichnung, sofern eine solche verwandt wird, Sitz und Tätigkeitsgebiet der Partei,
2. Aufnahme und Austritt der Mitglieder,
3. Rechte und Pflichten der Mitglieder,
4. zulässige Ordnungsmaßnahmen gegen Mitglieder und ihren Ausschluß (§ 10 Abs. 3 bis 5),
5. zulässige Ordnungsmaßnahmen gegen Gebietsverbände,
6. allgemeine Gliederung der Partei,
7. Zusammensetzung und Befugnisse des Vorstands und der übrigen Organe,
8. der Beschlußfassung durch die Mitglieder- und Vertreterversammlungen nach § 9 vorbehaltene Angelegenheiten,
9. voraussetzung, Form und Frist der Einberufung der Mitglieder- und Vertreterversammlungen sowie Beurkundung der Beschlüsse,
10. Gebietsverbände und Organe, die zur Einrichung (Unterzeichnung) von Wahlvorschlägen für Wahlen zu Volksvertretungen befugt sind, soweit hierüber keine gesetzlichen Vorschriften bestehen,
11. eine Urabstimmung der Mitglieder und das Verfahren, wenn der Parteitag die Auflösung der Partei oder des Gebietsverbandes oder die Verschmelzung mit anderen Parteien nach § 9 Abs. 3 beschlossen hat. Der Beschluß gilt nach dem Ergebnis der Urabstimmung als bestätigt, geändert oder aufgehoben,
12. Form und Inhalt einer Finanzordnung, die den Vorschriften des Sechsten Abschnittes dieses Gesetzes genügt.

(3) Der Vorstand hat dem Bundeswahlleiter

1. Satzung und Programm der Partei,
2. Namen der Vorstandsmitglieder der Partei und der Landesverbände mit Angabe ihrer Funktionen,
3. Auflösung der Partei oder eines Landesverbandes mitzuteilen. Änderungen zu Satz 1 Nr. 1 und 2 sind bis zum 31. Dezember des jeweiligen Kalenderjahres anzuzeigen. Die Unterlagen können beim Bundeswahlleiter von jedermann eingesehen werden. Abschriften dieser Unterlagen sind auf Anforderung gebührenfrei zu erteilen.

(4) Bei Parteien, deren Organisation sich auf das Gebiet eines Landes beschränkt (Landesparteien), gelten die in diesem Gesetz für die Partei getroffenen Regelungen für den Landesverband.

§ 7 Gliederung

(1) Die Parteien gliedern sich in Gebietsverbände. Größe und Umfang der Gebietsverbände werden durch die Satzung festgelegt. Die gebietliche Gliederung muß so weit ausgebaut sein, daß den einzelnen Mitgliedern eine angemessene Mitwirkung an der Willensbildung der Partei möglich ist. Beschränkt sich die Organisation einer Partei auf das Gebiet eines Stadtstaates, braucht sie keine Gebietsverbände zu bilden; sie ist Partei im Sinne dieses Gesetzes. Organisatorische Zusammenschlüsse mehrerer Gebietsverbände, die den verbandmäßigen Aufbau der Parteiorganisation nicht wesentlich beeinträchtigen, sind zulässig.

(2) Soweit in einer Partei Landesverbände nicht bestehen, gelten die in diesem Gesetz für Landesverbände getroffenen Regelungen für die der Partei folgenden nächstniedrigen Gebietsverbände.

§ 8 Organe

(1) Mitgliederversammlung und Vorstand sind notwendige Organe der Partei und der Gebietsverbände. Durch die Satzung kann bestimmt werden, daß in den überörtlichen Verbänden an die Stelle der Mitgliederversammlung eine Vertreterversammlung tritt, deren Mitglieder für höchstens zwei Jahre durch Mitglieder- und Vertreterversammlungen der nachgeordneten Verbände gewählt werden. Landesparteien ohne Gebietsverbände (§ 7 Abs. 1 Satz 4) können die Mitgliederversammlung durch eine Vertreterversammlung ersetzen, wenn sie mehr als 250 Mitglieder haben. Vertreterversammlungen können auch für Ortsverbände von mehr als 250 Mitgliedern oder mit großer räumlicher Ausdehnung gebildet werden.

(2) Die Satzung kann weitere der Willensbildung des jeweiligen Gebietsverbandes dienende Einrichtungen (Organe) vorsehen. Sie sind in der Satzung ausdrücklich als solche zu bezeichnen.

§ 9 Mitglieder- und Vertreterversammlung (Parteitag, Hauptversammlung)

(1) Die Mitglieder- oder Vertreterversammlung (Parteitag, Hauptversammlung) ist das oberste Organ des jeweiligen Gebietsverbandes. Sie führt bei Gebietsverbänden höherer Stufen die Bezeichnung „Parteitag“, bei Gebietsverbänden der untersten Stufe die Bezeichnung „Hauptversammlung“; die nachfolgenden Bestimmungen über den Parteitag gelten auch für die Hauptversammlung. Die Parteitage treten mindestens in jedem zweiten Kalenderjahr einmal zusammen.

(2) Vorstandsmitglieder, Mitglieder anderer Organe des Gebietsverbandes sowie Angehörige des in § 11 Abs. 2 genannten Personenkreises können einer Vertreterversammlung kraft Satzung angehören, dürfen aber in diesem Fall nur bis zu einem Fünftel der satzungsmäßigen Gesamtzahl der Versammlungsmitglieder mit Stimmrecht ausgestattet sein.

(3) Der Parteitag beschließt im Rahmen der Zuständigkeiten des Gebietsverbandes innerhalb der Partei über die Parteiprogramme, die Satzung, die

Beitragsordnung, die Schiedsgerichtsordnung, die Auflösung sowie die Verschmelzung mit anderen Parteien.

(4) Der Parteitag wählt den Vorsitzenden des Gebietsverbandes, seine Stellvertreter und die übrigen Mitglieder des Vorstandes, die Mitglieder etwaiger anderer Organe und die Vertreter in den Organen höherer Gebietsverbände, soweit in diesem Gesetz nichts anderes zugelassen ist.

(5) Der Parteitag nimmt mindestens alle zwei Jahre einen Tätigkeitsbericht des Vorstandes entgegen und faßt über ihn Beschluß. Der finanzielle Teil des Berichts ist vor der Berichterstattung durch Rechnungsprüfer, die von dem Parteitag gewählt werden, zu überprüfen.

§ 10 Rechte der Mitglieder

(1) Die zuständigen Organe der Partei entschieden nach näherer Bestimmung der Satzung frei über die Aufnahme von Mitgliedern. Die Ablehnung eines Aufnahmeantrages braucht nicht begründet zu werden. Allgemeine, auch befristete Aufnahmesperren sind nicht zulässig. Personen, die infolge Richterspruchs die Wählbarkeit oder das Wahlrecht nicht besitzen, können nicht Mitglieder einer Partei sein.

(2) Die Mitglieder der Partei und die Vertreter in den Parteiorganen haben gleiches Stimmrecht. Die Ausübung des Stimmrechts kann nach näherer Bestimmung der Satzung davon abhängig gemacht werden, daß das Mitglied seine Beitragspflicht erfüllt hat. Das Mitglied ist jederzeit zum sofortigen Austritt aus der Partei berechtigt.

(3) In der Satzung sind Bestimmungen zu treffen über

1. die zulässigen Ordnungsmaßnahmen gegen Mitglieder,
2. die Gründe, die zu Ordnungsmaßnahmen berechtigen,
3. die Parteiorgane, die Ordnungsmaßnahmen anordnen können.

Im Falle der Enthebung von Parteiämtern oder der Aberkennung der Fähigkeit zu ihrer Bekleidung ist der Beschluß zu begründen.

(4) Ein Mitglied kann nur dann aus der Partei ausgeschlossen werden, wenn es vorsätzlich gegen die Satzung oder erheblich gegen Grundsätze oder Ordnung der Partei verstößt und ihr damit schweren Schaden zufügt.

(5) Über den Ausschluß entscheidet das nach der Schiedsgerichtsordnung zuständige Schiedsgericht. Die Berufung an ein Schiedsgericht höherer Stufe ist zu gewährleisten. Die Entscheidungen sind schriftlich zu begründen. In dringenden und schwerwiegenden Fällen, die sofortiges Eingreifen erfordern, kann der Vorstand der Partei oder eines Gebietsverbandes ein Mitglied von der Ausübung seiner Rechte bis zur Entscheidung des Schiedsgerichts ausschließen.

§ 11 Vorstand

(1) Der Vorstand wird mindestens in jedem zweiten Kalenderjahr gewählt. Er muß aus mindestens drei Mitgliedern bestehen.

(2) Dem Vorstand können Abgeordnete und andere Persönlichkeiten aus der Partei kraft Satzung angehören, wenn sie ihr Amt oder ihr Mandat aus einer Wahl erhalten haben. Der Anteil der nicht nach § 9 Abs. 4 gewählten Mitglieder darf ein Fünftel der Gesamtzahl der Vorstandsmitglieder nicht übersteigen. Vorsitzender und Schatzmeister einer Partei dürfen nicht in einer der Partei nahestehenden politischen Stiftung vergleichbare Funktionen ausüben.

(3) Der Vorstand leitet den Gebietsverband und führt dessen Geschäfte nach Gesetz und Satzung sowie den Beschlüssen der ihm übergeordneten Organe. Er vertritt den Gebietsverband gemäß § 26 Abs. 2 des Bürgerlichen Gesetzbuchs, soweit nicht die Satzung eine abweichende Regelung trifft.

(4) Zur Durchführung der Beschlüsse des Vorstandes sowie zur Erledigung der laufenden und der besonders dringlichen Vorstandsgeschäfte kann aus der Mitte des Vorstandes ein geschäftsführender Vorstand (Präsidium) gebildet werden. Seine Mitglieder können auch vom Vorstand gewählt oder durch die Satzung bestimmt werden.

§ 12 Allgemeine Parteiausschüsse

(1) Die Mitglieder von allgemeinen Parteiausschüssen und ähnlichen Einrichtungen, die nach der Satzung umfassende Zuständigkeiten für die Beratung oder Entscheidung politischer und organisatorischer Fragen der Partei besitzen, können auch von nachgeordneten Gebietsverbänden gewählt werden.

(2) Der Vorstand und Angehörige des in § 11 Abs. 2 genannten Personenkreises können einem solchen Organ kraft Satzung angehören. Der Anteil der nicht gewählten Mitglieder darf ein Drittel der Gesamtmitgliederzahl des Organs nicht übersteigen; er kann um weitere Mitglieder mit nur beratender Stimme erhöht werden, muß jedoch auch dann noch unter der Hälfte der Gesamtmitgliederzahl des Organs liegen.

(3) Das Amt der gewählten Mitglieder der in Absatz 1 genannten Organe dauert höchstens zwei Jahre.

§ 13 Zusammensetzung der Vertreterversammlung

Die Zusammensetzung einer Vertreterversammlung oder eines sonstigen Organs, das ganz oder zum Teil aus Vertretern von Gebietsverbänden besteht, ist in der Satzung festzulegen. Die Zahl der Vertreter des Gebietsverbandes ist in erster Linie nach der Zahl der vertretenen Mitglieder zu bemessen. Die Satzung kann bestimmen, daß die restliche Zahl der Vertreter, höchstens die Hälfte der Gesamtzahl, nach dem Verhältnis der im Bereich des Gebietsverbandes bei vorausgegangenen Wahlen zu Volksvertretungen erzielten Wählerstimmen auf die Gebietsverbände aufgeschlüsselt wird. Die Ausübung des Stimmrechts kann von der Erfüllung der Beitragspflicht des Gebietsverbandes abhängig gemacht werden.

§ 14 Parteischiedsgerichte

(1) Zur Schlichtung und Entscheidung von Streitigkeiten der Partei oder eines Gebietsverbandes mit einzelnen Mitgliedern und Streitigkeiten über Auslegung und Anwendung der Satzung sind zumindest bei der Partei und den Gebietsverbänden der jeweils höchsten Stufe Schiedsgerichte zu bilden. Für mehrere Gebietsverbände der Kreisstufe können gemeinsame Schiedsgerichte gebildet werden.

(2) Die Mitglieder der Schiedsgerichte werden für höchstens vier Jahre gewählt. Sie dürfen nicht Mitglied eines Vorstandes der Partei oder eines Gebietsverbandes sein, in einem Dienstverhältnis zu der Partei oder einem Gebietsverband stehen oder von ihnen regelmäßig Einkünfte beziehen. Sie sind unabhängig und an Weisungen nicht gebunden.

(3) Die Satzung kann vorsehen, daß die Schiedsgerichte allgemein oder im Einzelfall mit Beisitzern besetzt werden, die von den Streitteilen paritätisch benannt werden.

(4) Für die Tätigkeit des Schiedsgerichts ist eine Schiedsgerichtsordnung zu erlassen, die den Beteiligten rechtliches Gehör, ein gerechtes Verfahren und die Ablehnung eines Mitglieds des Schiedsgerichts wegen Befangenheit gewährleistet.

§ 15 Willensbildung in den Organen

(1) Die Organe fassen ihre Beschlüsse mit einfacher Stimmenmehrheit, soweit nicht durch Gesetz oder Satzung erhöhte Stimmenmehrheit vorgeschrieben ist.

(2) Die Wahlen der Vorstandsmitglieder und der Vertreter zu Vertreterversammlungen und zu Organen höherer Gebietsverbände sind geheim. Bei den übrigen Wahlen kann offen abgestimmt werden, wenn sich auf Befragen kein Widerspruch erhebt.

(3) Das Antragsrecht ist so zu gestalten, daß eine demokratische Willensbildung gewährleistet bleibt, insbesondere auch Minderheiten ihre Vorschläge ausreichend zur Erörterung bringen können. In den Versammlungen höherer Gebietsverbände ist mindestens den Vertretern der Gebietsverbände der beiden nächstniedrigen Stufen ein Antragsrecht einzuräumen. Bei Wahlen und Abstimmungen ist eine Bindung an Beschlüsse anderer Organe unzulässig.

§ 16 Maßnahmen gegen Gebietsverbände

(1) Die Auflösung und der Ausschluß nachgeordneter Gebietsverbände sowie die Amtsenthebung ganzer Organe derselben sind nur wegen schwerwiegender Verstöße gegen die Grundsätze oder die Ordnung der Partei zulässig. In der Satzung ist zu bestimmen,

1. aus welchen Gründen die Maßnahmen zulässig sind,
2. welcher übergeordnete Gebietsverband und welches Organ dieses Verbandes sie treffen können.

(2) Der Vorstand der Partei oder eines übergeordneten Gebietsverbandes bedarf für eine Maßnahme nach Absatz 1 der Bestätigung durch ein höheres Organ. Die Maßnahme tritt außer Kraft, wenn die Bestätigung nicht auf dem nächsten Parteitag ausgesprochen wird.

(3) Gegen Maßnahmen nach Absatz 1 ist die Anrufung eines Schiedsgerichts zuzulassen.

Dritter Abschnitt: Aufstellung von Wahlbewerbern

§ 17 Aufstellung von Wahlbewerbern

Die Aufstellung von Bewerbern für Wahlen zu Volksvertretungen muß in geheimer Abstimmung erfolgen. Die Aufstellung regeln die Wahlgesetze und die Satzungen der Parteien.

Vierter Abschnitt: Erstattung von Wahlkampfkosten

§ 18 Grundsätze und Umfang der Erstattung

(1) Die notwendigen Kosten eines angemessenen Wahlkampfes sind Parteien, die sich an der Bundestagswahl mit eigenen Wahlvorschlägen beteiligt haben, zu erstatten. Die Wahlkampfkosten umfassen einen Pauschalbetrag von 5,00 Deutsche Mark je Wahlberechtigten dieser Bundestagswahl (Wahlkampfkostenpauschale) und die Sockelbeträge nach Abs. 6.

(2) Die Wahlkampfkostenpauschale wird auf Parteien verteilt, die nach dem endgültigen Wahlergebnis mindestens

1. 0,5 vom Hundert der im Wahlgebiet abgegebenen gültigen Zweitstimmen oder
2. 10 vom Hundert der in einem Wahlkreis abgegebenen gültigen Erststimmen, wenn in diesem Land eine Landesliste dieser Partei nicht zugelassen war,

erreicht haben.

(3) Der Anteil an der Wahlkampfkostenpauschale bemißt sich

1. bei Parteien nach Abs. 1 Nr. 1 nach dem Verhältnis der im Wahlgebiet erreichten Zweitstimmen,
2. bei einer Partei nach Abs. 2 Nr. 2 mit einem Betrag von 5,00 Deutsche Mark für jede Erststimme in Wahlkreisen, in denen die Mindeststimmenzahl von 10 vom Hundert erreicht worden ist.

(4) Die Abs. 1 bis 3 gelten entsprechend für Bewerber eines nach Maßgabe der §§ 18 und 20 des Bundeswahlgesetzes von Wahlberechtigten eingereichten Wahlvorschlages, sofern sie mindestens 10 vom Hundert der in einem Wahlkreis abgegebenen gültigen Erststimmen erreicht haben.

(5) Vor der Festsetzung der Anteile an der Wahlkampfkostenpauschale

für Parteien nach Abs. 3 Nr. 1 sind zunächst die auf die Parteien nach Abs. 3 Nr. 2 sowie die auf Bewerber nach Abs. 4 entfallenden Anteile an der Wahlkampfkostenpauschale von der Wahlkampfkostenpauschale abzuziehen.

(6) Parteien, die mindestens 2 vom Hundert der im Wahlgebiet abgegebenen gültigen Zweitstimmen erreicht haben, erhalten für die Bundestagswahl zusätzlich zu der Pauschale nach Abs. 1 einen Sockelbetrag in Höhe von 6 vom Hundert des in Abs. 1 festgelegten Betrages. Der Sockelbetrag darf bei einer Partei 80 vom Hundert ihres Anteils an der Wahlkampfkostenpauschale (Abs. 3) nicht übersteigen.

(7) Die Summe der Erstattungen der Kosten angemessener Wahlkämpfe aus öffentlichen Mitteln darf gegenüber den Gesamteinnahmen einer Partei nach § 24 Abs. 2 Nr. 1 bis 5 und 8 im zweiten Kalenderjahr nach der Erstattung der Kosten des Bundestagswahlkampfes und in den diesem Jahr vorangegangenen drei Kalenderjahren nicht überwiegen. Über diese Grenze hinausgehende Erstattungsbeträge sind von der nächstfälligen Erstattungszahlung in Abzug zu bringen.

(8) Vor Änderungen in der Struktur und Höhe der Wahlkampfkostenerstattung legt eine Kommission unabhängiger Sachverständiger, die vom Bundespräsidenten berufen wird, dem Deutschen Bundestag Empfehlungen vor.

§ 19 Erstattungsverfahren

(1) Die Festsetzung und die Auszahlung des Erstattungsbetrages (Anteil an der Wahlkampfkostenpauschale und Sockelbetrag) ist innerhalb von zwei Monaten nach dem Zusammentritt des Bundestages bei dem Präsidenten des Deutschen Bundestages schriftlich zu beantragen. Der Antrag kann auf einen Teilbetrag begrenzt werden.

(2) Der Erstattungsbetrag wird von dem Präsidenten des Deutschen Bundestages festgesetzt und ausgezahlt. Abschlagszahlungen nach § 20 sind anzurechnen.

§ 20 Abschlagszahlungen

(1) Den Parteien, die bei der jeweils vorausgegangenen Bundestagswahl Wahlergebnisse erreicht hatten, die die Voraussetzungen für eine Erstattung erfüllt hätten, sind auf Antrag Abschlagszahlungen auf den Erstattungsbetrag zu gewähren. Abschlagszahlungen können im zweiten und dritten Jahr der Wahlperiode des Deutschen Bundestages sowie im Wahljahr gezahlt werden; sie dürfen jeweils 20 vom Hundert der Gesamtsumme des nach dem Ergebnis der vorausgegangenen Wahl zu erstattenden Betrages nicht überschreiten.

(2) Der Antrag auf Abschlagszahlungen ist schriftlich bei dem Präsidenten des Deutschen Bundestages einzureichen.

(3) Endet die Wahlperiode des Deutschen Bundestages vorzeitig, kann der Präsident des Deutschen Bundestages vor der Bundestagswahl Abschlagszahlungen abweichend von Abs. 1 Satz 2 mit der Maßgabe gewähren, daß sie 60 vom Hundert der Erstattungsbeträge nicht übersteigen dürfen.

(4) Abschlagszahlungen sind nach der Wahl zurückzuzahlen, soweit sie den Erstattungsbetrag übersteigen oder wenn ein Erstattungsanspruch nicht entstanden ist.

§ 21 Bereitstellung von Bundesmitteln

(1) Die nach den §§ 18 und 20 erforderlichen Mittel sind im Bundeshaushaltsplan auszubringen.

(2) Der Bundesrechnungshof prüft, ob der Präsident des Deutschen Bundestages als mittelverwaltende Stelle die Wahlkampfkosten entsprechend den Vorschriften dieses Abschnitts erstattet hat.

§ 22 Erstattung von Wahlkampfkosten in den Ländern

Die Länder werden ermächtigt, durch Gesetz Vorschriften über die Erstattung von Wahlkampfkosten für Landtagswahlen zu erlassen. Diese müssen sich im Rahmen des § 18 Abs.1, 6 und 7 und der §§ 10 und 20 halten. Bei Parteien nationaler Minderheiten darf die Erstattung nicht von einem Mindeststimmenanteil abhängig gemacht werden.

Fünfter Abschnitt: Chancenausgleich

§ 22a Errechnung und Zahlung des Chancenausgleiches

(1) Parteien, die nach dem endgültigen Wahlergebnis der letzten vor dem 31. Dezember (Stichtag) liegenden Bundestagswahl mindestens 0,5 vom Hundert der im Wahlgebiet abgegebenen gültigen Zweitstimmen erreicht haben, erhalten jährlich einen Betrag als Chancenausgleich.

(2) Der Chancenausgleich wird wie folgt errechnet:
Für jede Partei, die bei der letzten vor dem Stichtag liegenden Bundestagswahl mindestens 5 vom Hundert der im Wahlgebiet abgegebenen gültigen Zweitstimmen erreicht hat, werden Ausgangsbeträge in Höhe von 40 vom Hundert des Gesamtbetrages der in dem Rechenschaftsbericht (§ 24) des vorausgegangenen Kalenderjahres angegebenen Mitgliedsbeiträge, geteilt durch die Zahl der im selben Rechenschaftsbericht angegebenen Mitglieder, sowie der Spenden, geteilt durch die Zahl der auf die Partei entfallenen gültigen Zweitstimmen, festgestellt. Der jeweils höchste der Ausgangsbeträge wird mit der Zahl der Mitglieder beziehungsweise der erreichten gültigen Zweitstimmen jeder Partei im Sinne des Abs. 1 vervielfacht. Die sich nach beiden Berechnungen ergebenden Differenzen zwischen den Ergebnissen nach Satz 2 und 40 vom Hundert des Gesamtbetrages der einer Partei zugeflossenen Mitgliedsbeiträge beziehungsweise Spenden im Sinne des Satzes 1 werden addiert und durch zwei geteilt und ergeben den an die jeweilige Partei als Chancenausgleich zu zahlenden Betrag. Dieser Betrag darf 10 vom Hundert der Gesamtsumme der nach dem Ergebnis der vorausgegangenen Wahl der anspruchsberechtigten Partei zu erstattenden Wahlkampfkosten nicht übersteigen.

(3) Die Chancenausgleichsbeträge werden vom Präsidium des Deutschen Bundestages festgesetzt und jeweils bis zum 60. Kalendertag des auf den Stichtag folgenden Kalenderjahres ausgezahlt.

(4) Der Präsident des Deutschen Bundestages erteilt den Parteien einen schriftlichen Bescheid über die Höhe der Beträge.

(5) Chancenausgleichsbeträge werden erstmals für das Rechnungsjahr 1984 ausgezahlt.

(6) Vor Änderungen in der Struktur und Höhe des Chancenausgleichs gilt § 18 Abs. 8 entsprechend.

Sechster Abschnitt: Rechenschaftslegung

§ 23 Pflicht zur öffentlichen Rechenschaftslegung

(1) Der Vorstand der Partei hat über die Herkunft und die Verwendung der Mittel, die seiner Partei innerhalb eines Kalenderjahres (Rechnungsjahr) zugeflossen sind, sowie über das Vermögen der Partei zum Ende des Kalenderjahres in einem Rechenschaftsbericht öffentlich Rechenschaft zu geben. Im Rechenschaftsbericht ist auch die Zahl der beitragspflichtigen Mitglieder zum Ende des Kalenderjahres zu verzeichnen.

(2) Der Rechenschaftsbericht muß von einem Wirtschaftsprüfer oder einer Wirtschaftsprüfergesellschaft nach den Vorschriften der §§ 29 bis 31 geprüft werden. Er ist bis zum 30. September des dem Rechnungsjahr folgenden Jahres beim Präsidenten des Deutschen Bundestages einzureichen und von diesem als Bundestagsdrucksache zu verteilen. Der Präsident des Deutschen Bundestages kann die Frist aus besonderen Gründen bis zu drei Monaten verlängern. Der Rechenschaftsbericht der Partei ist dem jeweils auf seine Veröffentlichung folgenden Bundesparteitag zur Erörterung vorzulegen.

(3) Der Präsident des Deutschen Bundestages prüft, ob der Rechenschaftsbericht den Vorschriften des Sechsten Abschnittes entspricht. Das Ergebnis der Prüfung ist in den Bericht nach Abs. 5 aufzunehmen.

(4) Zahlungen nach den §§ 18 bis 20 sowie § 22a dürfen nicht geleistet werden, solange ein den Vorschriften des Sechsten Abschnittes entsprechender Rechenschaftsbericht nicht eingereicht worden ist.

(5) Der Präsident des Deutschen Bundestages erstattet dem Deutschen Bundestag jährlich über die Entwicklung der Parteienfinanzen sowie über die Rechenschaftsberichte der Parteien Bericht. Der Bericht wird als Bundestagsdrucksache verteilt.

§ 23a Rechtswidrig erlangte Spenden

(1) Hat eine Partei Spenden rechtswidrig erlangt oder Mittel nicht den Vorschriften dieses Gesetzes entsprechend verwendet oder nicht im Rechenschaftsbericht veröffentlicht (§ 25 Abs. 2), so verliert sie den Anspruch auf Erstattung der Wahlkampfkosten in Höhe des Zweifachen des rechtswidrig er-

langten oder nicht den Vorschriften dieses Gesetzes entsprechend verwendeten oder veröffentlichten Betrages. Die rechtswidrig erlangten Spenden sind an das Präsidium des Deutschen Bundestages abzuführen.

(2) Als rechtswidrig erlangt gelten Spenden im Sinne des § 25 Abs. 1 Satz 2, soweit sie entgegen der Vorschrift des § 25 Abs. 3 nicht unverzüglich an das Präsidium des Deutschen Bundestages weitergeleitet werden.

(3) Das Präsidium des Deutschen Bundestages leitet die innerhalb eines Kalenderjahres eingegangenen Mittel zu Beginn des nächsten Kalenderjahres an Einrichtungen weiter, die mildtätigen, kirchlichen, religiösen oder wissenschaftlichen Zwecken dienen.

(4) Abs. 1 findet keine Anwendung, soweit die Länder durch Gesetz entsprechende Regelungen für die Landesverbände der Parteien sowie für in diesen nachgeordneten Gebietsverbände getroffen haben. Die Parteien sollen in die Satzungen Regelungen für den Fall aufnehmen, daß Maßnahmen nach Abs. 1 durch Landesverbände oder diesen nachgeordnete Gebietsverbände verursacht werden.

§ 24 Rechenschaftsbericht

(1) Der Rechenschaftsbericht besteht aus einer Einnahmen- und Ausgabenrechnung sowie einer Vermögensrechnung. In den Rechenschaftsbericht der Gesamtpartei sind die Rechenschaftsberichte jeweils getrennt nach Bundesverband und Landesverband sowie die Rechenschaftsberichte der nachgeordneten Gebietsverbände je Landesverband aufzunehmen. Die Landesverbände haben die Teilberichte der ihnen nachgeordneten Gebietsverbände gesammelt bei ihren Rechenschaftsunterlagen aufzubewahren.

(2) Einnahmen sind:

1. Mitgliedsbeiträge und ähnliche regelmäßige Beiträge,
2. Einnahmen aus Vermögen,
3. Einnahmen aus Veranstaltungen, Vertrieb von Druckschriften und Veröffentlichungen und sonstiger mit Einnahmen verbundener Tätigkeit der Partei,
4. Einnahmen aus Spenden,
5. Einnahmen aus dem Chancenausgleich,
6. Einnahmen aus der Wahlkampfkostenerstattung,
7. Zuschüsse von Gliederungen,
8. sonstige Einnahmen.

(3) Ausgaben sind:

1. Personalausgaben,
2. Ausgaben des laufenden Geschäftsbetriebes,
3. Ausgaben für innerparteiliche Gremienarbeit und Information,
4. Ausgaben für Öffentlichkeitsarbeit und Wahlen,
5. Zuschüsse an Gliederungen,
6. Zinsen,
7. sonstige Ausgaben.

(4) Die Vermögensrechnung umfaßt:

1. Besitzposten
   I. Anlagevermögen
      1. Haus- und Grundvermögen
      2. Geschäftsstellenausstattung
      3. Finanzanlagen
   II. Umlaufvermögen
      1. Beitragsforderungen
      2. Forderungen auf Erstattung der Wahlkampfkosten
      3. Forderung auf Chancenausgleich
      4. Geldbestände
      5. sonstige Vermögensgegenstände
2. Schuldposten
   I. Rückstellungen
   II. Verbindlichkeiten
      1. Beitragsverbindlichkeiten
      2. Verbindlichkeiten gegenüber Kreditinstituten
      3. sonstige Verbindlichkeiten
   III. Reinvermögen (positiv oder negativ).

(5) Die wahlkampfbezogenen Kosten einer jeden Wahl sind nach Abs. 3 gegliedert und unabhängig von den Rechnungsjahren insgesamt gesondert auszuweisen und den nach Abs. 2 gegliederten wahlkampfkostenbezogenen Einnahmen gegenüberzustellen.

(6) Die Anzahl der beitragspflichtigen Mitglieder zum Jahresende ist zu verzeichnen.

(7) Die Partei kann dem Rechenschaftsbericht, insbesondere einzelnen seiner Positionen, kurzgefaßte Erläuterungen beifügen.

§ 25 Spenden

(1) Parteien sind berechtigt, Spenden anzunehmen. Ausgenommen hiervon sind:

1. Spenden von politischen Stiftungen,
2. Spenden von Körperschaften, Personenvereinigungen und Vermögensmassen, die nach der Satzung, dem Stiftungsgeschäft oder der sonstigen Verfassung und nach der tatsächlichen Geschäftsführung ausschließlich und unmittelbar gemeinnützigen, mildtätigen oder kirchlichen Zwecken dienen (§§ 51 bis 68 der Abgabenordnung),
3. Spenden von außerhalb des Geltungsbereiches dieses Gesetzes, es sei denn, daß
   a) diese Spenden aus dem Vermögen eines Deutschen im Sinne des Grundgesetzes oder eines Wirtschaftsunternehmens, dessen Anteile sich zu mehr als 50 vom Hundert im Eigentum von Deutschen im Sinne des Grundgesetzes befinden, unmittelbar einer Partei zufließen,

b) es sich um Spenden handelt
einer ausländischen Partei, die im Europäischen Parlament vertreten ist, deren Fraktion im Europäischen Parlament oder
eines ausländischen Mitgliedes des Europäischen Parlaments oder
c) es sich um eine Spende eines Ausländers von nicht mehr als 1000 Deutsche Mark handelt,
4. Spenden von Berufsverbänden, die diesen mit der Maßgabe zugewandt wurden, sie an eine politische Partei weiterzuleiten,
5. Spenden, soweit sie im Einzelfall mehr als 1000 Deutsche Mark betragen und deren Spender nicht feststellbar sind oder erkennbar nur die Spende nicht genannter Dritter weiterleiten,
6. Spenden, die erkennbar in Erwartung eines bestimmten wirtschaftlichen oder politischen Vorteils gewährt werden.

(2) Spenden an eine Partei oder einen oder mehrere ihrer Gebietsverbände, deren Gesamtwert in einem Kalenderjahr (Rechnungsjahr) 40 000 Deutsche Markt übersteigt, sind unter Angabe des Namens und der Anschrift des Spenders sowie der Gesamthöhe der Spende im Rechenschaftsbericht zu verzeichnen.

(3) Nach Abs. 1 Satz 2 unzulässige Spenden sind von der Partei unverzüglich an das Präsidium des Deutschen Bundestages weiterzuleiten.

§ 26 Begriff der Einnahme

(1) Einnahme ist, soweit für einzelne Einnahmearten (§ 24 Abs. 2) nichts Besonderes gilt, jede der Partei von außen zufließende Geld- oder geldwerte Leistung. Als Einnahmen gelten auch die Freistellung von üblicherweise entstehenden Verbindlichkeiten sowie die Übernahme von Veranstaltungen und Maßnahmen, mit denen ausdrücklich für eine Partei geworben wird, durch andere.

(2) Alle Einnahmen sind mit ihrem vollen Betrag an der für sie vorgesehenen Stelle einzusetzen. § 27 Abs. 2 bleibt unberührt.

(3) Wirtschaftsgüter, die nicht in Geld bestehen, sind mit den im gewöhnlichen Geschäftsverkehr für gleiche oder vergleichbare Leistungen üblicherweise zu zahlenden Preisen anzusetzen.

(4) Durchlaufende Gelder und Leistungen sowie Mitgliedsbeiträge und sonstige Einnahmen, die von vornherein für eine schlüsselmäßige Verteilung unter mehrere Gebietsverbände bestimmt sind, werden bei der Stelle ausgewiesen, bei der sie endgültig verbleiben.

§ 27 Einzelne Einnahmearten

(1) Mitgliedsbeiträge und ähnliche regelmäßige Beiträge im Sinne des § 24 Abs. 2 Nr. 1 sind nur solche Geldleistungen, die ein Mitglied auf Grund satzungsrechtlicher Vorschriften entrichtet. Darüber hinausgehende Zahlungen, insbesondere auch Aufnahmegebühren, Sonderumlagen und Sammlungen, sind als Spenden zu verzeichnen.

(2) Bei den in § 24 Abs. 2 Nr. 2 und 3 genannten Einnahmequellen ist der Reinertrag einzusetzen. Die Ausweisungspflicht nach § 24 Abs. 2 Nr. 4 bleibt unberührt. Sonstige Einnahmen nach § 24 Abs. 2 Nr. 8 sind aufzugliedern und zu erläutern, soweit sie bei einer der in § 24 Abs. 1 aufgeführten Gliederungen mehr als 5 vom Hundert der Summe der Einnahmen aus den Nummern 1 bis 6 ausmachen.

(3) Bei der Einnahmeberechnung können Sach-, Werk- und Dienstleistungen, die die Mitglieder der Partei außerhalb eines Geschäftsbetriebes üblicherweise unentgeltlich zur Verfügung stellen oder die einen Wert von 1000 Deutsche Mark im Einzelfall nicht übersteigen, unberücksichtigt bleiben. Für die Übernahme von Veranstaltungen und Maßnahmen der Parteiwerbung gilt Satz 1 entsprechend.

§ 28 Pflicht zur Buchführung

Die Parteien haben Bücher über ihre rechenschaftspflichtigen Einnahmen und Ausgaben sowie über ihre Vermögen zu führen. Dabei ist nach den Grundsätzen ordnungsgemäßer Buchführung unter Berücksichtigung des Gesetzeszweckes zu verfahren. Die Rechnungsunterlagen sind fünf Jahre aufzubewahren. Die Aufbewahrungsfrist beginnt mit Ablauf des Rechnungsjahres.

§ 29 Prüfung des Rechenschaftsberichts

(1) Die Prüfung nach § 23 Abs. 2 Satz 1 und Abs. 3 erstreckt sich auf die Bundespartei, ihre Landesverbände sowie nach Wahl des Prüfers auf mindestens vier nachgeordnete Gebietsverbände.

(2) Der Prüfer kann von den Vorständen und den von ihnen dazu ermächtigten Personen alle Aufklärungen und Nachweise verlangen, welche die sorgfältige Erfüllung seiner Prüfungspflicht erfordert. Es ist ihm insoweit auch zu gestatten, die Unterlagen für die Zusammenstellung des Rechenschaftsberichts, die Bücher und Schriftstücke sowie die Kassen- und Vermögensbestände zu prüfen.

(3) Der Vorstand des zu prüfenden Gebietsverbandes hat dem Prüfer schriftlich zu versichern, daß in dem Rechenschaftsbericht alle rechenschaftspflichtigen Einnahmen, Ausgaben und Vermögenswerte erfaßt sind. Auf die Versicherung der Vorstände nachgeordneter Gebietsverbände kann Bezug genommen werden. Es genügt die Versicherung des für die Finanzangelegenheiten zuständigen Vorstandsmitgliedes.

§ 30 Prüfungsbericht und Prüfungsvermerk

(1) Das Ergebnis der Prüfung ist in einem schriftlichen Prüfungsbericht niederzulegen, der dem Vorstand der Partei und dem Vorstand des geprüften Gebietsverbandes zu übergeben ist.

(2) Sind nach dem abschließenden Ergebnis der Prüfung keine Einwendungen zu erheben, so hat der Prüfer durch einen Vermerk zu bestätigen,

daß nach pflichtgemäßer Prüfung auf Grund der Bücher und Schriften der Partei sowie der von den Vorständen erteilten Aufklärungen und Nachweise der Rechenschaftsbericht in dem geprüften Umfang (§ 29 Abs. 1) den Vorschriften dieses Gesetzes entpricht.

Sind Einwendungen zu erheben, so hat der Prüfer in seinem Prüfungsvermerk die Bestätigung zu versagen oder einzuschränken. Die geprüften Gebietsverbände sind im Prüfungsvermerk nahmhaft zu machen.

(3) Der Prüfungsvermerk ist auf dem einzureichenden Rechenschaftsbericht anzubringen und in vollem Wortlaut nach § 23 Abs. 2 Satz 2 mit zu veröffentlichen.

§ 31 Prüfer

(1) Als Prüfer darf nicht bestellt werden, wer Vorstandsmitglied, Mitglied eines allgemeinen Parteiausschusses, Revisionsbeauftragter oder Angestellter der zu prüfenden Partei oder eines ihrer Gebietsverbände ist oder in den letzten drei Jahren vor der Bestellung war.

(2) Die Prüfer, ihre Gehilfen und die bei der Prüfung mitwirkenden gesetzlichen Vertreter einer Prüfungsgesellschaft sind zu gewissenhafter und unparteiischer Wahrnehmung ihrer Aufgaben und zur Verschwiegenheit verpflichtet. § 168 des Aktiengesetzes gilt entsprechend.

Siebenter Abschnitt: Vollzug des Verbots verfassungwidriger Parteien

§ 32 Vollstreckung

(1) Wird eine Partei oder eine Teilorganisation einer Partei nach Art. 21 Abs. 2 des Grundgesetzes für verfassungswidrig erklärt, so treffen die von den Landesregierungen bestimmten Behörden im Rahmen der Gesetze alle Maßnahmen, die zur Vollstreckung des Urteils und etwaiger zusätzlicher Vollstreckungsregelungen des Bundesverfassungsgerichts erforderlich sind. Die obersten Landesbehörden haben zu diesem Zweck unbeschränktes Weisungsrecht gegenüber den Behörden und Dienststellen des Landes, die für die Wahrung der öffentlichen Sicherheit oder Ordnung zuständig sind.

(2) Erstreckt sich die Organisation oder die Tätigkeit der Partei oder des für verfassungswidrig erklärten Teils der Partei über das Gebiet eines Landes hinaus, so trifft der Bundesminister des Innern die für eine einheitliche Vollstreckung erforderlichen Anordnungen.

(3) Das Bundesverfassungsgericht kann die Vollstreckung nach § 35 des Gesetzes über das Bundesverfassungsgericht abweichend von den Vorschriften der Abs. 1 und 2 regeln.

(4) Widerspruch und Anfechtungsklage gegen Vollstreckungsmaßnahmen haben keine aufschiebende Wirkung. Betrifft ein verwaltungsgerichtliches Verfahren eine Frage, die für die Vollstreckung des Urteils von grundsätzlicher Bedeutung ist, so ist das Verfahren auszusetzen und die Entscheidung des Bundesverfassungsgerichtes einzuholen. Das Bundesverfassungsgericht

entscheidet auch über Einwendungen gegen die Art und Weise der Durchführung der von ihm angeordneten besonderen Vollstreckungsmaßnahmen.

(5) Im Falle der Vermögenseinziehung werden die §§ 10 bis 13 des Vereinsgesetzes vom 5. August 1964 (BGBl. I S. 593) entsprechend angewendet. Verbotsbehörde ist die oberste Landesbehörde, im Fall des Abs. 2 der Bundesminister des Innern.

§ 33 Verbot von Ersatzorganisationen

(1) Es ist verboten, Organisationen zu bilden, die verfassungswidrige Bestrebungen einer nach Art. 21 Abs. 2 des Grundgesetzes in Verbindung mit § 46 des Gesetzes über das Bundesverfassungsgericht verbotenen Partei an deren Stelle weiter verfolgen (Ersatzorganisation) oder bestehende Organisationen als Ersatzorganisationen fortzuführen.

(2) Ist die Ersatzorganisation eine Partei, die bereits vor dem Verbot der ursprünglichen Partei bestanden hat oder im Bundestag oder in einem Landtag vertreten ist, so stellt das Bundesverfassungsgericht fest, daß es sich um eine verbotene Ersatzorganisation handelt; die §§ 38, 41, 43, 44 und 46 Abs. 3 des Gesetzes über das Bundesverfassungsgericht und § 32 dieses Gesetzes gelten entsprechend.

(3) Auf andere Parteien und auf Vereine im Sinne des § 2 des Vereinsgesetzes, die Ersatzorganisationen einer verbotenen Partei sind, wird § 8 Abs. 2 des Vereingsgesetzes entsprechend angewandt.

Achter Abschnitt: Schlußbestimmungen

§ 34 (Änderung des Einkommensteuergesetzes)

§ 35 (Änderung des Körperschaftsteuergesetzes)

§ 36 (Anwendung steuerrechtlicher Vorschriften)

§ 37 Nichtanwendbarkeit von Vorschriften des Bürgerlichen Gesetzbuchs

§ 54 Satz 2 sowie die §§ 61 bis 63 des Bürgerlichen Gesetzbuchs werden bei Parteien nicht angewandt.

§ 38 Zwangsmittel des Bundeswahlleiters

Der Bundeswahlleiter kann den Vorstand der Partei zur Vornahme der Handlungen nach § 6 Abs. 3 durch ein Zwangsgeld anhalten. Die Vorschriften des Verwaltungs-Vollstreckungsgesetzes gelten sinngemäß; der Bundeswahlleiter handelt insoweit als Vollstreckungs- und Vollzugsbehörde. Die Höhe des Zwangsgeldes beträgt mindestens 500 Deutsche Mark und höchstens 3000 Deutsche Mark.

§ 39 Übergangsvorschriften

(1) Für die Rechnungsjahre 1987 und 1988 findet § 22 a Abs. 2 in der bis zum 31. Dezember 1988 geltenden Fassung mit der Maßgabe, daß die Chancenausgleichsbeträge 10 vom Hundert der Gesamtsumme der nach dem Ergebnis der vorausgegangenen Wahl der anspruchsberechtigten Partei zu erstattenden Wahlkampfkosten nicht übersteigen dürfen, Anwendung bei Parteien, für die die geänderten Bestimmungen zu geringeren Auszahlungsbeträgen führen würden. Im übrigen findet § 22 a Abs. 2 in der ab 1. Januar 1989 geltenden Fassung ab dem Rechnungsjahr 1987 Anwendung. Parteien, die Anspruch auf Chancenausgleichszahlungen haben (§ 22 a Abs. 1), teilen dem Präsidenten des Deutschen Bundestages die Zahl ihrer beitragspflichtigen Mitglieder zum Ende des Jahres 1987 bis zum 31. März 1989 mit. Die Angaben müssen von einem Wirtschaftsprüfer entsprechend den Vorschriften des § 23 Abs. 2 Satz 1 geprüft sein.

(2) Für die Wahl zum 12. Deutschen Bundestag beträgt der Sockelbetrag nach § 18 Abs. 6 3 vom Hundert.

§ 40 Berlin-Klausel

Dieses Gesetz gilt nach Maßgabe des § 13 Abs. 1 des Dritten Überleitungsgesetzes auch im Land Berlin. Solange der Anwendung des Art. 21 Abs. 2 des Grundgesetzes im Land Berlin Hindernisse entgegenstehen, werden der Siebente Abschnitt und § 38 dieses Gesetzes im Land Berlin nicht angewandt.

§ 41 Inkrafttreten

Dieses Gesetz tritt am 1. Januar 1989 in Kraft.

Quelle: Bundesgesetzblatt, Jg. 1989, Teil I, S. 327 – 336.

7.11 Literaturhinweise

7.11.1 Parteien in Deutschland: Geschichte

Dettling, Warnfried (Hrsg.): ,,Deutsche Parteien im Wandel. Eine Bestandsaufnahme", Olzog Verlag München, 1983.
Haseloff, Wolfgang: ,,Die politischen Parteien in der Bundesrepublik Deutschland", 5. Aufl., Diesterweg Verlag Frankfurt/M., 1977.
Kaack, H./Roth, R. (Hrsg.): ,,Handbuch des deutschen Parteiensystems", 2. Bd., Leske Verlag und Buderich Opladen, 1980.
Kaltefleiter, Werner: ,,Parteien im Umbruch. Ein Beitrag zur politischen Geschichte der Bundesrepublik Deutschland", Econ Verlag Düsseldorf, 1984.
Oberreuter, H./Mintzel, A.: ,,Parteien in der Bundesrepublik Deutschland, Olzog Verlag München, 1990.
Sontheimer, Kurt: ,,Grundzüge des politischen Systems der Bundesrepublik Deutschland", 9. Aufl., Piper Verlag München, 1984.
Tempel, Karl G.: ,,Die Parteien in der Bundesrepublik Deutschland und die Rolle der Parteien in der DDR", Leske Verlag und Buderich Opladen, 1987.
Wehling, Hans-Georg (Red.): ,,Parteien in der Bundesrepublik Deutschland", Verlag W. Kohlhammer Stuttgart, 1990.

7.11.2 Einzelne Parteien

Union

Adamo, Hans: ,,CDU, CSU gestern und heute", Frankfurt, 1983.
Buchstab/Gotto: ,,Die Gründung der Union. Traditionen, Entstehung und Repräsentaten", Olzog Verlag München, 1981.
,,Christliche Demokratie in Deutschland", Hrsg. Konrad-Adenauer-Stiftung, Bonn, 1978.
Müchler, Günter: ,,CDU/CSU, das schwierige Bündnis", München, 1976.

CDU

Buchhaas, Dorothee: ,,Die Volkspartei. Programmatische Entwicklung der CDU 1950–1973", Droste Verlag Düsseldorf, 1982.
Falke, Wolfgang: ,,Die Mitglieder der CDU. Eine empirische Studie zum Verhältnis von Mitglieder- und Organisationsstruktur der CDU 1971–1977", Verlag Duncker und Humblot Berlin, 1982.
Geißler, Heiner (Hrsg.): ,,Grundwerte in der Politik. Analysen und Beiträge zum Grundsatzprogramm der CDU", Ullstein Verlag Frankfurt, 1979.
,,Die Geschichte der CDU. Programm und Politik der CDU seit 1945", Hrsg. Bundesgeschäftsstelle der CDU Bonn, 1980.
Grafe, Peter J.: ,,Schwarze Visionen. Die Modernisierung der CDU", Rowohlt Verlag Reinbek, 1986.
,,Die Programme der CDU. Der Weg zum Grundsatzprogramm. Dolkumentation 1947–1978", Hrsg. Bundesgeschäftsstelle der CDU Bonn, 1987.
Schönbohm, Wulf: ,,CDU – Porträt einer Partei", Olzog Verlag München, 1979.
Schönbohm, Wulf: ,,Die CDU wird moderne Volkspartei", Stuttgart, 1985.
Schönbohm/Braun (Hrsg.): ,,CDU-Programmatik. Grundlagen und Herausforderung", Olzog Verlag München, 1981.

v. Weizsäcker, Richard (Hrsg.): „CDU-Grundsatzdiskussion“, Goldmann Verlag München, 1977.

CSU

Gutjahr-Löser, Peter: „CSU – Porträt einer Partei“, Olzog Verlag München, 1979.
Gutjahr-Löser, P./Waigel, Th. (Hrsg.): „Die Grundsatzdiskussion in der CSU I“, Berichte und Studien der Hanns-Seidel-Stiftung, Bd. 12, Olzog Verlag München, 1977.
Henke/Woller (Hrsg.): „Lehrjahre der CSU“, Schriftenreihe der Vierteljahreshefte für Zeitgeschichte, Deutsche Verlagsanstalt Stuttgart, 1985.
Mintzel, Alf: „Geschichte der CSU. Ein Überblick“, Westdeutscher Verlag Opladen, 1977.
Riehl-Heyse, Herbert: „CSU. Die Partei, die das schöne Bayern erfunden hat“, Bertelsmann Verlag München, 1979.

FDP

Baum, G./Juling, P.: „Auf und Ab der Liberalen“, Gerlingen, 1983.
Dittberner, Jürgen: „FDP-Partei der zweiten Wahl. Ein Beitrag zur Geschichte der liberalen Partei und ihrer Funktion im Parteiensystem der Bundesrepublik“, Westdeutscher Verlag Opladen, 1987.
Henning, Friedrich: „FDP – Porträt einer Partei“, Olzog Verlag München, 1981.
Juling, Peter: „Programmatische Entwicklung der FDP 1946 bis 1969. Einführung und Dokumente“, Anton Hain Verlag Meisenheim, 1977.
Kaack, Heino: „Die FDP. Grundriß und Materialien zur Geschichte, Struktur und Programmatik“, Anton Hain Verlag Meisenheim, 1979.
Koerfer, Daniel: „Die FDP in der Identitätskrise. Die Jahre 1966–1969 im Spiegel der Zeitschrift 'liberal'“, Stuttgart, 1981.
Mischnick, Wolfgang (Hrsg.): „Verantwortung für die Freiheit. 40 Jahre FDP“, Stuttgart, 1989.
Schacht, Kurt: „Die FDP. Zur Geschichte und Politik“, Frankfurt, 1980.

SPD

Bahr, Egon: „SPD – Porträt einer Partei“, Olzog Verlag München, 1980.
Bickerich, Wolfram (Hrsg.): „SPD und Grüne. Das neue Bündnis?“, Rowohlt Verlag Reinbek, 1985.
Engelmann, Bernt: „Vorwärts und nicht vergessen. Vom verfolgten Geheimbund zur Kanzlerpartei. Wege und Irrwege der deutschen Sozialdemokratie“, C. Bertelsmann Verlag München, 1985.
Glotz, Peter: „Die Beweglichkeit des Tankers. Die Sozialdemokratie zwischen Staat und neuen sozialen Bewegungen“, C. Bertelsmann Verlag Gütersloh, 1982.
Klotzbach, Kurt: „Der Weg zur Staatspartei. Programmatik, praktische Politik und Organisation der Deutschen Sozialdemokratie 1945 bis 1965“, Verlag J. H. W. Dietz Berlin/Bonn, 1982.
Meyer, Thomas (Hrsg.): „Demokratischer Sozialismus. Geistige Grundlagen und Wege in die Zukunft“, Olzog Verlag München, 1980.
Michal, Wolfgang: „Die SPD, staatstreu und jugendfrei. Wie altmodisch ist die Sozialdemokratie?“, Rowohlt Verlag Reinbek, 1988.
Miller, S./Potthoff, H.: „Kleine Geschichte der SPD“, Bonn, 1983.
Miller, S./Ristau, M. (Hrsg.): „Gesellschaftlicher Wandel – Soziale Demokratie: 125 Jahre SPD. Historische Erfahrungen, Gegenwartsfragen, Zukunftskonzepte“, Köln, 1988.

Rovan, Joseph: „Geschichte der Deutschen Sozialdemokratie", Fischer Verlag Frankfurt, 1981.

GRÜ

Beckenbach/Müller/Pfriem/Stratmann: „Grüne Wirtschaftspolitik. Machbare Utopien", Kiepenheuer & Witsch Köln, 1985.
Brun, Rudolf (Hrsg.): „Der grüne Protest. Herausforderung durch die Umweltparteien", Fischer Verlag Frankfurt, 1978.
Ebermann, Th./Trampert, R.: „Die Zukunft der Grünen", Hamburg, 1984.
Gatter, Peter: „Die Aufsteiger. Ein politisches Porträt der Grünen", Hoffmann und Campe Hamburg, 1987.
Gotto, K./Veen, H.-J. (Hrsg.): „Die Grünen – Partei wider Willen", Mainz, 1984.
Hasenclever, Wolf-Dieter: „Grüne Zeiten", Kösel Verlag Stuttgart, 1982.
Heidger, Ralf: „Die Grünen. Basisdemokratie und Parteiorganisation. Eine empirische Untersuchung des Landesverbandes der Grünen in Rheinland-Pfalz", Berlin, 1987.
van Hüllen, Rudolf: „Ideologie und Machtkampf bei den Grünen. Untersuchung zur programmatischen und innerorganisatorischen Entwicklung einer deutschen 'Bewegungspartei'", Bouvier-Verlag Bonn, 1989.
Kallscheuer, Otto (Hrsg.): „Die Grünen – letzte Wahl? Vorgaben in Sachen Zukunftsbewältigung", Rotbuch Verlag Berlin, 1986.
Kluge, Thomas (Hrsg.): „Grüne Politik. Der Stand einer Auseinandersetzung", Fischer Verlag Frankfurt, 1984.
Langguth, G.: „Der grüne Faktor", Zürich, 1984.
Maren-Grisebach, Manon: „Philosophie der Grünen", Olzog Verlag München, 1982.
Mettke, Jörg R. (Hrsg.): „Die Grünen. Regierungspartner von morgen?", Rowohlt Verlag Reinbek, 1982.
Müller, Emil Peter: „Die Grünen und das Parteiensystem", Deutscher Institutsverlag Köln, 1982.
Spretnak, Charlene: „Die Grünen. Nicht links, nicht rechts, sondern vorne", Goldmann Verlag München, 1985.

7.11.3 Politischer Extremismus

Backes, U./Jesse, E.: „Politischer Extremismus in der Bundesrepublik Deutschland", Bd. 1: Literatur, Bd. 2: Analyse, Bd. 3: Dokumentation, Verlag Wissenschaft und Politik Köln, 1989.
Bachmeier/Ewald/Fischer/Norten: „Mythen knacken. 40 Jahre westdeutsche Linke", Alexander Horn Verlag Neues Forum Darmstadt, 1989.
Benz, Wolfgang (Hrsg.): „Rechtsextremismus in der Bundesrepublik. Voraussetzungen, Zusammenhänge, Wirkungen", Fischer Verlag Frankfurt, 1985.
Butterwegge, Chr./Isola, H.: „Rechtsextremismus im vereinten Deutschland. Randerscheinung oder Gefahr für die Demokratie?", LinksDruck Sachbuchverlag Berlin, 1990.
Heitmeyer, Wilhelm: „Rechtsextremismus – Warum handeln Menschen gegen ihre eigenen Interessen? Materialien zur Auseinandersetzung mit Ursachen", Bund-Verlag Köln, 1991.
Hirsch, Kurt: „Rechts von der Union. Personen, Organisationen, Parteien seit 1945", Knesebeck & Schuler München, 1989.
Stöss, Richard: „Die extreme Rechte in der Bundesrepublik", Westdeutscher Verlag Opladen, 1989.